दैवी शेर

तथा कुमाऊं के अन्य नरभक्षी

दैवी शेर तथा कुमाऊँ के अन्य नरभक्षी

जिम कॉर्बेट

हिंदी अनुवाद
नरेश चन्द्र मधवाल

नटराज पब्लिशर्स
देहरादून • नई दिल्ली

प्रथम संस्करण 2010
पुनर्मुद्रण 2018

आई एस बी एन : 978–81–8158–143–3

दि कॉर्बेट फाउण्डेशन
कॉर्बेट फाउण्डेशन के प्रति हम उनसे मिले आर्थिक सहयोग के लिए कृतज्ञ हैं। दि कॉर्बेट फाउण्डेशन बाघ को संरक्षित करने वाली अग्रणी संस्था है।

प्रकाशकः
नटराज पब्लिशर्स
17 राजपुर रोड, देहरादून
www.natrajbooks.com

डिजाइन : कुमार रमण

मुद्रकः सक्षम एन्टरप्राईजेज

विषय सूची

अनुवादक की कलम से

विश्वविख्यात शिकारी, प्रकृतिविद और वन्यजीवों के प्रेमी जिम कॉर्बेट द्वारा अंग्रेजी में लिखी गई पुस्तक, 'द टैम्पल टाईगर एन्ड मोर मैन इटर्स ऑफ कुमाऊं' के हिंदी अनुवाद में तेंदुए को बाघ और टाईगर को शेर लिखा गया है, क्योंकि संपूर्ण उत्तराखंड में दोनों जानवरों को स्थानीय निवासियों द्वारा इन्हीं नामों से जाना जाता है। सामान्यतः हिंदी में टाईगर को बाघ तथा लेपर्ड को तेंदुआ कहते हैं।

अतः इन शब्दों के अनुवाद के संबंध में किसी भी प्रकार का विवाद और भ्रांति नहीं होनी चाहिए। जिम कॉर्बेट ने इस पुस्तक में वर्णित आदमखोर शेरों तथा बाघों का शिकार वर्ष 1910 से 1938 के मध्य के वर्षों में किया था। यह पुस्तक जंगल संबंधी उस जानकारी से परिपूर्ण है जो कॉर्बेट ने अपने संपूर्ण जीवन काल में वन्यजीवों का अध्ययन करने के लिए वनों में विचरते हुए अर्जित किया था।

इस पुस्तक के अनुवाद में केंद्रीय अनुवाद ब्यूरो, भारत सरकार के पूर्व निदेशक, डा. विचार दास 'सुमन' द्वारा दिए गए अमूल्य मार्गदर्शन के लिए मैं उनका साधुवाद करता हूं।

मैं उपेन्द्र अरोड़ा जी, नटराज पब्लिशर्स के स्वामी का भी तहेदिल से शुक्रिया अदा करता हुँ जिन्होंने इस अनुवाद को प्रकाशित किया है।

– नरेश चन्द्र मधवाल

दैवी शेर

1

जो लोग हिमालय के ऊपरी क्षेत्रों में कभी न रहे हों उनके लिए यह कल्पना करना भी मुश्किल है कि वहां के लोग दूर–दूर बसी हुई छोटी बस्तियों में अंधविश्वास के घुटन भरे माहौल में कैसे रहते हैं। ऊंचे पर्वतों में रहने वाले साधारण अशिक्षित लोगों के अंधविश्वासों, और नीचे कम ऊंचाई वाले स्थानों में रहने वाले सभ्य पढ़े–लिखे लोंगों की मान्यताओं को विभाजित करने वाली रेखा इतनी महीन है कि यह सुनिश्चित करना कठिन हो जाता है कि एक कहां पर समाप्त होती है और दूसरी कहां से शुरू होती है। इसलिए यदि आप इस कहानी के उन पात्रों के भोलेपन पर हंसने के लिए विवश होंगे, जिनके बारे में मैं अब बताने जा रहा हूँ, तो मैं आपको एक क्षण के लिए रूकने को कहूंगा। फिर मैं आपसे ही अपनी कहानी में उल्लिखित अंधविश्वास और जिस आस्था और विश्वास के साथ आपका लालन–पालन हुआ है उसके बीच के अंतर को स्पष्ट करने का प्रयास करने हेतु कहुंगा।

कैसर* की लड़ाई के कुछ समय बाद रार्बट ब्लेयर्स और मैं शिकार खेलने के लिए कुमांऊ के अंदरूनी क्षेत्र में गए। हमने सितंबर की

* जिम कॉर्बेट प्रथम विश्वयुद्ध को कैसर की लड़ाई कहते थे।

एक शाम को त्रिशूल की तलहटी पर अपना शिविर डाला। हमें बताया गया कि प्रतिवर्ष 'त्रिशूल के पिशाच' को ८०० बकरों की बलि दी जाती है। हमारे साथ पंद्रह बहुत जोशीले और अत्यन्त हंसमुख पहाड़ी आदमी थे, जिनके साथ मैं सदैव शिकार खेलने जाया करता था। इनमें से एक आदमी का नाम बाला सिंह था। वह गढ़वाली था और काफी वर्षों से मेरे साथ था और कई अभियानों में मेरे साथ गया था। यह उसका आत्मगौरव तथा इच्छा होती थी कि शिकार को जाते समय मेरे सबसे भारी सामान को चुने और ले जाए और अन्य व्यक्तियों से आगे चलते हुए, गानों के अंशों को गाते हुए यात्रा पथ को सजीव बना दे। रात में सोने से पूर्व मेरे आदमी सदैव अलाव के चारों तरफ बैठकर गीतों के अंश गाते थे और उस प्रथम रात को त्रिशूल की तलहटी पर गीत गाने का कार्यक्रम सामान्य की अपेक्षा बहुत देर तक चलता रहा तथा साथ में तालियां बजाई जा रही थी, शोर मचाया जा रहा था और कनस्तर बजाए जा रहे थे।

हम चाहते थे कि हम इस स्थान पर पड़ाव लगाएंगे और इसके चारों तरफ भरल और थार को ढूढेंगे, लेकिन जब हम अगली सुबह नाश्ता करने बैठे, तो हमें अपने आदमियों को शिविर उखाड़ने की तैयारियां करते हुए देखकर बहुत आश्चर्य हुआ। पूछने पर हमें बताया गया कि यह स्थान रहने योग्य नहीं है, क्योंकि यहां नमी है और पीने का पानी खराब है, ईंधन प्राप्त करना कठिन है और सबसे अच्छी बात यह कि दो मील दूर एक बेहतर जगह है।

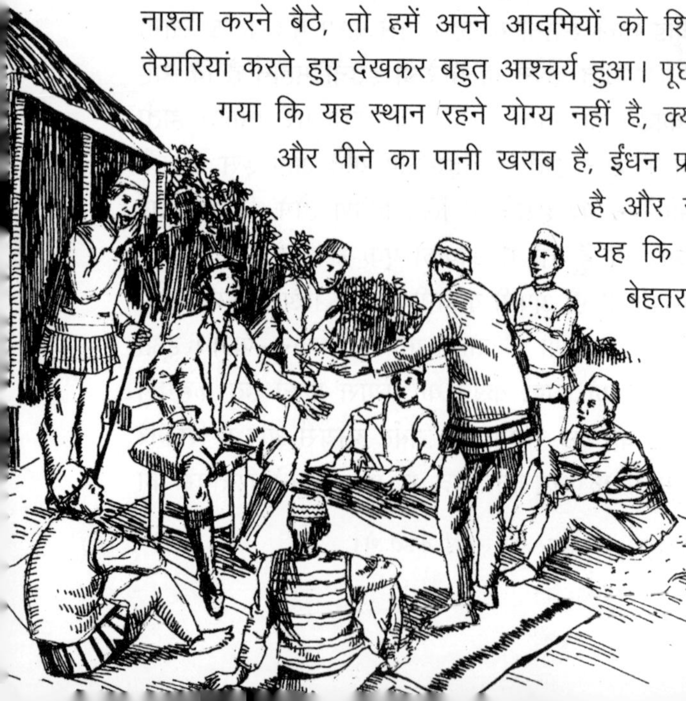

मेरे साथ मेरा सामान ढ़ोने के लिए छः गढ़वाली थे तभी मैंने देखा कि इस सामान की पांच पोटली बनाई जा रही थी और यह भी कि बाला सिंह अपने सिर और कंधों पर कंबल ओढ़े अलाव के पास अलग बैठा हुआ था। नाश्ता करने के बाद मैं उसके पास गया और मैंने देखा कि अन्य सभी आदमियों ने काम करना बंद कर दिया और वे मुझे बहुत ध्यान से देख रहे थे। बाला सिंह ने मुझे आते हुए देखा किंतु मेरा अभिवादन करने का कोई प्रयास नहीं किया जो बहुत अस्वाभाविक बात थी। मेरे सभी प्रश्नों का उसने केवल एक ही उत्तर दिया था कि वह बीमार नहीं है। उस दिन हमने अपनी दो मील की यात्रा खामोशी से तय की। बाला सिंह सबसे पीछे इस तरह चल रहा था मानो कि वह नींद में चल रहा हो या नशे में हो।

अब यह पूर्णतः स्पष्ट था कि बाला सिंह के साथ जो कुछ भी घटित हुआ था वह दूसरे चौदह आदमियों पर प्रभाव डाल रहा था, क्योंकि वे लोग अपने कार्यों को अपने स्वाभाविक उत्साह के बिना ही कर रहे थे तथा उन सबके चेहरों पर तनाव और भयग्रस्त होने का भाव था। जब 40 पौंड का वह तंबू लगाया जा रहा था, जिसमें राबर्ट ब्लेयर्स और मैं रहते थे, मैं अपने गढ़वाली सेवक मोथीसिंह को, जो मेरे साथ 25 वर्षों से था, अलग ले गया और उससे पूछा कि, बाला सिंह के साथ क्या गलत हुआ है? अनेक बहकाने तथा टालने वाले उत्तरों के बाद, अंततः, मैंने मोथीसिंह से सारी बात जान ही ली, जो संक्षिप्त और सीधी थी। पिछली रात को जब हम अलाव के चारों ओर बैठकर गा रहे थे, मोथीसिंह ने कहा, तभी 'त्रिशूल का पिशाच' बाला सिंह के मुख में प्रवेश कर गया और उसने उसे निगल लिया। मोथीसिंह आगे बताता गया कि उन्होंने बाला सिंह के अंदर से पिशाच को बाहर खदेड़ने के लिए बहुत शोर मचाया और टिन के डिब्बे बजाए, परंतु वे ऐसा करने में सफल नहीं हो सके थे और अब इस बारे में कुछ भी नहीं किया जा सकता था।

बाला सिंह सबसे अलग बैठा था और उसका सिर अभी भी कंबल से ढ़का हुआ था। वह इतनी दूरी पर बैठा था कि दूसरे लोगों को नहीं सुन सकता था, अतः उसके पास जाकर मैंने पूछा कि, वह मुझे बताए कि पिछली रात को क्या हुआ था? काफी देर तक बाला सिंह मुझे व्यथित आंखों से देखता रहा और फिर निराशाजनक स्वर में उसने कहा कि अब यह बात किस काम की है साहिब कि मैं आपको बताऊं कि कल रात को क्या घटा था? क्योंकि आप मुझ पर विश्वास नहीं करेंगे। क्या मैंने कभी तुम पर अविश्वास किया है? मैंने पूछा। उसने कहा "नहीं, आपने कभी भी मुझ पर अविश्वास नहीं किया है, परंतु यह एक ऐसा मामला है, जिसे आप समझ नहीं सकेंगे।" मैंने कहा कि चाहे मैं इसे समझ सकूं अथवा नहीं, मैं चाहता हूँ कि तुम मुझे ठीक–ठीक बताओ कि क्या बात हुई थी? एक लंबी खामोशी के बाद बाला सिंह बोला बहुत अच्छा साहिब, मैं आपको बताऊंगा कि क्या हुआ था। आपको ज्ञात है कि हमारे पहाड़ी गीतों में यह प्रथा है कि एक आदमी गीत की एक पंक्ति गाता है और दूसरे उपस्थित लोग उसके साथ गाते हैं। अस्तु, जब मैं पिछली रात अपने एक गाने की पंक्ति को गा रहा था तभी 'त्रिशूल का पिशाच' मेरे मुख में कूद गया। यद्यपि मैंने उसे बाहर निकाल फेंकने का बहुत प्रयत्न किया, परंतु वह मेरे गले से फिसलता हुआ मेरे पेट में पहुंच गया। दूसरे लोगों ने पिशाच के साथ मेरे संघर्ष को होते हुए देखा, क्योंकि आग बहुत तेजी से जल रही थी और उन्होंने उसे शोर मचा कर और कनस्तर बजा कर भगाने का प्रयास किया परंतु उसने कहा कि, पिशाच नहीं गया, यह बात उसने सुबकते हुए बताई। अब वह पिशाच कहां है।? मैंने पूछा। अपने पेट के गड्ढ़े पर हाथ रख कर बाला सिंह बहुत विश्वास के साथ बोला कि वह यहां हैं साहिब और मैं उसे हिलते–डुलते हुए महसूस कर सकता हूँ।

रार्बट ने वह दिन हमारे शिविर के पश्चिमी इलाकों का पूर्वेक्षण करते हुए बिताया था और एक थार को मारा था, जो कि उसने बहुत

संख्या में देखे थे। रात को भोजन करने के बाद हम देर रात तक बैठे और घटनाक्रम पर पुर्नविचार करते रहे। हमने इस शिकार की योजना कई महीनों पहले बनाई थी और इसकी उत्सुकतापूर्वक प्रतीक्षा भी की थी। अपने आखेट स्थल तक पहुंचने के लिए रार्बट को सात दिन और मुझे दस दिन की कठिन पैदल यात्रा करनी पड़ी थी और अब हमारे आगमन की रात्रि को ही बाला सिंह ने 'त्रिशूल के पिशाच' को निगल लिया था। इस विषय पर हमारे व्यक्तिगत विचार क्या थे, इससे कोई अंतर नहीं पड़ता था, परंतु जिस बात का प्रभाव पड़ता था, वह यह थी कि शिविर के प्रत्येक आदमी को विश्वास था कि बाला सिंह के पेट में एक पिशाच था और वे उससे भयभीत थे तथा उसका साथ छोड़ रहे थे। इन परिस्थितियों में एक महीने तक शिकार जारी रखना संभव नहीं था और रार्बट बहुत अनिच्छा से मेरे इस विचार से सहमत हो गया कि मेरे लिए करने के लिए केवल एक ही बात हो सकती थी कि मैं बाला सिंह को लेकर नैनीताल लौट जांऊ जबकि वह अकेले ही शिकार जारी रखेगा। इसलिए, अगली सुबह मैंने अपना सामान समेटा और रार्बट के साथ जल्दी ही नाश्ता करने के बाद अपनी दस दिनों की नैनीताल को वापसी की यात्रा पर चल पड़ा।

बाला सिंह एक तीस वर्ष की उम्र के आदमी का एक आदर्श नमूना था, जिसने नैनीताल को जिंदगी की खुशियों से भरपूर होते हुए छोड़ा था। वह अब चुपचाप लौट रहा था, जिसकी आंखों में विकृत दृष्टि थी और जिसमें जीवन के प्रति सारी दिलचस्पी समाप्त हो गई प्रतीत होती थी। मेरी बहनों ने, जिनमें से एक चिकित्सक रह चुकी थी, उसके लिए वह सब कुछ किया जो वे कर सकती थी। उसके दूर और निकट के मित्र उससे मिलने आए परंतु वह अपने घर के दरवाजे पर चुपचाप बैठा रहता था और तब तक नहीं बोलता था जब तक कि उससे बातचीत न की जाए। नैनीताल के सिविल सर्जन कर्नल कुक जो कि एक अनुभवी चिकित्सक थे तथा हमारे परिवार के घनिष्ठ

मित्र थे, मेरे अनुरोध पर बाला सिंह को देखने आए। एक लंबी और कठिन जांच करने के बाद उनका निर्णय था कि बाला सिंह पूर्ण शारीरिक स्वस्थ स्थिति में है और वे उस आदमी की इस उदासी के बारे का कोई कारण नहीं बता सकते हैं।

कुछ दिनों बाद मेरे मस्तिष्क में एक विचार कौंधा। उस समय नैनीताल में एक प्रसिद्ध भारतीय डाक्टर रहता था अतः मैंने सोचा कि, यदि मैं उससे बाला सिंह की जांच करवाऊं और उसके द्वारा जांच करने के बाद उसको पिशाच के बारे में बताऊं और उससे अनुरोध करूं कि वह बाला सिंह को आश्वस्त करें कि उसके पेट में कोई पिशाच नहीं है तो इस तरह वह उसके कष्ट से उसको मुक्ति दिला देगा क्योंकि एक हिन्दू होने के अलावा वह एक पहाड़ी व्यक्ति भी था। परंतु मेरी दिमागी सूझबूझ कोई काम न आई, जैसा कि मैंने आशा की थी और पूर्वानुमान लगाया था क्योंकि जैसे ही उसने बीमार आदमी पर नजर डाली। डाक्टर कुछ शंकित हो गया प्रतीत होता था क्योंकि कुछ विवेकपूर्ण प्रश्नों के उत्तर में उसे बाला सिंह से ज्ञात हुआ कि 'त्रिशूल के पिशाच' उसके पेट में था, तो वह उसके पास से शीघ्रता से हट गया और मेरी और मुड़ते हुए कहा कि, मुझे खेद है कि आपने मुझे बुलाया लेकिन मैं इस आदमी के लिए कुछ भी नहीं कर सकता हूँ।

नैनीताल में बाला सिंह के गांव के दो आदमी रहते थे। अगले दिन मैंने उनको बुलाया। उनको मालूम था कि बाला सिंह के साथ क्या गलत हुआ था क्योंकि वे उसे देखने अनेक बार आ चुके थे और मेरे अनुरोध पर वे उसे उसके घर ले जाने को सहमत हो गए। अगली सुबह मार्ग का यात्रा खर्चा दिए जाने के बाद तीनों आदमी अपनी आठ दिनों की यात्रा पर निकल पड़े। तीन सप्ताह बाद दोनों आदमी लौटे और अपनी खबर मुझे सुनाई।

बाला सिंह ने वह यात्रा बिना किसी कठिनाई के पूर्ण की थी। उसके घर में आगमन की रात में, जब उसके रिश्तेदार और मित्र उसे

घेरे हुए थे, उसने अचानक ही घोषणा की कि पिशाच चाहता है कि उसे त्रिशूल जाने के लिए स्वतन्त्र कर दिया जाए और एक ही उपाय है जिसके द्वारा इस को पूरा किया जा सकता है, वह है कि मैं मर जाऊं। मुझे सूचना देने वालों ने बताया कि इतना कह कर बाला सिंह चुपचाप लेट गया और मर गया और अगली सुबह हमने उसकी अन्तयोष्टि करनें में सहायता की।

मैं आश्वस्त हूँ कि अंधविश्वास एक मानसिक रोग है, उसी तरह जैसे कि खसरा एक व्यक्ति अथवा एक समुदाय पर संक्रमण कर देता है परंतु दूसरों को निरापद छोड़ देता है। मैं, इस कारण से कोई श्रेय लेने का दावा नहीं करता हूँ कि हिमालय के ऊपरी क्षेत्रों में, रहते समय मैं उस प्रकार के अन्धविश्वास के विषाणु से संक्रमित नहीं हुआ हूँ जिसके कारण बाला सिंह मरा था। परंतु यद्यपि मैं दावा करता हूँ कि मैं अंधविश्वासी नहीं हूँ, किन्तु मैं उस अनुभव के बारे में कोई भी स्पष्टीकरण नहीं दे सकता हूँ जिसको मैंने एक डाकबंगले में चम्पावत के शेर का शिकार करते समय महसूस किया था और वह चीख जिसको मैंने वीरान थाक के गांव की ओर से आते हुए सुना था और न ही मैं अपनी बार–बार की उन असफलताओं के बारे में कोई स्पष्टीकरण दे सकता हूँ, जब मैं अपने जीवन के सबसे रोचक शेर के शिकारों में से एक में व्यस्त था जिसका मैंने कभी आनंद लिया था और जिसका मैं अब वर्णन करूंगा।

2

जो कोई भी देवीधुरा गया हो वह उस दृश्य को कभी भी नहीं भूल सकेगा जो 'दैवी पहाड़ी' की चोटी पर बनाए गए विश्राम गृह से दिखता है। जिसने इस विश्राम गृह को बनाया वह निश्चित रूप से ऐसे दृश्यों का प्रेमी रहा होगा। तीन कमरों वाले छोटे गृह के बरामदे से पहाड़ सीधी खड़ी ढाल से होकर पनार की घाटी में जाता है। इस घाटी के ऊपर पहाड़ियां चोटी दर चोटी ऊंची उठती हैं, जब तक कि

वे उस शाश्वत हिम श्रृंखला से मिल नहीं जाती हैं जो, वायुयान के आविष्कार से पहले भारत और उसके भूखे उत्तरी पड़ोसियों के बीच अगम्य अवरोधक का कार्य करती थी।

कुमाऊं के प्रशासनिक मुख्यालय नैनीताल से एक अश्वमार्ग देवीधुरा होते हुए लोहाघाट जाता है जो कि उसके पूर्वी भाग का मुख्यालय था और इस सड़क की एक शाखा देवीधुरा को अल्मोड़ा से जोड़ती है। मैं पनार के नरभक्षी बाघ का इसी बाद वाली सड़क के निकट शिकार कर रहा था जिसके बारे में, मैं आपको बाद में बताऊंगा। उसी समय मुझे उस सड़क के ओवरसियर ने, जो अल्मोड़ा जा रहा था, बताया कि बाघ ने देवीधुरा में एक आदमी को मार डाला है। अतः, मैं देवीधुरा की ओर गया।

देवीधुरा का पश्चिमी पहुंचमार्ग कुमांऊ की सबसे खड़ी चढ़ाई वाले मार्गों में से एक है। जिस व्यक्ति ने इस सड़क की रूपरेखा बनाई थी, उसने सोचा होगा कि चोटी तक यथासंभव सबसे छोटे मार्ग से ही पहुंचा जाए और उसने ऐसा टेढ़े–मेढ़े मोड़ों से बचने के लिए किया होगा और अपनी सड़क को सीधे आठ हजार फुट ऊंचे पहाड़ के मुख तक ले गया। अप्रैल की गर्म दुपहरी में इस सड़क पर हांफ कर चढ़ने के बाद, मैं विश्राम गृह के बरामदे में बैठकर चाय के घूंट पिये जा रहा था, और मेरी आंखे भव्य दृश्य से तृप्त हो रही थी कि तभी देवीधुरा का पुजारी मुझे देखने आया। जब दो वर्ष पहले मैं चम्पावत के आदमखोर का शिकार कर रहा था तभी मैं इस कृषकाय वृद्ध व्यक्ति का मित्र बन गया था, जो कि एक बड़ी शिला के साये में स्थित एक छोटे मंदिर

में अनुष्ठान करता था और उस मंदिर ने देवीधुरा* को एक धार्मिक स्थल बना दिया था और मैं यह बताना चाहता हूं कि उस असामान्य स्थल पर एक पुजारी भी रहता था। जब कुछ मिनट पूर्व मैं मंदिर के पास से गुजर रहा था तो, मैंने वहां परंपरागत तरीके से नमन किया था, जिसका जवाब बूढ़े पुजारी ने एक बार सिर हिलाकर दिया क्योंकि पुजारी उस समय अपने ध्यान में लीन था। इन प्रार्थनाओं के पूर्ण होने पर पुजारी ने मंदिर और विश्राम गृह के बीच की सड़क को पार किया और एक सिगरेट स्वीकार करने के बाद बरामदे के फर्श पर दीवार के सहारे अपनी पीठ टिका कर सहज बातचीत करने के लिए बैठ गया। वह एक मिलनसार बूढ़ा आदमी था, जिसके पास बहुत खाली समय था और क्योंकि मैं, उस दिन जितना घूमना चाहता था, उससे ज्यादा घूम चुका था अतः हम उस शाम देर तक बैठे रहे और बातें करते हुए धूम्रपान करते रहे।

पुजारी से मुझे पता चला कि मुझे सड़क के ओवरसियर ने पिछली रात देवीधुरा में नरभक्षी द्वारा कथित तौर पर एक आदमी के मारे जाने की गलत सूचना दी थी। तथाकथित शिकार एक चरवाहा था जो कि अल्मोड़ा से देवीधुरा के दक्षिण में स्थित एक गांव जा रहा था और जो पिछली रात पुजारी के पास ठहरा था। रात भोजन के बाद पुजारी की सलाह के विपरीत चरवाहे ने मंदिर के चबूतरे पर सोना पसंद किया। मध्य रात के आसपास जब चट्टान की छाया मंदिर के ऊपर पड़ रही थी, नरभक्षी रेंगता हुआ ऊपर आया और उस आदमी की टांग पकड़ कर उसे चबूतरे से बाहर घसीटने लगा। एक जोर की चीख मारकर उठने के बाद आदमी ने निकट ही जल रही आग से एक सुलगती हुई लकड़ी का टुकड़ा उठाया और बाघ को पीट कर भगा दिया। उसकी चीख सुनकर पुजारी और अन्य कई लोग उसकी जान बचाने आ गए और सब लोगों ने बाघ को भगा दिया। आदमी

* वर्तमान में देवीधुरा में भगवती माताश्री वाराही देवी का एक भव्य मन्दिर स्थित है। यहाँ प्रत्येक वर्ष रक्षाबन्धन के दिन (पत्थरों का युद्ध) बग्वाल मेले का आयोजन होता है।

के घाव गम्भीर न थे और मंदिर के निकट में स्थित एक दुकान के बनिये ने उनका थोड़ा–बहुत उपचार किया और उसके बाद चरवाहा चला गया।

पुजारी के कहने पर मैंने देवीधुरा में रहने का निर्णय लिया। मंदिर और बनिये की दुकान में प्रतिदिन आस–पास के गांवों के लोग आया करते थे। मैं जानता था कि ये लोग मेरे पहुंचने की खबर फैलाएंगे और बताएंगे कि मैं कहां मिल सकता हूं, और उस क्षेत्र में होने वाले मानव अथवा जानवरों के शिकार के बारे में मुझे तत्काल सूचित करेंगे।

जब बूढ़ा पुजारी उस सायं मुझसे विदा लेकर जाने के लिए खड़ा हुआ तो मैंने उससे पूछा कि क्या मेरे लिए उस क्षेत्र में शिकार खेलना संभव होगा क्योंकि मेरे आदमियों ने बहुत दिन से मांस नहीं खाया है और देवीधुरा में मांस की कोई दुकान नहीं है। हां, उसने उत्तर दिया, यहां पर ''दैवी शेर'' है। मेरे द्वारा उसे आश्वस्त करने पर कि मेरी उसके शेर को मारने की कोई मनसा नहीं है। उसने हंस कर उत्तर दिया कि मुझे कोई आपत्ति नहीं है साहिब कि आप इस शेर को मारने का प्रयत्न करें। परंतु न तो आप ही और न हीं दूसरा कोई, इसे कभी भी मारने में सफल हो सकेगा। और इस तरह मैंने देवीधुरा के ''दैवी शेर'' के बारे में सुना जिसने मुझे अपने सबसे ज्यादा रोचक शिकार के अनुभवों में से एक अनुभव से परिचित कराया, जो मैं अब तक प्राप्त कर सका था।

3

देवीधुरा में अपने आगमन की अगली सुबह मैं, लोहाघाट की सड़क पर नीचे यह सोचकर गया कि मैं नरभक्षी की कुछ खोज खबर ले

सकूं और उसके बारे में सड़क के निकट स्थित गांवों से कुछ जान सकूं क्योंकि बाघ मंदिर में आदमी पर आक्रमण करने के बाद कथित रूप से उसी दिशा में गया था। विश्राम गृह में दोपहर के भोजन के लिए विलंब से लौटने के बाद मैंने एक आदमी को अपने नौकर के साथ बातचीत करते हुए देखा। इस आदमी ने मुझे बताया कि उसे पुजारी से पता चला है कि मैं, कुछ शिकार करना चाहता हूँ और उसने कहा वह मुझे एक ऐसे जड़ाऊ (सांभर का पहाड़ी नाम) के बारे में बता सकता है, जिसके सींग उतने बड़े हैं जितनी बांज के पेड़ की शाखाएं होती हैं। पहाड़ के सांभर के कुछ अवसरों पर बहुत बड़े सुंदर सींग उगते हैं– ऐसा ही एक सांभर कुमांऊ में कुछ समय पहले मारा गया था, जिसके सींग सैंतालीस इंच लंबे थे और ऐसा ही एक बड़ा जानवर, न केवल मेरे आदमियों के लिए मांस उपलब्ध करा सकता था बल्कि उससे देवीधुरा के सारे लोगों के लिये भी मांस प्राप्त हो सकता था, अतः मैंने उस आदमी से कहा कि मैं दोपहर के भोजन के बाद उसके साथ चलूंगा।

कुछ महीने पहले, मैं थोड़े दिन के लिए कलकत्ता गया था और एक सुबह मैं बंदूक बनाने की दुकान, मैंटन में गया। दरवाजे के निकट कांच के शो केस में एक राइफल थी। जब मैं इस हथियार को देख रहा था तब प्रबंधक, जो मेरा पुराना मित्र था, आगे बढ़ा। उसने मुझे सूचित किया था यह राइफल जो कि 275 बोर की थी, और वेस्टले रिचर्डस द्वारा निर्मित थी। यह एक नया नमूना थी, जिसके निर्माता भारत के बाजारों में पहाड़ों में शिकार खेलने के लिए बेचने को उत्सुक थे। राइफल सुन्दर थी और प्रबन्धक को उसे खरीदने के

लिए मुझे मनाने में थोड़ी ही परेशानी हुई, इस शर्त के साथ कि यदि वह मुझे पसंद नहीं आई तो मैं उसे लौटा दूंगा। अतः, जब मैं अपने ग्रामीण मित्र के साथ, उस संध्या को उसके, उस जड़ाऊ को मारने निकला था, जिसके सींग बांज की शाखाओं के बराबर बड़े थे, तब मैं अपने साथ अपनी एकदम नई राइफल ले जा रहा था।

देवीधुरा की दक्षिण तरफ का पहाड़ उत्तर की अपेक्षा कम तीखी ढलान वाला है, और हम इस दिशा में बांज और झाड़–झंखाड़ के जंगल में लगभग दो मील तक चले होंगे, जब हम घास के एक टीले पर पहुंचे, जिससे नीचे घाटी का एक विस्तृत दृश्य दिखाई देता था। घाटी के बाईं तरफ घास के एक छोटे से क्षेत्र की तरफ इशारा करके मेरे गाइड ने मुझे बताया कि जड़ाऊ घास के इसी क्षेत्र में सुबह तथा शाम को चरने आता है। यह क्षेत्र एक घने जंगल से घिरा था। उसने आगे बताया कि घाटी के दाहिने हाथ की ओर एक पगडंडी है जिससे वह देवीधुरा आता जाता है और यही वह मार्ग है जिस पर वह प्रायः जड़ाऊ दिखता था। जिस राइफल को मैं ले जा रहा था उसकी दृष्टिका 500 गज़ के लिए निश्चित थी और लक्ष्य पर अचूक मार करने की गारंटी भी थी और क्योंकि पगडंडी और जड़ाऊ के चरने के मैदान की बीच की दूरी लगभग केवल तीन सौ गज लगती थी, अतः मैंने रास्ते के नीचे जाने और निशाना लगाने की प्रतीक्षा करने का निर्णय लिया।

जब हम बातें कर रहे थे तभी मैंने अपने सामने बाईं तरफ आकाश में कुछ गिद्धों को मंडराते हुए देखा। अपने साथी का ध्यान उस तरफ आकर्षित करने पर, उसने मुझे बताया कि पहाड़ की तलहटी पर उस दिशा में एक छोटा गांव है और सुझाव दिया कि संभवतः गिद्ध किसी पालतू मवेशी को देख रहे होंगे जो कि गांव में मर गया होगा, लेकिन

उसने कहा कि हमें शीघ्र ही मालूम हो जाएगा कि पक्षियों को किस चीज ने आकर्षित किया है, क्योंकि हमारा रास्ता गांव से होकर ही जाता है। गांव घास की इकलौती झोंपड़ी, एक गौशाला और एक एकड़ या कुछ अधिक सीढ़ीनुमा खेतों का था, जिससे हाल ही में फसल काटी गयी थी। इनमें से एक खेत झोंपड़ी और गौशाला से एक दस फुट चौड़ी वर्षा के पानी की खाई से अलग हो गया था, और इसमें गिद्ध किसी बड़े जानवर के कंकाल से शेष मांस के टुकड़े नोच रहे थे। जैसे ही हम निकट पहुंचे झोंपड़ी से एक आदमी बाहर निकला तथा हमारा अभिवादन करने के बाद उसने पूछा कि मैं कहां से आया हूँ और कब पहुंचा हूँ? मेरे द्वारा उसे बताने पर कि मैं नैनीताल से आदमखोर बाघ को मारने आया हूँ और पिछले दिन देवीधुरा पहुंचा हूँ, उसने बहुत खेद प्रकट किया कि उसे मेरे आगमन का पता नहीं चला था। उसने कहा, क्योंकि तब, आपने उस शेर को मार डाला होता जिसने मेरी गाय मारी है। उसने मुझे बताया कि पिछली रात उसने अपने 15 मवेशियों के झुंड को उस खेत में बांधा था, ताकि वहां पर उनके मल–मूत्र से खाद बन सके। रात में एक शेर आया और उसने एक गाय मार डाली, जिसके कंकाल को गिद्ध टटोल कर खा रहे हैं। उसके पास कोई अग्निशस्त्र नहीं था और उसके पास कोई आदमी भी नहीं था, जिससे वह शेर को मारने को कहता। इसलिए वह एक गांव में गया जहां एक आदमी रहता था जिसके पास उस क्षेत्र में खालों को एकत्रित करने का ठेका प्राप्त था। इस आदमी ने गाय की खाल मेरे वहां पहुंचने से दो घंटे पूर्व निकाल ली थी, जिसके बाद गिद्धों ने अपना कार्य पूरा कर डाला था। जब मैंने आदमी से पूछा कि क्या उसे ज्ञात था कि इस क्षेत्र में एक शेर है? यदि हां तो उसने रात में अपने मवेशियों को खुले में क्यों बांधा था? उसने मुझे यह कहते हुए आश्चर्यचकित कर दिया था कि देवीधुरा के पहाड़ पर सदैव से ही एक शेर रहता आया है, परंतु उस रात तक उसने जानवरों को कभी भी नहीं छेड़ा था।

जैसे ही मैं झोंपड़ी से दूर हटा, उस आदमी ने मुझसे पूछा कि मैं कहां जा रहा था और जब मैंने कहा कि मैं इस घाटी के दूसरी तरफ जड़ाऊ को मारने का प्रयत्न करने जा रहा हूँ, तब उसने मुझे वर्तमान में जड़ाऊ को छोड़ देने और शेर को मारने की प्रार्थना की। उसने कहा कि उसकी जमीन बहुत कम है और धरती कम उपजाऊ है जैसा कि आप देख सकते हैं। और यदि शेर मेरी गायें मारता है, जिन पर मैं अपनी जीविका हेतु निर्भर हूँ तो मेरा परिवार और मैं भूखों मर जाएंगे।

जब हम बातें कर रहे थे, तभी एक स्त्री सिर पर पानी का घड़ा रखे पहाड़ के ऊपर आ गई थी जिसके थोड़ी देर बाद एक लड़की घास का बोझा ला रही थी और एक लड़का सूखी लकड़ियों का गट्ठर ला रहा था। चार लोग एक एकड़ या उससे मामूली अधिक अथवा उपजाऊ भूमि पर और दूध के कुछ सेरों पर पल रहे थे, क्योंकि

पहाड़ के मवेशी बहुत थोड़ा दूध देते हैं जो कि देवीधुरा के बनिये को बेचा जाता था। इसमें कोई आश्चर्य की बात नहीं थी कि वह आदमी मेरे द्वारा शेर को मरवाने के लिए इतना उत्सुक क्यों था?

गिद्धों ने शिकार का सर्वनाश कर दिया था, परंतु इससे कोई अंतर नहीं पड़ता था क्योंकि खेत के निकट कहीं भी घना जंगल न था, जहां पर शेर लेट सकता और गिद्धों को अपना कार्य करते देख सकता था। अतः उसका वापस लौटना बिल्कुल निश्चित था क्योंकि पिछली रात को उसे खाते हुए छेड़ा नहीं गया था। मेरा गाइड भी अपने जड़ाऊ के बदले मेरे द्वारा शेर को मरवाने के लिए उत्सुक था, अतः उन दोनों लोगों को बैठने को कह कर मैं उस दिशा में उसे खोजने निकल पड़ा, जिधर शेर गया था क्योंकि वहां पर कोई वृक्ष न थे, जिन पर मैं खेत के निकट बैठ सकता और मेरा इरादा यह था कि शेर को वापस आते समय घेर डालूं। पहाड़ पर बहुत सारे आड़े–तिरछे पशुओं के आने–जाने के रास्ते थे। परंतु वहां की जमीन बहुत कठोर थी, इसलिए उस पर पंजों के निशान दिखाई नहीं देते और गांव का दो बार चक्कर लगाने के बाद मैंने आखिर में, वर्षा के पानी के नाले में पंजों को देखने का प्रयत्न किया। यहां पर मुलायम गीली जमीन पर मुझे एक बड़े नर शेर के चिह्न मिले। इन चिह्नों से पता चला कि शेर इसी नाली में ऊपर, अपना भोजन करने के बाद गया था। अतः कुछ सीमा तक यह मान लेना सही था कि वह उसी मार्ग से लौटेगा। नाले के किनारे और झोंपड़ी की तरफ एक मुड़ा हुआ बौना बांज का पेड़ उगा हुआ था, जिस पर गुलाब की लता आच्छादित थी। राइफल को नीचे रख कर मैं किनारे से पेड़ पर चढ़ा जो कि नाली की तरफ झुका हुआ था और देखा कि लता के ऊपर एक बैठने लायक स्थान था।

झोंपड़ी में दोनों लोगों से पुनः मिलने के बाद मैंने उनसे कहा कि मैं विश्राम गृह में अपनी पांच सौ बोर की दोनाली भारी राइफल लाने वापस जा रहा हूँ जिसमें परिष्कृत काला बारूद प्रयोग होता था। मेरे

गाइड ने बहुत सहृदयता से कहा कि मैं उस राइफल को ले आऊंगा अतः मैं वापस जाने का कष्ट न उठाऊं। अतः उसको समझाने के बाद मैं गांव वाले के साथ उसकी झोंपड़ी के दरवाजे पर बैठ गया और उसके द्वारा सुनाई जाने वाली कहानियों को सुनता रहा। ये कहानियां एक गरीब परंतु साहसी व्यक्ति की केवल अपने सिर के ऊपर घास की छत बनाए रखने के लिए प्रकृति तथा वन्य पशुओं के साथ द्वंद करने की थी। जब मैने उससे पूछा कि उसने इस निर्जन स्थान को छोड़ क्यों नहीं दिया और अन्य जगह पर जीविका का साधन क्यों नहीं ढूंढा, उसने सीधेपन से कहा, यह मेरा घर है।

सूर्य अस्त हो ही रहा था, जब मैंने दो आदमियों को पहाड़ से नीचे झोपड़ी की तरफ आते देखा, उनमें से किसी के पास राइफल नहीं थी, परंतु बाला सिंह जो कि गढ़वाल से बाहर कदम रखने वाले सबसे बढ़िया व्यक्तियों में से एक था और जिसकी कुछ वर्ष बाद हुई दुखदः मृत्यु के बारे में, मैं आपको पहले ही सुना चुका हूँ, वह अपने साथ एक लालटेन ला रहा था। मेरे निकट पहुंचने पर बाला सिंह ने कहा कि वह अपने साथ मेरी भारी राइफल नहीं लाया था, क्योंकि उसके कारतूस सूटकेस में बंद थे और मैं चाबी भेजना भूल गया था। अस्तु शेर को मेरी नई राइफल से ही मारना पड़ेगा और इसका इससे बेहतर उद्घाटन हो ही नहीं सकता था।

पेड़ पर अपना आसन ग्रहण करने से पूर्व मैंने झोंपड़ी के मालिक से कहा कि मेरी सफलता, उसके अपने दो बच्चों, एक 8 साल की लड़की और एक 6 साल के लड़के, को चुपचाप रखने पर निर्भर करेगी और उसकी पत्नी को रात का भोजन पकाना तब तक के लिए स्थगित रखना होगा जब तक कि मैं, शेर को मार नहीं लेता, या जब तक मैं यह निश्चित नहीं कर लेता कि शेर नहीं आ रहा है। मैंने बाला सिंह को समझाया कि वह झोंपड़ी में रह रहे लोगों को चुप रखे और जब मैं सीटी बजाऊं, लालटेन जला दे और मेरे द्वारा बाद के आदेशों की प्रतीक्षा करे।

घाटी में शुक्र तारे के उदय के समय अनेक पक्षियों के गाने की आवाजें सूर्य की लाल चमक के पहाड़ों में खत्म होते ही शांत हो गयी थी। गोधूली गहराती गई और एक सींग वाला उल्लू मेरे ऊपर के पहाड़ पर बोला। चंद्रमा के उदय होने से पूर्व वहां पर अर्ध–अंधकार का एक अल्प समय आएगा। वह समय अब आ गया था और झोंपड़ी के निवासी अब मृतक के समान चुप थे। मैं राइफल को जकड़े हुए था और अपनी आंखों पर जोर देकर अपने नीचे की जमीन को देख रहा था, कि शेर जिसने मेरे पेड़ के नीचे से गुजरना टाल दिया था, अपने शिकार पर आ पहुंचा और जो उसने पाया था, उसे देखकर वह क्रोध में था। एक धीमी गुर्राहट की आवाज में उसने गिद्धों को अपशब्द कहे जो यद्यपि दो घंटे पूर्व जा चुके थे, परंतु अपनी तीखी दुर्गंध भूमि पर छोड़ गए थे जिसे उन्होंने बीट करके गंदा कर दिया था। दो, तीन, संभवतः चार मिनट तक वह अपने में ही गुर्राता रहा और उसके बाद चुप्पी छा गई। प्रकाश अब तेज होता जा रहा था, अगले कुछ मिनटों में चंद्रमा पहाड़ के शिखर से उदित हुआ, जिससे मेरा संसार प्रकाश से जगमगा गया। गिद्धों द्वारा पूर्णतया साफ की गई हड्डियाँ चांदनी में सफेद दिखाई पड़ रही थी परन्तु शेर का कहीं भी अता–पता नहीं था। अपने होंठों को गीला करने के बाद, जो उत्तेजना के कारण सूख गए थे, मैंने धीमी सीटी बजाई। बाला सिंह सर्तक था और मैंने उसे झोंपड़ी के मालिक से चूल्हे की आग मांगते हुए सुना। घास की झोंपड़ी की दरारों से मैंने प्रकाश की लौ देखी जो कि लालटेन जलने के साथ ही तेज हो गयी। रोशनी झोंपड़ी के पार गई और बाला सिंह ने दरवाजा खींच कर खोल दिया फिर वह दहलीज पर खड़े होकर मेरे अगले आदेशों की प्रतीक्षा करने लगा। हल्की सीटी की आवाज करने के अलावा मैंने कोई आवाज और कोई हलचल नहीं की थी जिस

समय से मैं पेड़ पर अपनी जगह पर बैठ गया था। और अब मैंने नीचे देखा कि तेज चांदनी में मेरे नीचे एक शेर खड़ा हुआ था जो कि अपने दाहिने कंधे के ऊपर से बाला सिंह को देख रहा था। मेरी राइफल की नाल का मुख और शेर के सिर के बीच की दूरी लगभग पांच फुट थी तभी मेरे मस्तिष्क में विचार कौंधा कि बारूद संभवतः उसके बालों को जला देगा। मेरी राइफल की हाथीदांत की दृष्टिका शेर के एकदम हृदय के स्थान पर जमी थी, मैं जानता था कि वहां पर लगने से मेरी गोली उसे तुरन्त ही मार देगी फिर मैंने धीरे से घोड़ा दबाया। घोड़ा दबाव से दब गया परंतु कुछ भी नहीं हुआ।

हे! ईश्वर मैं अविश्वसनीय रूप से कितना लापरवाह था। मुझे स्पष्ट रूप से याद है कि मैंने मैगजीन में पांच कारतूस डाले थे जब मैंने पेड़ पर अपना स्थान ग्रहण किया था। परंतु स्पष्टतया जब मैंने बोल्ट को अन्दर धकेला होगा तो वह मैगजीन से कारतूस को चैम्बर में डालने में असफल रहा और मैं इस पर ध्यान देना भूल गया था। यदि राइफल पुरानी तथा जंग लगी होती तो कदाचित यह संभव होता कि मैं अपनी भूल को सुधार लेता। परंतु राइफल नयी थी और जैसे ही मैंने लीवर के बोल्ट को वापस खींचने के लिए उठाया जोर से धातु की आवाज हुई और शेर एक ही छलांग में किनारे के ऊपर कूदा और मेरी दृष्टि से ओझल हो गया। अपना सिर मोड़ कर मैंने देखा कि, बाला सिंह पर इसकी क्या प्रतिक्रिया हुई थी। मैंने उसे झोंपड़ी में पीछे हटते और दरवाजा बंद करते देखा।

अब आगे चुप्पी बनाये रखने की कोई आवश्यकता न थी और जैसे ही बाला सिंह मेरे पुकारने पर मुझे पेड़ से नीचे उतरने में सहायता करने के लिए ऊपर आया। मैंने राइफल के कुंडे को वापस खींचा ताकि मैगजीन को खाली कर सकूं और जैसे ही मैंने ऐसा किया, मैंने देखा कि बोल्ट के सिरे पर स्थित बाहर फेंकने वाले भाग में एक कारतूस पड़ा था। अतः राइफल भरी हुई थी तथा सेफटीकैच बंद था। तो जब मैने घोड़ा दबाया था राइफल से फायर क्यों नहीं

हुआ? बहुत विलंब से मुझे इसका कारण समझ में आया। मैंटन का प्रबंधक जब मुझे राइफल दिखा रहा था तो उसने मुझे एक बात पर विशेष ध्यान देने को कहा था, वह यह कि इस राइफल में लिबलिबी को दो बार दबाना आवश्यक था। मैंने इससे पूर्व कभी भी ऐसी अद्यतन राइफल का प्रयोग नहीं किया था। अतः मुझे मालूम नहीं था कि ये आवश्यक था कि प्रारंभिक दबाव से बोल्ट ऊपर खिंच जाता था जिसके बाद घोड़े के स्ट्राइकर को छोड़ने के लिए दोबारा दबाना पड़ता था। जब मैंने अपनी असफलता का कारण बाला सिंह को बताया, उसने स्वयं को दोष दिया, क्योंकि उसने कहा, यदि वह मेरी भारी राइफल और सूटकेस ले आया होता तो यह नहीं होता। मैं उस समय उससे सहमत होने को तैयार था, परंतु जैसे–जैसे दिन बीतते गए, मैं बहुत आश्वस्त नहीं था कि यदि मेरे पास भारी राइफल होती तो भी मैं उस सायं शेर को मारने में सफल हो ही गया होता।

4

अगली सुबह भी आदमखोर के बारे में जानकारी लेने के लिए एक और लम्बी पैदल यात्रा तय करनी पड़ी और जब मैं विश्राम गृह में वापस लौटा तो मेरा अभिवादन एक बहुत उत्तेजित व्यक्ति ने किया, जिसने मुझे सूचित किया कि शेर ने अभी–अभी उसकी एक गाय को मारा था। वह अपने मवेशियों को घाटी के दूसरी तरफ उस स्थान पर चरा रहा था जहां पर मैं, पिछली शाम को बैठा था, तभी एक शेर निकला और उसने एक लाल गाय को मार डाला। उस गाय ने कुछ समय पहले एक बछड़े को जन्म दिया था। वह व्यक्ति बोला कि वह बछड़ा मर जाएगा क्योंकि उसकी और कोई गाय दुधारू नहीं थी।

पिछली शाम को शेर के भाग्य ने उसका साथ दिया था, परंतु उसका भाग्य अनिश्चितकाल तक उसका साथ नहीं देगा और इस गाय की हत्या करने के कारण उसे भी मरना पड़ेगा क्योंकि पहाड़ों में मवेशी कम संख्या में है तथा एक गरीब आदमी के लिए दुधारू

गाय की क्षति एक गंभीर बात थी। उस आदमी को अपने शेष मवेशियों के छोटे झुंड के बारे में कोई चिंता न थी जो भाग कर गांव को लौट गए थे। अतः जब तक मैं खाना खाता, वह प्रतीक्षा करने को तैयार था। दोपहर एक बजे हम चल पड़े, वह आदमी आगे चल रहा था, मै उसके पीछे था और मेरे साथ दो व्यक्ति भी मचान बांधने का सामान लेकर चल रहे थे।

पहाड़ की बगल में एक खुले मैदान में खड़े होकर मेरे गाइड ने इशारा करके मैदान की स्थिति बताई। उसके मवेशी उस समय टीले से नीचे एक चौथाई मील की दूरी पर घास के एक छोटे से क्षेत्र में चर रहे थे, जब घाटी की तरफ से आते हुए एक शेर ने गाय को मार डाला था। मवेशियों का समूह भागकर पहाड़ के ऊपर आकर टीले से होते हुए उसके गांव पहुंच गया था जो दूसरी तरफ था। हमारा सबसे छोटा मार्ग घाटी से होकर ऊपर दूसरी तरफ जाता था परंतु मैं शेर को छेड़ने का खतरा उठाना नहीं चाहता था। इसलिए हमने घाटी के किनारे का चक्कर लगाया और ऊपर से उस स्थान पर गए जहां पर गाय मारी गई थी। धार के ऊपर और उस स्थान के बीच में जहां पर ढ़ोर–डंगरों में भगदड़ मची थी, कुछ पेड़ों का झुरमुट था। भागते हुए जानवरों के पैरों के निशान कोमल भुरभुरी मिट्टी में गहरे धंस गए थे और इन निशानों का उस स्थान तक पीछा करना आसान था, जहां से वे आरंभ हुए थे। यहां पर काफी खून जमा था जिससे घसीटने के चिह्न दूर जा रहे थे। ये निशान पहाड़ के आर–पार दो सौ गज़ दूर एक गहरी तथा घने जंगल से आच्छादित घाटी में गए थे जहां पानी की छोटी धारा बह रही थी। इसी घाटी के ऊपर शेर अपना शिकार ले गया था।

गाय सुबह लगभग दस बजे एक खुले मैदान में मारी गई थी और शेर की पहली चिंता यही रही होगी कि वह इसे किसी निर्जन स्थान तक ले जाए जहां उसे कोई न देख सके। इसीलिए वह उसे घाटी के ऊपर ले गया था और उसे एक परिचित स्थान में रखने के बाद, जैसे

कि उसके पंजानिशानों ने बताया, नीचे घाटी में चला गया था। ऐसे क्षेत्र में जहां मनुष्य तथा मवेशी चल–फिर रहे हों, यह भविष्यवाणी करना बेवकूफी होगी कि एक शेर कहां लेटा हुआ होगा क्योंकि थोड़ी सी छेड़छाड़ करने पर वह अपनी स्थिति को बदलने पर मजबूर होता। अतः, यद्यपि पदचिह्न घाटी की ओर गए थे, तीन आदमियों और मैंने बहुत सावधानीपूर्वक घिसटने के चिह्नों का घाटी के ऊपर तक पीछा किया।

टीले से दो सौ गज़ नीचे, जिससे हम आए थे, बारिश के पानी ने पहाड़ की बगल को खोखला करके एक बड़ा गड्ढा बना दिया था। यहीं से घाटी आरंभ होती थी। वह गड्ढा, जिसके ऊपर के सिरे पर ऊंचाई से एक पंद्रह फुट की खाई मिलती थी, बहुत वर्षों पहले बन गया था और अब उसमें आंशिक रूप से बांज और अंगू के दस से बारह फुट ऊंचे पौधे उगे हुये थे। इन पौधों तथा पंद्रह फुट ऊंची ढ़ांग के मध्य में, एक छोटा खुला स्थान था, जिसमें शेर ने अपना शिकार रखा था। मुझे गाय के मालिक से सहानुभूति हो गई, जब उसने मुझे रोते–रोते बताया कि वह सुंदर जानवर जो हमारे सामने मरा पड़ा था, उसके सामने ही जन्मा था और वह उसे विशेष रूप से प्रिय था। जानवर के किसी भी हिस्से को खाया नहीं गया था, स्पष्टतया शेर उसे यहां अपने विश्राम के पलों में खाने के लिए ही लाया था।

बैठने के लिए एक स्थान को खोजना अब आवश्यक था। घाटी के दोनों तरफ बांज के अनेक बड़े वृक्ष थे परंतु ऐसा कोई न था, जो कि शिकार के ऊपर स्थित हो तथा सभी पर चढ़ना असंभव था। शिकार से तीस गज़ नीचे तथा घाटी के बाईं तरफ एक छोटा, मजबूत शूलपर्णी का पेड़ था जिसकी शाखाएं तने से समकोण पर निकल रही थी और जमीन से छः फुट ऊंचाई पर एक सुदृढ़ शाखा थी, जिस पर मैं, बैठ सकता था और दूसरी पर अपना पैर टिका सकता था। तीनों आदमियों ने मेरे जमीन से इतने नजदीक बैठने का प्रबल विरोध किया परंतु वहां पर मेरे बैठने योग्य कोई अन्य सुविधाजनक स्थान

नही था, अतः शूलपर्णी के पेड़ पर तो बैठना ही था। आदमियों को दूर भेजने से पहले मैंने उनको उस झोंपड़ी में जाने को कहा जहां मैं पिछली शाम रूका था और वहां पर तब तक प्रतीक्षा करने को कहा जब तक मैं उनको आवाजें नहीं देता या स्वयं वहां नहीं पहुंच जाता। घाटी से पार की दूरी लगभग आधा मील थी और यद्यपि वे व्यक्ति मुझे अथवा शिकार को देख नहीं सकते थे, परंतु मैं झोंपड़ी को शूलपर्णी के वृक्ष की पत्तियों के बीच से देख सकता था।

आदमियों ने मुझे अपराहन् में चार बजे छोड़ा था तथा मैं शूलपर्णी की शाखा पर ठीक से बैठ गया था और मैंने लंबी प्रतीक्षा करने का अनुमान लगाया था, क्योंकि पहाड़ का मुख पश्चिम की तरफ था और शेर संभवतः सूर्यास्त से पहले नहीं चलेगा। मेरी बाईं ओर का दृष्टिपथ शूलपर्णी की पत्तियों के बीच से दिख रहा था जो कि घाटी में पचास गज़ दूर तक फैला था। सामने मुझे उस घाटी का स्पष्ट दृश्य दिख रहा था जो लगभग दस फुट गहरी और बीस फुट चौड़ी थी तथा अपने सामने के पहाड़ का भी दृश्य दिख रहा था, जिस पर चट्टानें उभरी हुई थी परंतु कोई वृक्ष नहीं था। दाहिनी तरफ मुझे धार तक साफ दिखाई दे रहा था परंतु मैं शिकार को नहीं देख सकता था जो कि छोटे–छोटे पेड़ों की घनी वृद्धि के कारण छिपा हुआ था। मेरे पीछे रिंगाल (बांस की एक प्रजाति) का एक घना झुरमुट था जो कि मेरे वृक्ष के बराबर फैला हुआ था और शिकार को छिपा रहा था। शेर अपने शिकार को बारिश के पानी द्वारा बनाये गए गड्ढे में रख देने के बाद नीचे घाटी में चला गया था और यह मानना तर्कसंगत था कि जब वह लौटेगा तो उसी रास्ते से आएगा, अतः मैंने अपना सारा ध्यान घाटी पर केंद्रित किया, यह निश्चय करके कि जब शेर मेरे सामने समकोण पर खड़ा होगा तभी मैं उसे गोली मारूंगा। इसमें कोई संशय न था कि मैं उसे इतने निकट से मार दूंगा और यह सुनिश्चित करते हुए कि दूसरी गोली भी दागनी पड़ सकती है, मैंने राइफल के दोंनों घोड़े चढ़ा रखे थे।

जंगल में सांभर, काकड़ और लंगूर थे और बहुत संख्या में फीजेंट, नीलकंठ, बैबलर, कस्तूरा, नीली गर्दन वाले नीलकंठ भी थे, जो सभी बिड़ाल परिवार के किसी भी सदस्य को देख कर बोलते हैं। अतः मैंने सोचा कि उस शेर के आगमन की पर्याप्त चेतावनियां प्राप्त होगी। परंतु यहां पर मैं गलत था, क्योंकि एक भी चेतावनी भरी आवाज को सुने बिना मैंने अचानक शेर को अपने शिकार पर गुर्राते हुए सुना। घाटी में संभवतः पानी पीने के लिए जाने के बाद शेर ने रिंगाल के झुरमुट का चक्कर लगाया और मेरे निकट से गुजरे बिना शिकार के पास गया। इससे मुझे अत्यधिक चिंता नहीं हुई क्योंकि शेर दिन के प्रकाश में अपने शिकार को अधीरता से खाते हैं और मैं आश्वस्त था कि शीघ्र ही या देर से शेर खुले मैदान में आएगा। वह लगभग पंद्रह मिनट तक मांस के बड़े लोथड़ों को चीरते फाड़ते हुए खाता रहा होगा कि मेरी नजर एक भालू पर पड़ी जो कि पहाड़ की चोटी के साथ–साथ बाईं ओर से दाहिनी ओर आ रहा था। वह एक बहुत बड़ा हिमालयी काला भालू था और वह ऐसे टहल रहा था मानों कि उसको इस बात की कोई परवाह न थी कि उसे यहां से वहां जाने में कितना समय लगेगा। अचानक वह रूका नीचे पहाड़ की ओर मुड़ा और सपाट लेट गया। एक या दो मिनट बाद उसने अपना सिर उठाया, हवा को सूंघा और फिर सपाट लेटा। हवा जैसा कि दिन में सदैव होता है पहाड़ के नीचे से ऊपर की तरफ बह रही थी, और भालू को मांस तथा रक्त की गंध मिल चुकी थी जिसमें शेर की गंध भी मिली थी। मैं शिकार से थोड़ा दाहिनी ओर था अतः उसे मेरी गंध नहीं मिली होगी। शीघ्र ही वह अपने पैरों पर खड़ा हुआ और टांगों को मोड़ कर और शरीर को जमीन से सटा कर रखते हुए उसने शेर के निकट आना आरंभ किया।

उस भालू को पहाड़ से नीचे आते हुए देखना, मेरे लिए किसी जानवर के लुक–छिप कर पीछा करने की कला का रहस्योघाटन था। उसे शायद दो सौ गज़ जाना था और यद्यपि वह शेर और बाघ की तरह लुक–छिप कर पीछा नहीं करता है, फिर भी उसने वह दूरी एक सांप की तरह सहजता से और एक छाया की तरह निःशब्द पूरी की। जैसे–जैसे वह निकट आता गया, वह ज्यादा सर्तक होता गया। मैं उस पंद्रह फुट की खाई के सिरे को देख सकता था जो गड्ढ़े में गिरती थी और जब भालू उस स्थान से कुछ ही फुट तक पहुंचा तो उसने अपने पेट को जमीन से सटा दिया। जब शेर पूरी तन्मयता से खा रहा था, तो प्रतीक्षा करते हुए भालू ने बहुत धीरे से अपना सिर गड्ढे के सिरे से ऊपर उठाया और नीचे देखा, और उतने ही धीरे से अपना सिर पीछे किया। उत्तेजना ने मुझे इस कदर जकड़ लिया था, जिससे मेरा पूरा शरीर कांप रहा था तथा मेरा मुंह और गला सूख रहे थे।

मैंने दो अवसरों पर हिमालयी भालू को शेर के शिकार को ले जाते देखा है। उन दोनों अवसरों पर शेर वहां पर नहीं थे। और दो अवसरों पर मैंने भालुओं को खाते हुए बाघों के पास जाते देखा और उनको भगा देने के बाद, शिकार को ले जाते देखा था। परंतु इस अवसर पर शेर जो कि बहुत बड़ा नर था, अपने शिकार पर बैठा था और फिर वह बाघ की तरह डरा–धमका कर भगा देने लायक जानवर भी नहीं था। मेरे मस्तिष्क में यह विचार आ रहा था कि यह भालू उतना बेवकूफ नहीं होगा कि वह वनराज से उसका शिकार छीनने का प्रयास करे। परंतु उसका इरादा वैसा ही था, और उसका मौका तब आया जब शेर एक हड्डी को तोड़ रहा था। क्या वह भालू इसी पल की प्रतीक्षा कर रहा था ? मुझे नहीं मालूम, जो कुछ भी हो, जब शेर

हड्डी चबा रहा था, भालू किनारे पर आया और अपने पैरों को अपने नीचे रख कर वह उस गड्ढ़े में एक शक्तिशाली चीख के साथ कूद पड़ा। मैंने कल्पना की थी, कि उस चीख का उद्देश्य शेर को धमकाना भर था, परंतु शेर पर इसका कोई प्रभाव नहीं पड़ा और ऐसा प्रतीत हुआ कि उसे गुस्सा आ गया था, क्योंकि भालू की शक्तिशाली चीख का प्रत्युत्तर शेर ने उससे भी ताकतवर गर्जना करके दिया।

जंगल में लड़ाइयां बहुत दुर्लभ होती हैं और यह केवल दूसरा उदाहरण है जिसे मैं जानता हूँ कि दो विभिन्न प्रजातियों के जानवर केवल लड़ने के उद्देश्य से ही लड़ रहे थे और इस प्रयोजन के लिए नहीं कि, वे एक दूसरे को भोजन के लिए इस्तेमाल करेंगे। मैंने लड़ाई नहीं देखी जिसके कारण मैं दे चुका हूँ, परंतु मैंने इसका प्रत्येक विवरण सुना। सीमित स्थान वाले एक गड्ढ़े में हो रहे युद्ध की आवाजें भयातुर करने वाली थी और मैं कृतज्ञ था कि वह संग्राम सीधे ऐसे दो प्रतिद्धन्द्वियों के मध्य था जो अपनी अपनी सुरक्षा करने में सक्षम थे और एक त्रिकोणीय नहीं था जिसमें मैं भी शामिल था। समय तब रूक सा जाता है जब रक्त की प्रत्येक बूंद तेजी से धड़कते हुए हृदय में उत्तेजनापूर्ण झुरझुरी उत्पन्न करती है।

लड़ाई तीन मिनट में समाप्त हुई होगी अथवा थोड़ा ज्यादा देर में खत्म हुई होगी, जैसा भी था, जब शेर ने सोचा कि उसने भालू को पर्याप्त दंड दे दिया है, तो वह लड़ाई छोड़ कर मेरे सामने के खुले मैदान में तेजी से छलांग लगाते हुए आया जिसका पीछा अभी भी चीखता हुआ भालू कर रहा था। जब मैं अपनी राइफल की दृष्टिका की सीध शेर के बाएं कंधे पर ले रहा था, तभी वह तेजी से बाईं तरफ मुड़ा और बीस फुट चौड़ी घाटी को कूदते हुए मेरे पैरों के नजदीक गिरने लगा। जब वह हवा में ही था, मैंने अपनी राइफल की नाल झुकाई और गोली दाग दी, जैसा कि मैंने सोचा सीधे उसकी पीठ पर। मेरी गोली का स्वागत शेर ने क्रोधित हुंकार के साथ दिया फिर वह मेरे पीछे बांस के झुरमुट से जा टकराया था। कुछ गजों

तक वह दौड़ता रहा और फिर वहाँ शांति छा गई। मैंने सोचा, उसके दिल में गोली लगी और वह अपने रास्ते में ही मर गया।

500 बोर की एक परिष्कृत काले बारूद वाली राइफल से कहीं पर भी फायर करने पर बहुत तेज आवाज होती है परंतु यहां खोह में इसकी आवाज एक तोप की तरह सुनाई पड़ी। इस धमाके ने पागल हो गए भालू पर न्यूनतम प्रभाव भी न डाला, क्योंकि शेर की एड़ियों का पीछा करते हुए उसने शेर की तरह खड्ड को कूदकर पार करने का प्रयास नहीं किया, बल्कि एक किनारे से नीचे दौड़कर आने के बाद वह दूसरी ओर से सीधे मेरी तरफ ऊपर आया। मेरी इच्छा यह कतई भी नहीं थी कि मैं उस जानवर को मारूँ जिसमें इतना साहस था कि वह एक शेर को उसके शिकार से भगा दे, परंतु उस चीखती हुई अतिक्रुद्ध बला को और ज्यादा निकट आने देना पागलपन ही होता, अतः जब वह मुझसे कुछ फुट दूर था मैंने बाईं नाल की गोली को उसके चौड़े माथे पर दाग दिया। धीरे से वह तब तक किनारे से अपने पेट के बल नीचे फिसलता गया जब तक कि उसके नितंब दूसरे किनारे से मिल न गए।

जहां एक पल पहले जंगल क्रोधित आवाजों और एक भारी राइफल के विस्फोटों की आवाजों से प्रतिध्वनित हो रहा था, वहां पर अब चुप्पी थी और जब मेरे हृदय ने सामान्य रूप से पुनः धड़कना आरंभ किया तो मेरे विचार एक उपशामक धूम्रपान की ओर मुड़े। राइफल को अपने घुटनों पर रखने के बाद मैंने अपने दोनों हाथ अपनी जेबों में सिगरेट की डिब्बी और माचिस को टटोलने के लिए डाले। उसी क्षण मैंने अपनी दाहिनी तरफ एक हलचल देखी और अपना सिर घुमाने के बाद देखा कि शेर बिना शीघ्रता किए एक खुले मैदान में धीमी चाल से जा रहा था, जिसमें वह एक या दो मिनट पहले गया था और वह मुझे नहीं बल्कि अपने मृत शत्रु को देख रहा था।

मैं जानता हूँ कि इन घटनाओं का वर्णन करते हुए जिस तरह वह घटी थी, शिकारी मुझ पर परले दर्जे की खराब निशानेबाजी और

घोर लापरवाही का आरोप लगाऐंगे। खराब निशानेबाजी के आरोप से बचाव करने को मेरे पास और कोई दलील नहीं है परंतु मैं लापरवाही का कदापि भी दोषी नहीं हूँ। जब मैंने शेर की पीठ पर गोली चलाई, तब मै आश्वस्त था कि मैं एक प्राणघातक चोट पहुंचा रहा हूँ, फिर शेर का क्रोध भरा प्रत्युत्तर, जिसके बाद उसका पागलों की तरह दौड़ लगाना और आवाजों का अचानक ही शान्त हो जाना, सब इस बात के पर्याप्त प्रमाण थे कि शेर अपने मार्ग में ही मर गया था। मेरी दूसरी गोली ने भालू को तत्काल ही मार डाला था, इसीलिए वहां पर इस बात की कोई आवश्यकता नहीं थी कि जब मैं पेड़ पर ही बैठा था, तो अपनी राइफल को अपने घुटनों पर रखने से पूर्व उसे दोबारा भर लेता।

शेर को जीवित और अक्षत देख कर मुझे आश्चर्य हुआ, जिससे उबरने में मुझे एक या दो मिनट लगे होगें, उसके बाद मैंने शीघ्रता से कार्य किया। राइफल एक अंडरलीवर नमूना थी, जिसका लीवर अपने स्थान पर घोड़े की दो रोकों से स्थिर रहता है। इस कारण

राइफल को शीघ्रता से भरना कठिन होता था और इसके अलावा दूसरे कारतूस मेरी पतलून की जेब में रखे थे, जिनको खड़े होकर निकालना आसान था परंतु एक पतली शाखा में बैठे होने पर ऐसा करना संभव नहीं था। क्या शेर को मालूम था कि भालू मर चुका था या वह उस पर एक आंख जमाये हुए बगल से होने वाले आक्रमण से बचना चाहता था, मैं नहीं जानता। फिर भी वह सीधे खड़े पहाड़ के मुख की तरफ धीमे–धीमे दौड़ते हुए चलता रहा, और चालीस गज़ दूर एक ऐसे कोण पर पहुंच गया था, जिसे मैं अंग्रेजी के 11 बजे की तरह वर्णित कर सकता हूँ और जब वह एक बड़ी चट्टान के टुकड़े को पार कर रहा था, और जब केवल एक ही नाल भरी गई थी मैंने राइफल उठाई और फायर किया। मेरी गोली पर वह पिछले पैरों पर खड़ा हुआ, बगल में तिरछे होकर बुरी तरह से गिरा, अपने पैरों पर खड़ा हुआ और पहाड़ के पार्श्व में हल्की चाल से दौड़ कर पूंछ उठाये हुए चला गया। निकल की कोमल नाक वाली, लोहे के आधार की गोली शेर के चेहरे से कुछ ही फुट दूर शिला पर लगी थी और वापसी आघात ने शेर को असन्तुलित करके गिरा दिया था, परंतु उसे कोई चोट नहीं पहुंचाई थी।

चुपचाप धूम्रपान करने के बाद मैं शूलपर्णी के पेड़ से उतरा और भालू पर एक नजर डालने के लिए गया। मैंने देखा कि वह उससे कहीं ज्यादा बड़ा था, जितना मैंने पहले सोचा था। उसकी अपनी इच्छा से शेर से मोल ली गई लड़ाई बहुत वास्तविक रही थी क्योंकि उसकी गर्दन में लगे गहरे घावों से बह रहा खून उसकी मोटी खाल से निकल रहा था और शेर द्वारा अनेक स्थानों पर उसकी खोपड़ी हड्डी तक चीर डाली गई थी। ये घाव अपने आप में भालू जैसे एक सख्त जान जानवर पर कुछ प्रभाव नहीं डाल सकते थे, परंतु जिस बात से अंतर पड़ता था और जिसने उसे क्रोधित कर दिया था, वह उसकी नाक में लगी चोट थी। सारे नर नाक पर चोट पहुंचाये जाने पर नाराज होते हैं और न केवल भालू की नाक जैसे कोमल स्थान

पर चोट पहुंचाई गई थी बल्कि इसके बाद उसकी नाक को दो भागों में चीर कर उसकी बेइज्जती भी की गई थी। ये उसके लिए पर्याप्त कारण थे, जिसकी वजह से उसने अपनी आंखों में खून करने का इरादा करके शेर का पीछा किया था और मेरी भारी राइफल के धमाके की भी परवाह नहीं की थी।

वहां पर मेरे पास इतना पर्याप्त समय नहीं था कि मैं अपने आदमियों को भालू की खाल को निकालने के लिए बुलाता, अतः मैं उनको एकत्रित करने झोंपड़ी की ओर निकल पड़ा ताकि हम रात होने से पहले विश्राम गृह में पहुंच जाए क्योंकि उस क्षेत्र में कहीं एक नरभक्षी भी था। मेरे आदमी और एक दर्जन से अधिक ग्रामीण जो झोंपड़ी में एकत्रित हो गए थे, बहुत उत्सुकता से घाटी के पार से मेरा निकट आना देख रहे थे और जब मैं उनके बीच में पहुंचा तो वे आश्चर्य से मूक रह गए। बाला सिंह पहला व्यक्ति था जिसने अपनी जबान पहले खोली, और जब मैंने उसकी कहानी सुनी तो मुझे आश्चर्य नहीं हुआ कि इकट्ठे हो गए लोगों ने क्यों मुझे ऐसे देखा था जैसे कि मैं मौत के मुंह से वापस लौटा हूँ। बाला सिंह ने कहा कि हमने आपको सलाह दी थी कि जमीन के इतना निकट न बैठे और जब हमने आपकी पहली चीख सुनी जिसके बाद शेर की दहाड़ सुनाई पड़ी, तो हमे पूरा यकीन हो गया कि शेर ने आपको पेड़ से नीचे खींच लिया है और आप अपनी जिंदगी बचाने के लिए शेर से लड़ रहे हैं और फिर जब शेर ने दहाड़ना बंद कर दिया और आपने चीखना जारी रखा तो हमने सोचा कि शेर आपको उठा कर ले जा रहा है। बाद में हमनें आपकी राइफल के दो धमाके सुने, जिसके बाद तीसरा भी हुआ तो हमें बहुत घबराहट हुई, क्योंकि हम यह नहीं समझ पाए कि एक आदमी जिसे शेर उठा कर ले जा रहा है अपनी राइफल से गोली कैसे चला सकता है? और इसी बीच जब हम इन आदमियों से मंत्रणा कर रहे थे कि अब हमें क्या करना चाहिए, आप अचानक प्रकट हो गए और हम अवाक रह गए। वे लोग जो उत्सुक होकर

उस स्थान की आवाजों को सुनने का प्रयत्न कर रहे हों जहां पर कोई शेर को मारने के लिए बैठा हुआ हो, उनके द्वारा एक भालू की चीख भूलवश सामान्यतः से एक मनुष्य की चीख समझी जा सकती है क्योंकि दोनों की चीख में बहुत समानता है और एक दूरी से, एक दूसरे में अंतर नहीं किया जा सकता है।

बाला सिंह ने मेरे लिए चाय की एक प्याली तैयार की जबकि मैं उन लोगों को उनकी द्वारा सुनी गई लड़ाई के बारे में बता रहा था और उस भालू के बारे में जिसे मैंने मारा था। भालू की चर्बी गठिया के निवारण के लिए बहुत कारगर दवा साबित होती है और उन लोगों को उस समय बहुत खुशी हुई जब मैंने उनसे कहा कि मुझे चर्बी नहीं चाहिए और वे उसे आपस में बांट सकते हैं। अगली सुबह मैं भालू की खाल निकालने के लिए चल पड़ा। मेरे साथ उन लोगों की एक भीड़ थी, जो चर्बी में से अपने हिस्से को लेने के उत्सुक थे, साथ ही वे उस जानवर को भी देखना चाहते थे जो एक शेर से लड़ा था। मैंने कभी भी किसी भालू को नापा अथवा तोला नहीं है, परंतु कुछ अवश्य देखे हैं और उस सुबह जिसकी मैंने खाल निकाली थी, वह सबसे बड़ा और मोटा हिमालयी भालू था, जो मैंने पहले कभी देखा था। जब भालू की चर्बी तथा शरीर के कीमती अंगों का बंटवारा कर दिया गया तो प्रसन्न लोगों के एक समूह ने देवीधुरा की ओर रूख किया और जो उन सबसे प्रसन्न था और जिससे सबको ईष्या हो रही थी वह बाला सिंह था जो गर्व से भालू की उस खाल को अपनी पीठ पर लपेट कर ले जा रहा था, जिसे मैंने उसे दिया था।

शेर अपने छोड़े हुए भोजन को करने नहीं लौटा था और शाम तक गिद्धों ने गाय तथा भालू की हड्डियों तक का मांस साफ कर दिया था।

5

एक चर्बी से भरे भालू की खाल निकालना एक कठिन कार्य है और जब मैं विश्राम गृह में गर्म स्नान करने तथा देर से नाश्ता करने के

लिए वापस जा रहा था तो मुझे एक बहुत उत्तेजित वनरक्षक मिला जिसका मुख्यालय देवीधुरा में था। वह पिछली रात को अपने कार्यक्षेत्र के दूरस्थ हिस्से में गया था और उस सुबह देवीधुरा लौटने पर उसने बनिये की दुकान में उस भालू के बारे में सुना जिसे मैंने मारा था। उसे अपने पिता के लिए भालू की चर्बी की आवश्यकता थी जो गठिया से अपंग था। वह चर्बी में से अपना हिस्सा लेने के लिए तेजी से आ रहा था जब वह भागते हुए मवेशियों के झुंड के पास पहुंचा जिनके पीछे एक लड़का था, जिसने उसे बताया कि एक शेर ने उसकी गायों में से एक को मार डाला है। वनरक्षक को उस स्थान का एक मोटा अनुमान था जहां ढ़ोर डंगर चर रहे थे। जब शेर ने उन पर आक्रमण किया था अर्थात् जब बाला सिंह और अन्य लोग देवीधुरा की ओर जा रहे थे। मैं उस वनरक्षक के साथ शिकार को ढूंढने निकल पड़ा। पहाड़ के ऊपर और पहाड़ के नीचे हम दो मील या ज्यादा तक गए होंगे, जब हम एक छोटे खड्ड में पहुंचे। यह वही घाटी थी, जिसमें वनरक्षक ने सोचा था कि यहां गाय मारी गई थी।

अल्मोड़ा के गोरखा डिपो में कुछ दिनों पूर्व निष्प्रयोज्य सामान का नीलाम हुआ था और मेरे साथी ने अपने पैरों के नाप से काफी बड़े नाप के एक जोड़ी फौजी जूते खरीदे थे। उनको पहनकर वह मेरे आगे भदभदाते चल रहा था। जब हम एक घाटी के सिरे में पहुंचे तो यहां मैंने उसको अपने जूते उतारने को कहा और जब मैंने उसके पैरों की दशा देखी तो मुझे उस व्यक्ति की हिम्मत पर बहुत आश्चर्य हुआ जो सारी जिन्दगी नंगे पाव चलता रहा हो किन्तु केवल झूठे घमंड के लिए इतनी यंत्रणा झेल रहा था। उसने मुझे बताया कि उसने बड़े जूते इसलिए खरीदे थे कि वे बाद में सिकुड़ जाएंगे।

नाव के आकार की घाटी पांच एकड़ तक फैली थी, जो एक सुन्दर उद्यान की तरह थी। इसमें स्थान–स्थान पर बांज के भीमकाय पेड़ थे। जिस ओर से मैं इधर आया था, वहां से मैदान हल्के ढलान से नीचे जाता था और उसमें झाड़ियां भी नहीं थी। परंतु दूर की तरफ का पहाड़ ज्यादा सीधी चढ़ाई वाला था, जिसमें कुछ छितरी हुई झाड़ियां थी। मैं घाटी के सिरे पर कुछ देर तक खड़ा रहा और अपने दृष्टि पथ में आ रहे प्रत्येक पदचिह्न को देखता रहा परंतु मुझे कुछ भी संदेहास्पद नहीं दिखा और फिर मैं नीचे घास के ढलान से होकर गया। मेरे पीछे वन रक्षक आ रहा था, जो अब चुपचाप नंगे पांव चल रहा था। जब मैं घाटी के तल पर सपाट मैदान के निकट पहुंचा ही था तो मैंने देखा कि एक बड़े क्षेत्र से सूखी पत्तियां और सूखी टहनियां खुरच कर एक स्थान पर एक बड़े ढेर के रूप में एकत्रित कर दी गई थी। यद्यपि गाय का कोई भी हिस्सा दिखाई नहीं दे रहा था फिर भी मुझे मालूम था कि इस मृत पदार्थ के ढ़ेर के नीचे शेर ने अपना शिकार छिपा रखा था और बहुत मूर्खतापूर्वक मैंने इस तथ्य के बारे में अपने साथी को नहीं बताया था क्योंकि उसने बाद में मुझे बताया था कि वह नहीं जानता था कि शेरों की आदत अपने शिकार को छिपाने की होती है। जब एक शेर अपना शिकार छिपाता है तो इसका प्रायः यह संकेत होता है कि उसका इसके निकट लेटने का कोई इरादा नहीं है परंतु सदैव ऐसा समझना सुरक्षित नहीं है। इसलिए यद्यपि मैंने घाटी में प्रवेश करने से पूर्व ही मैदान का निरीक्षण कर लिया था, तो भी मैं दूसरी बार देखने के लिए चुपचाप पूरी तरह स्थिर खड़ा रहा।

पत्तियों और टहनियों के ढ़ेर से थोड़ा ऊंचाई पर पहाड़ ऊपर की तरफ 45° के कोण पर उठा था और पहाड़ की बगल में 40 गज़ दूर झाड़ियों का एक छोटा झुरमुट था। जब मैं इन्हें देख रहा था तभी मैंने शेर को देखा जो एक सपाट मैदान के एक छोटे टुकड़े पर लेटा हुआ था और उसके पैर मेरी तरफ थे। अब वह दूसरी ओर पलटा

और अपनी पीठ मुझे प्रस्तुत कर दी, मैं उसके सिर के हिस्से को और उसके शरीर की तीन इंच चौड़ी पट्टी को कंधे से लेकर पुट्ठे तक देख सकता था। सिर पर गोली दागने का प्रश्न ही नहीं उठता था और मांस पर घाव कर देने से कुछ भी हासिल नहीं किया जा सकता था। मेरे सामने पूरी दोपहर तथा सांयकाल पड़ा हुआ था। शेर को अभी या थोड़ी देर बाद में उठना ही होगा, अतः मैंने बैठ जाने और घटनाक्रमों की प्रतीक्षा करने का निर्णय लिया। जैसे ही मैं इस निष्कर्ष पर पहुंचा, मेरी दृष्टि मेरे बाईं ओर एक हलचल पर पड़ी और अपना सिर मोड़ने पर एक भालू को घाटी के ऊपर चुपचाप शिकार की तरफ आते देखा, जिसके पीछे दो छोटे शावक चल रहे थे। रीछ ने शायद शेर को गाय को मारते हुए सुना होगा और शेर को व्यवस्थित हो जाने का समय देने के पश्चात जैसा कि मैंने अनेक अवसरों पर किया है– वह अब जांच–पड़ताल करने आ रही थी क्योंकि जब तक उनके पास एक विशेष कारण न हो भालू दोपहर में नहीं चलते हैं। यदि मैं शिकार से कुछ फुट दूर न होकर घाटी के किनारे पर खड़ा होता तो मुझे विश्वास है कि मैंने एक बहुत रोचक नजारा देखा होता क्योंकि शिकार को पाने के बाद, जिसे उनको अपनी सूंघने की प्रबल शक्ति की सहायता से खोजने में कोई कठिनाई नहीं होती और भालू उसे उधेड़ना शुरू कर देते इससे शेर उठ जाता और मैं कल्पना नहीं कर सकता हूँ कि उसने, बिना लड़ाई करे अपने शिकार पर पकड़ छोड़ दी होती और तब वह युद्ध देखने लायक होता।

वनरक्षक इतने समय तक चुपचाप खड़ा हुआ अपने पैरों के नीचे की भूमि के अतिरिक्त कुछ और नहीं देख रहा था जब उसकी नज़र भालूओं पर पड़ी तो वह जोर की आवाज में चिल्लाया, देखो साहिब, भालू! भालू! शेर एक ही पल में उठा और दूर भाग गया परंतु उसे बीस गज़ तक खुले मैदान से होकर जाना था और जैसे ही मैंने अपनी दृष्टिका से उस पर निशाना साध कर घोड़ा दबाया, वनरक्षक जो कि इस भ्रम में था कि मैं गलत दिशा में देख रहा था, उसने मेरी बांह

को पकड़ लिया और जोर से एक झटका मारा, जिसका परिणाम यह निकला कि मेरी गोली उस स्थान से कुछ ही गज़ दूर एक पेड़ पर लगी, जहां मैं खड़ा हुआ था। किसी को, कहीं पर भी गुस्सा आना अच्छा नहीं होता है, और एक जंगल में तो बिल्कुल भी नहीं। वनरक्षक जिसे यह पता नहीं था कि पत्तियों के ढ़ेर का क्या अर्थ था। तथा जिसने शेर को देखा नहीं था, इस भ्रम में था कि उसने भंयकर भालूओं की तरफ मेरा ध्यान आकर्षित करके मेरा जीवन बचाया है। इसीलिए वहां कहने को कुछ भी नहीं था, मेरी गोली की आवाज सुन कर भालू दूर भाग गए, जबकि मेरे साथी ने दबी आवाज में मुझसे आग्रह किया कि मारो, मारो (गोली दागो, गोली दागो)।

एक बहुत उदास वनरक्षक मेरे पीछे चल कर देवीधुरा वापस पहुंचा और उसको प्रसन्न करने के लिए मैंने उससे पूछा कि क्या उसे ऐसी जगह का पता है जहां मैं एक घुरल मार सकूँ क्योंकि मेरे आदमी अभी भी बिना मांस खाये हुये थे। उस छोटे आदमी को न केवल ऐसे स्थान का पता था जहां पर शिकार था बल्कि वह अपने पैरों में छाले पड़े होने के बावजूद मेरे साथ चलने को तैयार हो गया। अतः एक कप चाय पीकर हम दो आदमियों को साथ लेकर चल पड़े, जिनकी आवश्यकता वनरक्षक के कथनानुसार घुरल को वापस लाते समय पड़ती।

विश्राम गृह के बरामदे से पहाड़ तीखी ढाल से दूर जाता है। इसी पहाड़ के नीचे वनरक्षक मुझे कुछ सौ गज़ दूर ले गया, जब हम एक फुट चौड़े घुरल के जाने के रास्ते पर पहुंचे जो पहाड़ के पार्श्व से आर–पार जाता था। मैं, अब आगे चलने लगा और लगभग आधा मील दाहिनी तरफ आगे बढा होगा कि जब एक चट्टानी धार पर आने के बाद मैंने एक गहरी घाटी के पार देखा, और दूसरी तरफ एक उभरी हुई चट्टान पर एक घुरल को खड़े देखा, जो कि आकाश को देख रहा था जैसे कि सभी बकरियों को देखने की आदत होती है जिनमें थार, आईबैक्स और मरखोर सम्मिलित हैं। वह एक नर घुरल था।

क्योंकि मैं उसकी गर्दन पर के सफेद चक्र को देख सकता था और हमारे मध्य की दूरी दो सौ गज़ से कुछ ही अधिक थी। यहां पर अब एक अवसर था जो कि न केवल मेरे आदमियों को मांस उपलब्ध करा सकता था बल्कि मेरी नई राइफल की परिशुद्धता का भी परीक्षण कर सकता था। अतः लेट कर मैंने दृष्टिका को 200 गज़ के निशान पर रखा और सावधानीपूर्वक निशाना साधने के बाद फायर कर दिया। मेरी चोट पर घुरल उसी शिला पर गिर पड़ा, जिस पर वह खड़ा हुआ था, जो कि बहुत सौभाग्य की बात थी क्योंकि उसके नीचे कई सौ गज़ गहरी खाई थी। एक दूसरा घुरल, जिसे मैंने नहीं देखा था, अब घाटी के दूर वाले किनारे की ओर भाग पड़ा जिसके पीछे एक छोटा छौना था और कुछ देर स्थिर खड़ा रहने के बाद और हमें कई बार पीछे देखने के बाद वह पहाड़ के कंधे के आगे चला गया।

जब वन रक्षक और मैं धूम्रपान कर रहे थे, मेरे दोनों आदमी शिकार को उठाकर लाने गए। भालू की चर्बी के अपने हिस्से से वंचित किए जाने के बाद, वनरक्षक को इस वायदे के साथ प्रसन्न किया गया कि वह घुरल का थोड़ा मांस और उसकी खाल को ले सकता है, उसने कहा कि वह इससे अपने पिता के बैठने के लिए मोढ़ा बनाएगा, जो वृद्धावस्था और गठिया के कारण अपना सारा दिन धूप सेंकते हुए व्यतीत करते हैं।

6

अगली प्रातःकाल को शीघ्र ही घाटी का दौरा करने के बाद मेरा संदेह सही सिद्ध हुआ कि शेर अपने शिकार पर नहीं लौटेगा जबकि भालू ऐसा करेंगे। केवल हड्डियां ही शेष बची थी, जब तीनों भालुओं ने शिकार को समाप्त कर दिया था और जब मैं घटनास्थल पर पहुंचा तो वहाँ एक अकेले गिद्धराज बड़ी मेहनत से शेष बचा खुचा ढूंढ रहे थे।

सुबह अभी जवान थी, अतः पहाड़ पर उस दिशा में चढने के बाद जिधर शेर पिछली शाम को गया था, मैं टीले के ऊपर तक और नीचे

लोहारघाट की सड़क तक आदमखोर बाघ के पंजों के निशान देखने गया। दोपहर में विश्राम गृह को लौटने के बाद मुझे एक और मार की सूचना दी गई। मेरा सन्देशवाहक एक बुद्धिमान नौजवान था जो एक मुकदमें के सिलसिले में हाजिर होने को अल्मोड़ा जा रहा था। उसके पास इतना समय नहीं था कि वह मुझे वह जगह दिखाता जहां उसने शेर को गाय को मारते देखा था। अतः उसने बरामदे के फर्श पर कोयले से एक रेखा चित्र बनाया। एक संयुक्त नाश्ता तथा भोजन करने के बाद मैं, शिकार को खोजने निकल पड़ा जो यदि नौजवान आदमी का रेखाचित्र सही था तो उस स्थान से पांच मील दूर था जहां पर मैंने पिछली शाम शेर पर गोली चलाई थी। शेर जैसा मैंने देखा मवेशियों के एक छोटे झुंड पर आ धमका था, जो मुख्य घाटी के नीचे बह रही एक जलधारा के किनारे चर रहे थे और नम जमीन की स्थिति को देखने के बाद ज्ञात हुआ कि शेर को अपने चुने हुये शिकार को नीचे गिराने में थोड़ी कठिनाई हुई होगी। एक बड़े तथा हृष्ट–पुष्ट जानवर को जिसका वजन छः या सात सौ पाउन्ड हो, मारना एक श्रमसाध्य कार्य होता है। और शेर सामान्यतः इस कार्य को अन्जाम देने के बाद थोड़ा विश्राम करता है। इस अवसर पर शेर ने जैसे ही गाय को मारा था तुरन्त ही उसे उठा लिया था क्योंकि वहां खून नहीं गिरा हुआ था। ऐसा प्रतीत होता है कि शेर जलस्रोत पार करने के बाद पहाड़ के आधार पर स्थित घने जंगल में चला गया था।

कल शेर ने अपने शिकार को उस स्थान पर छिपा दिया था जहां उसे मारा था। परंतु आज उसका इरादा यह लगा कि अपने शिकार को मारने के स्थान से उतनी दूर ले जाएगा जितना ले जा सकना संभव था। दो मील या कुछ अधिक तक मैंने घसीटने के चिह्नों का पीछा एक घने जंगल से होकर एक खड़ी चढ़ाई वाले पहाड़ के मुख तक किया जहां शेर अपने भारी बोझ को पहाड़ के शिखर से कुछ ही सौ गज़ दूर ले गया होगा कि तभी गाय की पिछली टांगों में से

एक टांग बांज के दो पौधों के बीच में फंस गई। पहाड़ के ऊपर की तरफ एक शक्तिशाली झटका देने के बाद शेर ने टखने से थोड़ा नीचे से ही टांग तोड़ दी थी और उसे पौधों के बीच में फंसा छोड़ देने के बाद अपने शिकार के साथ चला गया था। पहाड़ के शिखर का वह बिंदु जहां शेर अपने शिकार को लेकर पहुंचा था, सपाट था और एक या दो फुट गोलाई के बांज के बालवृक्षों से ढका हुआ था। इन्हीं पेड़ों के नीचे जहां किसी प्रकार की झाड़ियां अथवा आड़ नहीं थी, शेर ने अपना शिकार, उसे छिपाने का प्रयत्न किये बिना छोड़ा था।

मैंने शेर का अनुसरण केवल अपनी राइफल और कुछ कारतूसों को साथ लेकर धीरे–धीरे किया था। फिर भी जब मैं चोटी पर पहुंचा तो मेरी कमीज गीली थी तथा मेरा गला सूखा था। मैं इसीलिए कल्पना कर सकता था कि शेर को भी प्यास लग गई होगी और उसे बुझाने की इच्छा भी हुई होगी। मुझे स्वयं पानी पीने की आवश्यकता थी, अतः मैं सबसे नजदीक उपलब्ध पानी को खोजने निकल पड़ा जहां पर शेर के मिलने की भी एक संभावना थी। वह घाटी जिसमें मैंने भालू को मारा था दाहिने ओर आधे मील दूर थी और उसमें पानी था, परंतु बाईं तरफ के निकट एक और खड्ड था, मैंने पहले उसी में प्रयत्न करने का निर्णय लिया।

मैं इस घाटी के नीचे एक मील के सबसे अच्छे भाग तक ही गया होऊंगा और एक जगह पर आया जहां पर यह संकरी हो गई थी, जिसके दोनों ओर सीधे खड़े स्लेटी पत्थरों के किनारे थे, जब एक बड़ी

शिला को पार करने के बाद मैंने शेर को अपने सामने बीस गज़ की दूरी पर लेटे हुए देखा। इस स्थान पर पानी का एक छोटा कुंड था और कुंड तथा दाहिने हाथ के किनारे के बीच की रेत की एक संकरी पट्टी पर शेर लेटा हुआ था। यहां पर घाटी एक तीखा मोड़ लेती थी और शेर का कुछ हिस्सा मेरी तरफ वाले मोड़ की तरफ था और शेष हिस्सा मोड़ के पार था। वह अपनी बाईं करवट से तालाब की तरफ मुंह करके लेटा था और मैं उसकी पूंछ तथा पिछली टांगों के हिस्सों को देख सकता था।

मेरे और सोते हुए जानवर के बीच में सूखी हुई शाखाओं की एक बड़ी मात्रा पड़ी थी जिनको भैसों को खिलाने के लिए कुछ समय पूर्व ऊपर झुके हुए पेड़ों से काट डाला गया था। इस बाधा को बिना आवाज किए पार करना संभव नहीं था और न ही ऐसा करना संभव था कि दोनों किनारों मे से किसी भी सीधी कगार को स्लेटी पत्थरों को गिराये बगैर पार किया जा सके। अतः केवल एक ही बात करने को थी वह यह थी कि बैठ कर शेर की प्रतीक्षा की जाए ताकि वह मुझे गोली चलाने का अवसर दे।

अपने बड़े परिश्रम और भरपेट पानी पीने के बाद शेर गहरी नींद में सो रहा था और आधे घंटे तक उसने कोई हरकत नहीं की। फिर वह अपनी दाहिनी बगल में मुड़ा तथा उसकी टांगों का और अधिक हिस्सा दृष्टि में आया। इस स्थिति में वह कुछ मिनटों तक लेटा रहा तथा फिर खड़ा हुआ और मोड़ के पीछे हट गया। अपनी उंगली घोड़े पर रखे हुए मैंने उसके पुनः दिखाई देने की प्रतीक्षा की क्योंकि उसका शिकार मेरे पीछे के पहाड़ के ऊपर था। मिनट बीत गए और सौ गज़ दूर एक काकड़ पहाड़ से नीचे दौड़ते हुए आया जो उन्मत की भांति भौंक रहा था, और थोड़ी देर में एक सांभर टोंका। शेर चला गया था, क्यों, मुझे नहीं पता था।

क्योंकि उसने पहले ही काफी कठिन मेहनत कर ली थी जिसकी किसी एक शेर को आवश्यकता पड़ सकती थी। यह ऐसा प्रकरण भी नहीं था कि उसने मेरी गंध सूंघ ली होगी क्योंकि शेरों में सूंघने की शक्ति नहीं होती है। इससे कोई अंतर नहीं पड़ता क्योंकि वह शिकार के पास वापस अवश्य लौटेगा, जिसको उसने पहाड़ के शिखर तक लाने में इतना कष्ट सहा था और मैं, वहां उसका स्वागत करने को रहूंगा। उस कुंड का पानी जहां शेर ने पानी पिया था, हिमशीतल था और अपनी प्यास बुझाने के बाद, मैं देर तक स्थगित किए गए धूम्रपान का आनंद उठाने में समर्थ था।

सूर्य जब अस्त होने के निकट ही था, तब मैं एक बांज के पेड पर सुविधाजनक स्थिति में बैठ गया जो दस गज़ पूर्व की ओर तथा शिकार के थोड़ा दाहिनी ओर था। शेर पश्चिम की ओर से पहाड़ पर ऊपर आएगा। और यह उचित नहीं था कि शिकार सीधे हमारे बीच में हो क्योंकि शेरों की नजर बहुत अच्छी होती है। पेड़ पर से मेरी सीट से मेरे सामने घाटी का और ऊपर के पहाड़ों का स्पष्ट दृश्य था और जब अस्त होता हुआ सूर्य, जो आग के एक बड़े गोले की तरह दिखाई दे रहा था, पृथ्वी के किनारे पर विश्राम कर रहा था, जिससे संसार लाल रंग से नहा गया था, एक सांभर मेरे नीचे घाटी से टोंका। शेर चल पड़ा था तथा उसके पास अपने शिकार तक पहुंचने के लिए पर्याप्त समय था जबकि वहां पर सच्चा निशाना लगाने के लिए अभी भी पर्याप्त दिन का प्रकाश था।

आग की गेंद क्षितिज के नीचे डूब गई, लाल चमक पृथ्वी से लुप्त हो गयी। गोधूलि ने अन्धकार को अपना स्थान दे दिया तथा जंगल में सब शान्त था। चंद्रमा अपनी तीसरी कला में था परंतु तारे जो हिमालय से ज्यादा कहीं भी नही चमकते थे, मुझे शिकार को देखने के लिए पूरा प्रकाश दे रहे थे, जो सफेद था। शिकार का सिर मेरी तरफ था और शेर यदि अब आया और धड़ की तरफ से खाना आरंभ किया तो मैं उसे देखने में समर्थ नहीं रहूंगा किन्तु जब शिकार दृष्टि

से ओझल होगा तो अपनी दृष्टिकाओं को सफेद शिकार की सीध में रखने के बाद और फिर राइफल को उठाते हुये घोड़ा दबा देने पर वहां शेर को गोली लगने की संभावनाएं आधी–आधी थी। परंतु यहां पर कोई नरभक्षी नहीं था जिस पर किसी भी हालत में गोली चलाई जाती। यहां पर 'दैवी शेर' था जिसने इन्सानों को कभी भी सताया नहीं था और जिसने यद्यपि चार लगातार दिनों में चार गायें मार डाली थी, फिर भी जंगलों के नियमों के विरूद्ध कोई अपराध नहीं किया था। उसको तत्काल मार डालने से उनको लाभ होता जो उसकी लूटमार से पीड़ित हो रहे थे। परंतु रात में एक अनिश्चित निशाना इस संभावना के साथ साधना कि वह केवल घायल हो जाता और उसको घंटो तक पीड़ा को झेलने के लिए छोड़ देना ही होता और यदि वह स्वस्थ न हो पाता तो एक आदमखोर बनने के लिए छोड़ देना होता जो कि किन्हीं भी परिस्थितियों में न्याय संगत नहीं होता।

पूर्व से रोशनी आ रही थी क्योंकि पेड़ों के तने अजीब सी छाया देने लगे थे और फिर चंद्रमा जंगल के खुले टुकड़ों को प्रकाशित करते हुए उदित हो गया। यही समय था जब शेर आया। मैं उसको देख नहीं सकता था, परंतु मुझे मालूम था कि वह आ गया था क्योंकि मैं उसे महसूस और उसकी उपस्थिति को सूंघ सकता था। क्या वह शिकार के पार वाली तरफ झुका हुआ बैठा था? तथा केवल उसकी आंखे और सिर का ऊपरी भाग ही पहाड़ के शिखर से थोड़ा उठा हुआ था और वह मुझे देख रहा था? नहीं वह संभव नहीं था क्योंकि उस वक्त से जब मैंने अपने स्थान पर अपने को आरामदायक स्थिति में व्यवस्थित कर लिया था, मैं पेड़ का हिस्सा बन गया था और शेर बिना किसी कारण के एक जंगल में प्रत्येक पेड़ के पास जाते हुए उसकी खोजबीन करते हुए नहीं चलते हैं। फिर भी शेर वहां था और वह मुझे देख रहा था।

वहां पर मुझे साफ दिखने लायक पर्याप्त प्रकाश था और बहुत सावधानीपूर्वक मैंने अपने सामने के पूरे क्षेत्र की बारीकी से जांच की।

फिर जैसे ही मैंने पीछे देखने के लिए अपना सिर दाहिनी ओर घुमाया, मैंने शेर को देखा, वह शिकार की तरफ मुख किये हुए चांदनी के एक टुकड़े में अपने नितंबों पर बैठा हुआ था और सिर मोड़ कर मुझे देख रहा था। जब उसने मुझे अपनी ओर नीचे देखते हुए देखा, तो उसने अपने कान चपटे कर दिए और क्योंकि मैंने आगे कोई चेष्टा नहीं की, उसके कानों ने अपनी सीधी स्थिति पुनः प्राप्त कर ली। मैं, उसे अपने आप से कहते हुए कल्पना कर सकता था कि 'अच्छा', आपने मुझे अब देख लिया है और अब इस बारे में क्या करने जा रहे हो? वहां पर मेरे लिए करने के लिए कुछ कम ही था, क्योंकि गोली चलाने के लिए मुझे आधा गोलाई में घूमना पड़ता और यह शेर को शंकित किए बिना संभव नही हो सकता था, जो मुझे देख रहा था। वहां पर फिर भी मेरे लिए अपने बाएं कंधे से गोली चलाने की संभावना थी और मैंने ऐसा करने का प्रयत्न करने का निर्णय लिया? राइफल मेरे घुटनों पर टिकी हुई तथा उसकी नाल बाईं ओर इंगित कर रही थी और जैसे ही मैंने उसे उठाया और दाहिनी ओर को घुमाने लगा, शेर ने अपना सिर नीचे किया और अपने कान फिर चपटे कर लिये। इस स्थिति में वह उतनी देर तक रहा, जितनी देर मैं बिना हिले–डुले बैठा रहा, परंतु जिस क्षण मैंने अपनी राइफल को फिर उठाना आरंभ किया वह उठा और पीछे अंधकार में दूर चला गया।

अच्छा तो यह बात थी तथा शेर ने बहुत निश्चित रूप से एक और दौर जीत लिया था। जितनी देर तक मैं पेड़ पर बैठा रहूंगा, वह नहीं लौटेगा। परंतु यदि मैं दूर चला जांऊ तो वह वापस आ सकता था तथा शिकार को हटा देता और क्योंकि वह एक पूरी गाय को एक रात में नहीं खा सकता था, जिससे मुझे अगले दिन एक और मौका मिल सकता था।

जो प्रश्न अब मेरे सामने था वह यह था किं रात कहां व्यतीत की जाए? मैं उस दिन पूरे बीस मील पहले ही चल चुका था तथा

विश्राम गृह तक घने वन से होकर आठ मील और चलने का विचार मुझे उचित नहीं सूझा। किसी अन्य क्षेत्र में मैं शिकार से दो या तीन सौं गज़ दूर तक चला जाता और जमीन पर शांतिपूर्वक सो जाता। परंतु इस क्षेत्र में एक नरभक्षी बाघ था तथा नरभक्षी बाघ रात में शिकार करते हैं। उस शाम जब मैं वृक्ष पर बैठा हुआ था तो मैंने कहीं दूर मवेशियों की घंटियाँ बजने की आवाजें सुनी थी जो या तो किसी गांव से या गौशाला से आ रही थी। मैंने उस आवाज का बिल्कुल सही अनुमान लगा लिया था और अब मैं यह मालूम करने निकल पड़ा कि वे कहां से आई थी। हिमालय में पशुओं की चोरी नहीं होती है और सारे कुमाऊं में सामुदायिक गौशालाएं बनाई गई हैं जो चरने के स्थानों के निकट वनों में स्थित हैं। मैंने घंटियों की आवाज जिस छप्पर से सुनी थी, उसे खोज लिया, जहां लगभग एक सौ मवेशी एक बड़े खुले हुए छप्पर में थे, जिसके चारों ओर सशक्त लकड़ी का बाड़ा बना था। यह वास्तविकता कि बाड़ा एक घने वन में किसी रखवाले के बिना स्थित था, पहाड़ के लोगों की ईमानदारी का प्रमाण था तथा इस बात का भी प्रमाण था कि देवीधुरा में मेरे आने से पहले गाय बैलों को शेर द्वारा मारा नहीं गया था।

रात में वन में सारे जानवर शंकित रहते हैं तथा यदि मुझे बाड़े के निवासियों के बीच में सुरक्षित रात व्यतीत करनी थी तो मुझे उनकी बहुत प्राकृतिक शंका का निवारण भी करना था। हमारे गांव कालाढुंगी के असामी लगभग नौ सौ गायें और भैंसों का झुंड रखते हैं तथा मवेशियों के साथ अपने आरंभिक बचपन के जुड़े रहने के कारण, मैं उस भाषा को जानता हूँ जिसे वे समझते हैं। बहुत धीरे चलते हुए तथा जानवरों से बातें करते हुए मैं छप्पर के निकट गया और कटघरे के पास पहुंच कर, उससे पीठ टिका कर धूम्रपान करने बैठ गया। जहां मैं बैठा, वहां पर अनेक गायें खड़ी हुई थी तथा उनमें से एक आगे बढ़ी और अपने सिर को बाड़े के डंडों के बीच से निकाल कर मेरे सिर के पिछले भाग को चाटने लगी, जो एक मैत्रीपूर्ण संकेत था,

परंतु गीला करने वाला था। और आठ हजार फुट की ऊंचाई पर रातें बहुत ठंडी होती हैं। अपनी सिगरेट को समाप्त करने के बाद मैंने अपनी राइफल को खाली किया और उसे फूस से ढ़क कर बाड़े के ऊपर चढ़ा।

उस स्थान का चुनाव करने में सावधानी बरतनी थी, जहां मुझे सोना था, क्योंकि यदि रात में कोई खतरे का संकेत मिलता तो मवेशी बाड़े में चक्कर काटने लगते तथा जमीन पर उनके पैरों के नीचे कुचले जाने का भय रहता। बाड़े के केंद्र के पास और छत को सहारा देने वाले खंबों में से एक, जिस पर मैं जरूरत पड़ने पर चढ़ सकता था और वहां पर सो रही दो गायों के बीच में खुला स्थान था। लेटे हुए जानवरों के ऊपर से जाकर तथा खड़े जानवरों के सिर हटा कर अपना रास्ता बनाते हुए मैं उन दोनों के बीच में लेट गया जो एक दूसरे की तरफ पीठ करके लेटी हुई थी। वहां रात में कोई खतरे का संकेत नहीं सुनाई पड़ा। अतः मुझे वहां पर छत को सहारा देने वाले खंबे में ऊपर चढ़ने की कोई आवश्यकता नहीं पड़ी तथा गायों के गर्म शरीर से रात की सर्दी से सुरक्षित होकर तथा उन स्वस्थ मवेशियों के शरीर की शहद सी मीठी सुगंध को अपने नथुनों में समाये, मैं ऐसा सोया कि जैसे कि मेरी पूरी दुनिया के साथ शांतिपूर्ण मैत्री हो, जिसमें शेर तथा नरभक्षी बाघ भी सम्मिलित थे।

अगली प्रातः सूर्योदय हो ही रहा था जब कुछ आवाजें सुन कर मैंने अपनी आंखे खोली और तीन आदमियों को दूध दुहने के बर्तन लिए हुए देखा जो कि बाड़े के डंडों के बीच से मुझे घूर रहे थे। शेर के कुंड में, मैंने पानी पिया था, वही सब कुछ था जो पिछले दिन नाश्ते के बाद से मेरे ओठों से गुज़रा था, और उन आदमियों द्वारा मुझे स्वागत करने योग्य गर्म दूध का पेय पीने को दिया गया, जब वे अपने आश्चर्य से उबर गए जो उनको मुझे उनके ढोर–डंगरों के साथ सोते हुए देख कर हुआ था। आदमियों को उनके द्वारा भोजन करने के लिए गांव चलने को दिए गए निमंत्रण को अस्वीकार करने

के बाद, मैंने उनको रहने तथा खाने की व्यवस्था के लिए धन्यवाद दिया तथा विश्राम गृह को नहाने तथा खाना खाने के लिए जाने से पहले मैं उस स्थान पर गया जहां शेर ने अपना शिकार रखा था। यह देख कर मुझे आश्चर्य हुआ कि शिकार उसी तरह पड़ा था जैसे मैं उसे छोड़ कर गया था और उसको गिद्धों तथा सोने के सिर वाले गरूड़ों से सुरक्षित रखने के लिए मैं उसे टहनियों से ढ़क कर विश्राम गृह को चला गया था।

जहां तक मैं अनुमान लगा सकता हूँ कि विश्व के किसी भी भाग में सेवक अपने स्वामियों की सनकों के प्रति इतने सहनशील नहीं होते हैं जितने कि भारत में। जब मैं चौबीस घंटे की अनुपस्थिति के बाद विश्राम गृह पहुंचा तो कोई आश्चर्य प्रकट नहीं किया गया तथा कोई भी प्रश्न नहीं पूछा गया। स्नान हेतु गर्म पानी तैयार था, साफ कपड़े रखे थे, और अल्प समय में ही मैं दलिया, अंडों की भुजिया, गर्म चपातियां और बूढ़े पुजारी द्वारा भेंट किये गए शहद का नाश्ता कर रहा था तथा चाय पी रहा था। नाश्ता समाप्त करने के बाद, मैं विश्राम गृह के सामने बैठ कर, शानदार दृश्य की प्रशंसा करते हुए योजनाएं बनाने लगा। मैं, नैनीताल स्थित अपने घर से केवल एक ही उद्देश्य से निकला था कि पनार के आदमखोर बाघ को मारने का प्रयत्न करूंगा और जिस रात को उसने चरवाहे को मंदिर के चबूतरे से घसीटने का प्रयत्न किया था, तब से उसके बारे में कुछ भी सुना नहीं गया था। पुजारी, दुकानदार तथा निकट और दूर के सारे लोग जिनसे मैंने पूछा था, उन्होंने अवगत कराया कि अनेक बार लंबी अवधि के लिए वह बाघ पृथ्वी के इस भाग से न जाने कहां लापता हो जाता था और उनका मत था कि उनमें से एक समय आजकल आरंभ हो चुका था, परंतु कोई भी यह नहीं बता रहा था कि वह समय कब समाप्त होगा? जिस क्षेत्र में नरभक्षी सक्रिय था, वह बहुत विस्तृत था तथा उसमें संभवतः दस से बीस बाघ थे। उस क्षेत्र में केवल एक ही बाघ को खोजना और गोली मारना जिसने मनुष्यों को मारना, बंद

कर दिया था और यह भी मालूम न हो कि उसे कहां ढूंढा जाए, एक निराशाजनक कार्य था।

जहां तक नरभक्षी का संबंध था, मेरा अभियान असफल हो गया था और देवीधुरा में और ज्यादा रूकने से कोई लाभप्रद उद्देश्य सिद्ध नहीं होगा। जहां तक 'दैवी शेर' का सवाल शेष था, मैं यह नहीं समझता था कि इस शेर को मारना मेरा उत्तरदायित्व था, परंतु मुझे अनुभव हुआ था, तथा बहुत गहराई तक महसूस हो रहा था कि मेरे द्वारा उसका पीछा किए जाने से उसे और ज्यादा मवेशियों को मारने की प्रेरणा मिल रही थी जैसा कि उसने सामान्य स्थिति में नहीं किया होता। क्यों एक शेर ने मेरे देवीधुरा में आगमन के दिन से ही मवेशियों को मारना आरंभ किया? यह कहना संभव नहीं था और मेरे चले जाने पर वह मारना बंद कर देगा, यह बाद में देखने की बात थी। जो भी हो मैंने उसे मारने के हर संभव प्रयास किये थे और जो भी क्षति उसने पहुंचाई थी, उसकी पूर्ति मैंने अपनी जेब से करने की भरसक कोशिश की थी और शेर ने भी मुझे जंगल के सबसे रोचक अनुभवों में से एक से अवगत कराया था, इसीलिए मैंने उसके प्रति कोई दुर्भावना नहीं रखी, क्योंकि उसने मुझे इस रोमांचकारी खेल में जो हमने बीते हुए चार दिनों में खेला था प्रत्येक अंक पर पराजित किया था।

ये चार दिन बहुत श्रमसाध्य रहे थे, अतः मैं आज रात विश्राम करूंगा और अगली सुबह शीघ्र ही नैनीताल वापस लौटने की अपनी यात्रा के प्रथम चरण में चल दूंगा। मैं इस निर्णय पर पहुंचा ही था कि जब मुझे पीछे से एक स्वर सुनाई दिया, सलाम साहिब, मैं, आपको बताने आया हूँ कि शेर ने मेरी गाय मार दी है। शेर को मारने का एक और मौका था, चाहे मैं सफल रहूं अथवा नहीं, मैं कल प्रातः यहां से चल पड़ने के अपने कार्यक्रम पर तो अडिग रहूँगा ही।

7

मनुष्यों तथा भालूओं के हस्तक्षेप करने से नाराज होकर शेर ने अपना क्षेत्र बदल लिया था और यह अंतिम शिकार उसने देवीधुरा के पूर्वी भाग में कई मील दूर किया था जहां पिछली शाम को मैं, उसे मारने के लिए बैठा था। यहां भूमि उबड़–खाबड़ थी, जिसमें छितरी हुई झाड़ियां तथा यहा–वहां कुछ पेड़ खड़े थे और जो चकोर (पहाड़ी तीतर) के लिए एक आदर्श स्थान था, परंतु अंतिम स्थान हो सकता था, जहां पर मैं, एक शेर को देख सकता था।

पहाड़ के मुख से तिरछे होकर जाता हुआ एक उथला गर्त था, इसी गर्त में घनी झाड़ियों के टुकड़े थे, जिसमें कही–कहीं पर छोटी घास के मैदान थे। इन्हीं खुली जगहों में से एक कोने में गाय मारी गई थी जो झाड़ियों की तरफ घसीट कर खुले में छोड़ दी गई थी। मैदान के विपरीत दिशा में पहाड़ के नीचे की ओर बांज का एक बड़ा पेड़ था। आसपास सैकड़ों गज़ की दूरी तक यही एकमात्र पेड़ था अतः मैंने इसी पर बैठने का निर्णय लिया।

जब तक मेरे आदमियों ने चाय बनाने के लिए पानी की एक केतली को गर्म किया, मैं चारों तरफ टोह लेने गया कि क्या मैं पैदल चल कर ही शेर पर गोली चला सकता था? मुझे विश्वास था कि शेर उसी उथले गड्ढ़े में कहीं लेटा होगा, यद्यपि मैंने उसे उस गर्त के प्रत्येक फुट में एक घंटे तक खोजा, मैंने उसके कोई भी चिह्न नहीं देखे।

वह वृक्ष जिसमें मुझे बैठना था, मैदान की तरफ झुका हुआ था। टहनियों को बार–बार छांट देने के कारण इसके तने पर अनेक स्थानों से छोटी शाखाएं निकली हुई थी। जिनसे होकर पेड़ पर चढ़ना आसान हो गया था, परंतु इससे नीचे का तना दिखाई नहीं देता था। बीस फुट ऊपर एक अकेली बड़ी शाखा तप्पड़ के ऊपर बढ़ी हुई थी और इसी पर बैठा जा सकता था परंतु यह बहुत असुविधाजनक थी तथा इस पर आसानी से पहुंचा भी नहीं जा सकता था। 4 बजे मैंने अपने आदमियों को यह समझा कर वापस भेजा कि वे पहाड़ी के

ऊपर स्थित गांव में चले जाए और वहां मेरी प्रतीक्षा करें, क्योंकि मेरा इरादा सूर्यास्त के बाद बैठने का नहीं था।

शिकार जैसा कि मैंने कहा था मेरे से दस गज़ की दूरी पर खुले में पड़ा था, और उसका पृष्ठ भाग घनी झाड़ियों के झुरमुट से एक गज़ दूर था। मैं एक घंटे से अपने स्थान पर बैठा हुआ था तथा लाल दाढ़ी वाली बुलबुलों को देख रहा था जो मेरे दाहिनी ओर स्थित रसभरी की झाड़ियों के फल खा रही थी और फिर मैंने अपनी आंखे गाय की लाश को देखने के लिए घुमाई और झाड़ियों के झुरमुट के ऊपर से शेर का सिर उठा हुआ देखा जो कि स्पष्टतया लेटा हुआ था, क्योंकि उसका सिर जमीन के निकट था तथा उसकी आंखें मुझ पर स्थिर थी। इसी समय एक पंजा आगे बढ़ाया गया, फिर दूसरा और फिर बहुत धीरे तथा पेट को जमीन से सटाये हुए उसने अपने को शिकार के पास तक सरकाया। यहां पर वह बड़ी देर तक बिना हिले–ढुले रहा, फिर अपने मुख से टटोल कर और अपनी आंखे अभी भी मुझ पर स्थिर रखे हुए उसने गाय की पूंछ को काटा, उसे एक तरफ रखा और खाना आरंभ कर दिया। भालू से अपनी तीन दिन पूर्व हुई लड़ाई के बाद से उसने कुछ भी नहीं खाया था। शेर भूखा था और उसने ऐसे खाया जैसे एक आदमी सेब को खाता है, खाल की उपेक्षा करते हुए, वह गाय के पिछले हिस्से से बड़े–बड़े कौर खा रहा था।

राइफल मेरे घुटनों पर शेर की दिशा में इंगित करती हुई पड़ी थी और मुझे केवल इतना करना भर था कि उसे कन्धे तक उठाऊं, परंतु मुझे ऐसा करने का मौका तभी मिलता, जब शेर अपनी आंखे एक पल के लिए मेरी तरफ से हटाता, परंतु शेर को खतरे का अहसास था क्योंकि मुझसे आंखे हटाये बिना वह धीरे–धीरे जल्दबाजी किए बिना खाता गया। जब वह पंद्रह या बीस पाउन्ड मांस खा चुका था तभी बुलबुलों ने रसभरी की झाड़ियों को छोड़ा और दो नीलकंठ भी उनके पास चले आए और वे वहां शेर के पीछे की झाड़ियों में

जोर–जोर से कटकटा रहे थे। मैंने सोचा यही समय है जब मुझे कुछ करना चाहिए। यदि मैंने राइफल को धीरे–धीरे कंधे तक उठाया, तो शेर संभवतः उस हलचल को देख नहीं पाएगा। अतः जब पक्षी सबसे ज्यादा शोर मचा रहे थे, मैंने ऐसा करना आरंभ किया। मैंने राइफल की नाल को शायद छः इंच तक ही घुमाया होगा कि शेर पीछे की तरफ ऐसे खिसका जैसे किसी ताकतवर स्प्रिंग ने उसे खींचा हो। अपने कंधे पर राइफल उठाए तथा कुंहनियों को घुटनों पर टिकाये मैंने शेर द्वारा अपना सिर दूसरी बार उठाने की प्रतीक्षा की और मैं आश्वस्त था कि वह ऐसा करेगा। काफी समय ऐसे ही व्यतीत हो गया। तभी मैंने शेर की आवाज सुनी। वह झाड़ियों के चारों तरफ का चक्कर काट कर पीछे से मेरे पेड़ तक पहुंचा तथा पेड़ को नोचना आरंभ कर दिया। परंतु पेड़ के तने पर छोटी टहनियां इस तरह उगी थी कि मैं उसे देख नहीं सकता था। प्रसन्नता से घुरघुराहट करते हुए शेर ने पेड़ को पूरी शक्ति से नोचा जबकि मैं शाखा पर बैठा हुआ मौन हंसी से लोट–पोट हो रहा था।

मैं जानता हूँ कि कौओं तथा बंदरों में विनोद की प्रवृत्ति होती है लेकिन उस दिन तक मुझे ज्ञात नहीं था कि शेर भी बहुत विनोद प्रिय होता है और न हीं मुझे मालूम था कि एक जानवर इतना भाग्यशाली और गुस्ताख हो सकता है जितना कि यह विशेष शेर था। पांच दिनों में उसने पांच गायें मार डाली थी, जिनमें से चार तो दिन के उजाले में ही। इन पांच दिनों में, मैंने उसे आठ बार देखा था तथा चार अवसरों पर उसके ऊपर राइफल का घोड़ा दबाया था और अब मुझे आधे घंटे तक घूरते हुए अपना खाना खाने के बाद वह उस पेड़ को नोच रहा था जिस पर मैं बैठा था और घुरघराते हुए मेरा तिरस्कार कर रहा था।

बूढ़े पुजारी ने मुझे शेर के बारे में बताते हुए कहा था कि, उसे कोई आपत्ति नहीं है साहिब, कि आप इस शेर को मारने का प्रयत्न करें परंतु न तो आप ही तथा न अन्य कोई ही इसे मारने में सफल

होगा। शेर अब अपने तरीके से पुजारी की बात की पुष्टि कर रहा था। अच्छा, तो शेर ने इस रोमांचकारी खेल में जिसे हमने आपस में एक दूसरे को घायल किए बिना खेला था, अपनी अंतिम चाल चल ही दी थी, परंतु मै उसे अंतिम हंसी को हंसने का सन्तोष प्रदान नहीं करना चाहता था अतः राइफल को घुटनों पर लिटाने के बाद मैंने अपने दोनों हाथ जोड़ कर मिलाये और उसके नोचना बंद करने की प्रतीक्षा की और फिर अपने गले से पूरी शक्ति लगा कर एक चिल्लाहट निकाली, जो पहाड़ों के ऊपर से प्रतिध्वनित करती हुई गई, जिसे सुन कर वह पहाड़ से नीचे की तरफ पूरी गति से दौड़ते हुए भाग गया और मेरे आदमियों ने गांव से नीचे के रास्ते को दौड़ कर पूरा किया और जब वे मेरे पास पहुंचे तो उन्होंने बताया कि उन्होंने शेर को अपनी पूंछ को हवा में उठाये हुए भागते देखा और यह देखिये, उसने पेड़ का क्या हाल कर दिया है?

अगली प्रातःकाल मैंने देवीधुरा में अपने सारे मित्रों को अलविदा कहा और उनको आश्वासन दिया कि जैसे ही नरभक्षी फिर सक्रिय होगा मैं वापस लौटूंगा।

मैंने देवीधुरा का बाद के वर्षों में अनेक बार भ्रमण किया, जब मैं नरभक्षियों का आखेट कर रहा था परंतु मैंने कभी भी ऐसा नहीं सुना कि ''दैवी शेर'' को किसी ने मार डाला हो। इसीलिए, मैं आशा करता हूं कि, अपने जीवन को पूरी तरह से जीने के बाद वह पुराना योद्धा एक बूढ़े सैनिक की भांति विलुप्त हो गया होगा।

मुक्तेसर की नरभक्षी

नैनीताल के उत्तर में अठारह मील दूरस्थित उत्तर–पूर्व को जाता हुआ आठ हजार फुट ऊंचा तथा बारह से पन्द्रह मील लंबा एक पहाड़ है, जो पूर्व से पश्चिम तक फैला हुआ है। पहाड़ का पश्चिमी सिरा खड़ी चढ़ाई का है और इसी सिरे के निकट मुक्तेसर पशु अनुसंधान केंद्र स्थित है, जहां भारत के मवेशियों के रोगों के निदान हेतु इंजेक्शन तथा टीकों का निर्माण होता है। प्रयोगशाला तथा कर्मचारियों के घर पर्वत के उत्तर की ओर स्थित हैं और वहां से हिमालय की बर्फीली श्रृंखला का दृश्य सबसे अच्छे दिखने वाले दृश्यों में से एक है। यह पर्वतमाला तथा इसके और भारत के मैदानों के मध्य में पड़ने वाले सारे पहाड़ पूर्व से पश्चिम की ओर फैले हैं और इनमें से किसी भी पहाड़ के सर्वोच्च बिंदु से, जहां तक दृष्टि जाती है वहां तक न केवल उत्तर की बर्फ का, बल्कि पूर्व तथा पश्चिम की तरफ के पहाड़ों तथा घाटियों का दृश्य भी दूर–दूर तक देखा जा सकता है। वे लोग जो मुक्तेसर में रह चुके हैं, यह दावा करते है कि यह कुमाऊं का सबसे सुंदर स्थल है तथा इसकी जलवायु का तो कोई मुकाबला ही नहीं है।

एक शेरनी ने मुक्तेसर की सुविधाओं का लाभ वहां रहने वाले निवासियों की तरह प्राप्त करने की सोची इसलिए उसने उस छोटी बस्ती के निकट स्थित एक विस्तृत जंगल में अपना निवास बनाया। यहां पर वह बहुत सुखपूर्वक सांभर, काकड़ तथा जगंली सुअर का शिकार करती हुई अपनी गुजर–बसर कर रही थी कि उसके दुर्भाग्य से एक दिन उसका मुकाबला एक साही से हो गया। इस मुठभेड़ में उसकी एक आंख जाती रही, तथा लगभग पचास कांटे जिनकी लंबाई एक से नौं इंच थी, उसकी अगली दाहिनी टांग और पैर के पंजे के नीचे घुस गए। इनमें से अनेक कांटे हड्डी से टकरा कर अंग्रेजी के यू (U) की आकृति बनाते हुए वापस मुड़ गए थे। इन कांटों की नोंक और किनारा दोनों एकदम जुड़ गए थे। जब उसने अपने दांतों से कांटों को निकालने का प्रयत्न किया तो ऐसा करने से वहां पर मवाद से भरे तथा रिसने वाले घाव बन गए थे और जब वह एक घनी घास के टुकड़े में लेटी हुई भूख से मरती हुई अपने घाव चाट रही थी कि तभी एक महिला ने घास के क्षेत्र का यही खास टुकड़ा अपने मवेशियों के लिए चारा काटने के लिए चुना। शेरनी ने पहले इस पर कोई ध्यान नहीं दिया, परंतु जब वह महिला घास काटती हुई उस स्थान तक आ पहुंची जहां पर वह लेटी हुई थी तो शेरनी ने एक प्रहार किया जिसकी चोट से उसकी खोपड़ी फट गई फलस्वरूप उसकी तत्काल ही मौत हो गई, क्योंकि जब अगले दिन खोजने पर जब वह महिला मरी मिली तो वह एक हाथ में दंराती और दूसरे हाथ में घास का वह गुच्छा पकड़े थी, जिसे वह उस समय काटने ही वाली थी, जब शेरनी ने उस पर वार किया होगा। उस महिला को वहीं छोड़कर जहां वह गिरी थी, शेरनी लंगड़ाती हुई लगभग एक मील से ज्यादा दूरी तक गई और वहां एक गिरे हुए पेड़ के एक छोटे खोखल में शरण ली। दो दिन बाद एक आदमी इसी गिरे हुए वृक्ष के नीचे जलौनी छीलने आया और शेरनी ने जो दूसरी तरफ लेटी हुई थी उसे भी मार डाला। वह आदमी पेड़ के आर–पार गिर पड़ा था, जब

उसे मारते समय शेरनी ने उसकी पीठ को नाखूनों से चीर डाला था। कदाचित यह संभव है कि जब वह आदमी पेड़ के तने के आर–पार लटका पड़ा था तो उसके शरीर से धीरे–धीरे बहते हुए रक्त को देखकर शेरनी के मन में यह विचार आ गया हो कि वह ऐसी वस्तु थी, जिससे वह अपनी भूख मिटा सकती थी। बात चाहे जो भी रही हो, उसे छोड़ने से पहले शेरनी ने उसकी पीठ से थोड़ा मांस खाया था। एक दिन बाद उसने जानबूझ कर अपना तीसरा शिकार मारा और वह भी बिना किसी रुकावट के विरोध का सामना किए। इसके पश्चात् वह पूरी तरह नरभक्षी बन गई।

मैंने शेरनी के बारे में तभी सुन लिया था जब उसने मनुष्यों को मारना आरंभ किया था और क्योंकि मुक्तेसर में बहुत शिकारी थे जो सभी उस शेरनी को मारने के लिए बहुत उत्सुक थे, जो उनकी दहलीज पर ही सक्रिय थी। इसीलिए मैंने यह उचित नहीं समझा कि एक बाहरी व्यक्ति को इस मामले में हस्तक्षेप करना चाहिए। जब शेरनी द्वारा मारे गए व्यक्तियों की संख्या चौबीस तक पहुंच गई और बस्ती में तथा पड़ोस के गांवों में रहने वाले सारे लोगों का जीवन खतरे में पड़ गया और पशु अनुसंधान केंद्र में कार्य की प्रगति धीमी हो गई, तो वहां के केंद्र प्रभारी पशुधन अधिकारी ने सरकार से मेरी सहायता प्राप्त करने का अनुरोध किया।

मेरा कार्य, जैसा कि मैंने इसे देखा सरलता से पूर्ण हो जाने वाला नहीं था क्योंकि वास्तव में नरभक्षियों से संबंधित मेरा अनुभव बहुत सीमित था। मैं उस विस्तृत क्षेत्र के बारे में कुछ भी नहीं जानता था जिसमें शेरनी सक्रिय थी और इसीलिए मुझे कोई अनुमान न था कि उसे कहां खोजा जाए।

एक नौकर तथा दो आदमियों के साथ जो मेरा बिस्तरबंद तथा सूटकेस ले जा रहे थे, मैंने दोपहर में नैनीताल से प्रस्थान किया और दस मील दूर स्थित रामगढ़ के डाक बंगले में पैदल चल कर गया, वहां पर मैंने रात बिताई। डाक बंगले का खानसामा (रसोइया, बर्तन

धोने वाला तथा सारे सामान्य काम करने वाला) मेरा परिचित था और जब उसे मालूम पड़ा कि मैं, नरभक्षी को मारने की कोशिश में मुक्तेसर जा रहा था तो उसने मुझे सचेत करते हुए कहा कि मैं, मुक्तेसर जाते समय अंतिम दो मील का फासला बहुत सावधानी से तय करूँ। उसने बताया कि सड़क के उस इलाके में हाल ही में कई आदमी मार डाले गए हैं।

अपने आदमियों को सामान बांधने और मेरे पीछे–पीछे आने की बात कहकर अगली सुबह जल्दी यात्रा आरंभ करके और अपने साथ 500 बोर की दोनाली एक्सप्रेस राइफल लिए, जिसमें परिष्कृत काला बारूद प्रयुक्त होता था, मैं नैनीताल–अल्मोड़ा तथा मुक्तेसर को जाने वाली सड़कों के मिलन वाले स्थान पर पहुंचा, उस समय उजाला हो ही रहा था। इस स्थान से आगे अब चौकन्ना होकर चलना आवश्यक था क्योंकि मैं, अब नरभक्षी के इलाके में था। एक तीखी खड़ी चढ़ाई वाले पहाड़ के पीछे से आड़े–तिरछे होते हुए ऊपर जाने से पहले सड़क कुछ दूर तक सपाट जमीन पर जाती है जिसमें नारंगी रंग की लिली उगती है, जिसके गोल और कठोर बीजों को गोली के रूप में भरुवा बंदूकों में प्रयोग किया जा सकता है। यह प्रथम अवसर था जब मैं, उस पहाड़ पर कभी चढ़ा था तथा मैं हवा के प्रवाह की वजह से बलुआ पत्थरों से बनी लटकती चट्टानों पर बनी गुफाओं को बहुत दिलचस्पी से देख रहा था जो कि सड़क के ऊपर लटक रही थी। तेज आंधी आने पर मैं कल्पना करता हूँ कि इन गुफाओं से भयानक आवाजें उत्पन्न होती होंगी क्योंकि ये विभिन्न आकारों की है, और

इनमें से कुछ छिछली हैं तो दूसरी बलुआ पत्थरों में गहराई तक धंसी हुई प्रतीत होती थी।

जहां से सड़क पहाड़ की पीठ पर निकलती थी वहां पर सपाट मैदान का एक छोटा विस्तार है जो कि दूर की तरफ मुक्तेसर के डाकघर और एक छोटे बाजार से मिला हुआ है। उस सुबह उस वक्त तक डाकघर खुला नहीं था परंतु एक दुकान खुली हुई थी तथा दुकानदार ने बड़ी कृपापूर्वक मुझे बताया कि डाक बंगले तक कैसे पहुंचा जा सकता था जो कि उसके कथनानुसार पहाड़ के उत्तरी रूख पर आधा मील दूर स्थित था। मुक्तेसर में दो डाक बंगले हैं एक तो सरकारी अधिकारियों के लिए आरक्षित रहता है जबकि दूसरा आम जनता के लिए। मुझे इस बात का पता न था और मेरे बनिये दोस्त ने मेरे टोप के साइज को देखकर भूलवश मुझे एक सरकारी अधिकारी समझ लिया था, अतः उसने मुझे गलत बंगले का मार्ग बताया था और बंगले के प्रभारी खानसामा तथा मैंने लालफीताशाही वाहिनी की अप्रसन्नता झेली क्योंकि खानसामा ने मुझे नाश्ता उपलब्ध कराया था और मैंने उसको खाया था। यद्यपि उस समय मैं इस बात से अनभिज्ञ था परंतु बाद में, मैंने यह अपना कर्त्तव्य समझा कि मेरी भूल का मुआवजा किसी भी तरह से खानसामा को भुगतना न पड़े।

जब मैं बर्फ से ढ़की हुई पर्वतमाला के भव्य दृश्य की प्रशंसा करते हुए नाश्ते की प्रतीक्षा कर रहा था, तभी बारह यूरोपियनों की एक टोली मेरे पास से गुजरी जो सभी सर्विस राइफलें साथ लिये जा रहे थे, जिनके कुछ देर बाद एक सार्जेन्ट और दो आदमी आए जो लक्ष्य और झंडे ले जा रहे थे। वह सार्जेन्ट एक स्नेही सज्जन पुरूष था, जिसने मुझे बताया कि वह टोली, जो अभी–अभी वहां से गई थी, राइफल रेंज को जा रही थी और यह भी कि वे नरभक्षी के डर से पास–पास रह कर चौकन्ने होकर एक साथ जा रहे थे। सार्जेन्ट से मुझे ज्ञात हुआ कि केंद्र के प्रभारी अधिकारी को पिछले दिन सरकार से एक तार मिला था, जिसमें उसे सूचना दी गई थी कि मैं, मुक्तेसर

के मार्ग पर चल पड़ा हूँ। सार्जेन्ट ने आशा प्रकट की थी कि मैं नरभक्षी को मारने में सफल रहूंगा क्योंकि उसने कहा कि बस्ती में स्थितियां बहुत कठिन हो गई हैं। कोई भी यहां तक कि दिन के उजाले में भी, अकेले इधर–उधर जाने की नहीं सोचता था, और गोधूलि के बाद तो प्रत्येक मनुष्य को दरवाजे बंद करके रहना पड़ता था। नरभक्षी को मारने के बहुत प्रयास किए गए परंतु वह उस शिकार के स्थान कभी भी नहीं लौटा जहां पर शिकारी बैठे होते थे।

बहुत स्वादिष्ट नाश्ता करने के बाद मैंने खानसामा को बताया कि जब मेरे आदमी पहुंचे तो वह उनको बता दे कि मैं, नरभक्षी की खोज खबर लेने जा रहा हूं तथा मुझे मालूम नहीं है कि मैं कब तक वापस लौटूंगा। तब, अपनी राइफल उठाने के बाद मैं, डाकघर में अपनी मां को एक टेलीग्राम भेजने गया कि मैं सुरक्षित पहुंच गया हूँ।

डाकघर और बाजार के सामने के समतल मैदान से मुक्तेसर के पहाड़ का दक्षिणी छोर खड़ी ढलान पर नीचे दूर तक जाता है और यह धारों तथा घाटियों से विभाजित होता था, जिसमें घनी झाड़–झंखाड़ थी और इधर–उधर कुछ पेड़ छितरे हुए खड़े थे। मैं, पहाड़ के किनारे पर खड़ा हुआ था और नीचे घाटी में देख रहा था, जिसके ऊपर रामगढ़ के घने वनों वाले पहाड़ थे कि तभी मेरे साथ पोस्टमास्टर और बहुत दुकानदार शामिल हो गए। पोस्टमास्टर को पिछले दिन सरकार द्वारा प्रेषित किया हुआ तार प्राप्त हुआ था और अब मेरे द्वारा तार करने के लिए भरे गए फार्म पर, जिसको मैंने अभी उसे सौंपा था, मेरे हस्ताक्षर देख कर उसने सोचा लिया कि टेलीग्राम में उल्लिखित व्यक्ति मैं, ही हूँ और वह तथा उसके मित्र अब अपनी सहायता प्रदान करने के लिए मेरे पास आए थे। उनके प्रस्ताव से मैं बहुत प्रसन्न हुआ क्योंकि वे मुक्तेसर आने वाले प्रत्येक व्यक्ति को देखने और उससे वार्तालाप करने की सबसे अच्छी स्थिति में थे, क्योंकि जहां कहीं भी दो अथवा ज्यादा आदमी इकट्ठे हो जाते होंगे, उनकी बातचीत का मुख्य विषय नरभक्षी ही रहता होगा तथा वे लोग

उन सूचनाओं को एकत्रित करने में समर्थ थे जो मेरे लिए बहुत महत्व की हो सकती थी। भारत के देहातों में ग्रामवासियों के लिए डाक घर और बनिये की दुकान उतना ही मायने रखती हैं जितना कि दूसरे देशों के लोगों के लिए मदिरालय तथा क्लब रखते हैं, और यदि किसी विशेष विषय पर सूचना प्राप्त करनी हो तो डाक घर और बनिये की दुकान ही इनको प्राप्त करने हेतु सर्वोत्तम स्थान होते हैं।

पहाड़ की तलहटी में हमारे सामने बांई ओर और लगभग दो मील दूर तथा हमसे एक हजार फुट नीचे खेती का एक टुकड़ा था। मुझे सूचित किया गया कि यह बद्रीशाह का सेब का बागान था। बद्री, मेरे एक पुराने मित्र का बेटा था, जो कुछ महीनों पहले मेरे पास नैनीताल आया था और उसने मुझे अपने अतिथि गृह में रूकने का निमन्त्रण दिया था और नरभक्षी को मारने में हर तरह से सहायता प्रदान करने का प्रस्ताव भी किया था। इस प्रस्ताव को पहले दिऐ गए कारणों से मैंने स्वीकार नहीं किया था। अब जबकि मैं सरकार के बुलावे पर मुक्तेसर आया था तो मैंने निर्णय लिया कि मैं बद्री से मिलूंगा और मेरी सहायता करने के लिए किए गए उसके प्रस्ताव को स्वीकार कर लूंगा, विशेषतया मुझे अभी–अभी सूचित किया गया था कि अंतिम मानव हत्या उसके बगीचे के नीचे की घाटी में की गई थी।

अपने चारों ओर खड़े हुए सभी आदमियों को धन्यवाद देने के बाद और उनसे यह कह कर कि मैं, अगली सूचनाओं के लिए उन पर ही निर्भर रहूंगा, मैं धारी को जाने वाली सड़क पर नीचे की ओर चल पड़ा। दिन अभी जवान ही था और बद्री से मिलने से पहले वहां पर इतना समय तो था ही कि मैं पहाड़ की सीध में पूर्व की ओर बसे हुए कुछ गांवों का भ्रमण कर सकूं। सड़क के किनारे कोई मील के पत्थर नहीं लगे थे तथा जब मेरे अनुमान से मैंने लगभग छः मील तय करके दो गांवों का भ्रमण कर लिया था तो मैं वापस लौट पड़ा। मैंने अपने कदम वापस तीन मील दूर तक ही बढ़ाए होंगे कि मैं, एक

छोटी लड़की के समीप आ पहुंचा जो एक बैल के साथ मुश्किल में फंसी थी। लड़की जो लगभग आठ वर्ष की रही होगी बैल को मुक्तेसर की दिशा में ले जाना चाहती थी जबकि बैल उससे विपरीत दिशा में जाना चाहता था और जब मैं घटना स्थल पर पहुंचा तो स्थिति ऐसी बन गई थी कि दोनों में से कोई भी ऐसा नहीं करेगा जो दूसरा चाहता था। बैल एक बहुत बूढ़ा जानवर था और वह लड़की उसकी गर्दन में बंधी हुई रस्सी को पकड़ कर आगे–आगे चली और मैं, उसे आगे को चलने को हांकते हुए पीछे चल रहा था तो उसने फिर कोई परेशानी खड़ी नहीं की। कुछ दूर तक आगे बढ़ने के बाद मैंने कहा, हम, कलवा को चुरा कर तो नहीं ले जा रहे हैं? मैंने उसको बैल को इसी नाम से पुकारते हुए सुना था।

'नहीं!' उसने रूष्ट होकर अपनी भूरी आंखों से मुझ पर भरपूर दृष्टि डाल कर उत्तर दिया।

मैंने अगला सवाल किया कि वह किसका बैल है?

मेरे पिताजी का है, उसने उत्तर दिया।

और हम उसे कहां ले जा रहे हैं?

मेरे चाचा के पास।

और चाचा को कलवा की क्यों आवश्यकता है?

अपने खेत की जुताई करने हेतु।

परंतु कलवा चाचा के खेत को अकेले ही जोत नहीं सकता है। बिल्कुल ठीक कहा, नहीं, उसने कहा। मैं कुछ नहीं समझ रहा था परंतु तब कोई भारतीय एक साहिब से बैलों और जुताई के बारे में कुछ भी जानकारी रखने की आशा नहीं कर सकता था।

क्या चाचा के पास केवल एक ही बैल है? मैंने फिर पूछा।

हाँ, उसने कहा उनके पास अभी केवल एक ही बैल है परंतु उनके पास पहले दो भी थे।

दूसरा वाला कहां है? मैंने पूछा, यह सोचते हुए कि संभवतः वह एक कर्जे को चुकाने के लिए बेच दिया गया होगा।

शेर ने उसे कल मार दिया है, मुझे बताया गया। यहां पर वास्तव में एक खबर थी और जब मैं इस पर विचार करने का प्रयास कर रहा था, तब हम चुपचाप आगे बढ़ते गए जबकि वह लड़की तब तक बार–बार पीछे मुड़कर मुझे देखती रहती थी, जब तक वह मुझसे प्रश्न पूछने की हिम्मत नहीं जुटा सकी।

क्या आप शेर को मारने आए हैं?

हाँ, मैंने कहा, मै शेर को मारने का प्रयास करने आया हूँ।

तब आप शिकार से दूर क्यों जा रहे हो?

क्योंकि, हम कलवा को चाचाजी के घर ले जा रहे हैं मेरे उत्तर ने लड़की को संतुष्ट कर दिया प्रतीत होता था और हम आगे बढ़ते गए। मुझे कुछ, बहुत उपयोगी सूचना प्राप्त हो गई थी परंतु मुझे और भी चाहिए थी, फिर मैंने कहा,

क्या तुमको मालूम नहीं है कि शेर एक नरभक्षी है।

ओह हाँ, उसने कहा, इसने कुंती के पिता और बोंसी सिंह की मां और बहुत से लोगों को खाया है।

तो फिर तुम्हारे पिताजी ने तुमको कलवा के साथ क्यों भेजा? वह अपने आप क्यों नहीं आए?

क्योंकि उनको भाबरी बुखार (मलेरिया) हो रखा है।

क्या तुम्हारे कोई भाई नहीं है?

नहीं, मेरा एक भाई था परंतु वह बहुत पहले मर गया था।

मां?

हां मेरी मां है जो कि खाना पका रही है।

बहन?

नहीं, मेरी कोई बहन नहीं हैं। इसी कारण इस छोटी लड़की के जिम्मे यह खतरनाक काम पड़ गया

था कि वह उस सड़क पर चल कर अपने पिता के बैल को अपने चाचा के घर छोड़ कर आए, जिस पर लोग अकेले चलने में डरते थे और केवल समूहों में ही यात्रा करते थे तथा जिस पर मैंने चार घंटों में दूसरा मनुष्य नहीं देखा था।

अब हम एक रास्ते पर आ गए थे जिसके ऊपर लड़की गई, बैल पीछ–पीछे चल रहा था और मैं सुरक्षा की दृष्टि से सबसे पीछे था। इस समय हम एक खेत में आ पहुंचे जिसके दूर के किनारे पर एक छोटा मकान था। जब हम मकान के निकट पहुंचे तो लड़की ने आवाज दी और अपने चाचा से कहा कि वह कलवा को लेकर आ गई है।

ठीक है, एक आदमी की आवाज मकान के अंदर से आई उसे खंबे से बांध दो और घर लौट जाओ। मैं खाना खा रहा हूँ। इसलिए हमने कलवा को खंबे से बांधा और सड़क तक वापस लौटे। हम दोनों को जोड़ने वाले सम्पर्क सूत्र कलवा के न होने के कारण पुतली अब शर्मा रही थी और क्योंकि अब वह मेरे साथ–साथ नहीं चल सकती थी। अतः मैं उसके कदमों से कदम मिलाते हुए आगे चलता गया। कुछ समय तक हम बिना बोले चलते रहे और फिर मैंने कहा।

मैं, उस शेर को मारना चाहता हूँ जिसने तुम्हारे चाचा के बैल को मारा है परंतु मुझे यह मालूम नहीं है कि लाश कहां पर है। क्या तुम मुझे दिखाओगी?

ओह, हाँ, उसने उत्सुकतापूर्वक कहा मैं, आपको दिखाऊंगी,

क्या तुमने शिकार को देखा है? मैंने पूछा।

नहीं, उसने कहा, मैंने उसे देखा नहीं है परंतु मैंने अपने चाचाजी को मेरे पिताजी को यह बताते सुना था कि वह कहां पर था?

क्या वह सड़क के समीप ही है?

मुझे नहीं मालूम।

क्या बैल अकेला था जब वह मारा गया था।

नहीं, वह गांव के मवेशियों के साथ था।

वह सुबह मारा गया या शाम को?

वह तब सुबह के समय मारा गया था जब वह गायों के साथ चरने जा रहा था।

जब मैं लड़की से बातचीत कर रहा था तो मैं चारों तरफ तीक्ष्ण दृष्टि से चौकन्ना होकर देख रहा था, क्योंकि अब सड़क संकरी थी और बांयी ओर घने पेड़ों के जंगल से और दाईं तरफ घनी झाड़–झंखाड़ से सटी हुई थी। हम लगभग एक मील तक आगे बढ़े होंगे जब हम एक बहुत पुराने मार्ग पर पहुंचे जो बाईं ओर के जंगल में जा रहा था। यहां पर लड़की रूक गई और कहा कि यही वह मार्ग है, जिस पर उसके चाचा ने उसके पिता को बताया था कि यहां पर बैल मारा गया था। अब मैंने वह सारी जानकारियां हासिल कर ली थी, जिनकी मुझे शिकार की स्थिति को जानने के लिए आवश्यकता थी। उसे घर तक सुरक्षित जाते हुए देख कर मैं पशुगमन मार्ग पर वापस लौटा। यह रास्ता एक घाटी से होकर जाता था और मैं इसके साथ–साथ एक चौथाई मील तक ही आया था कि मैं उस स्थान पर पहुंच गया जहां मवेशियों में भगदड़ मची थी। रास्ते को छोड़ कर मैं अब इसके समानांतर और पचास गज़ नीचे जंगल से होकर गया। मैं, थोड़ी दूर तक ही गया था कि मैंने घसीटने के निशान देखे। यह सीधे नीचे घाटी में गए और जब मैंने इनका पीछा कुछ सौ गज़ दूर तक ही किया होगा तो मैंने बैल को देखा जिसके धड़ के पिछले भाग से थोड़ा हिस्सा ही खाया हुआ था। यह एक बीस फुट ऊंचे टीले की तह पर और लगभग 40 फुट दूर स्थित एक गहरी घाटी के मुहाने से दूर पड़ा हुआ था। घाटी और शिकार के मध्य एक बौना पेड़ था, जिस पर जंगली गुलाब की बेल चढ़ी हुई थी। शिकार से यथोचित दूरी पर यही एकमात्र पेड़ था, जिस पर मैं शेर को मारने की आशा से बैठ सकता था, क्योंकि उस रात चंद्रमा नहीं था और यदि शेर अंधेरा होने के बाद आया, जैसा कि मुझे विश्वास था, तो शिकार के जितना निकट मैं बैठ सकता, मेरे द्वारा शेर को मारने के अवसर उतने ही ज्यादा अच्छे हो जाते।

अब दो बज गए थे और मेरे पास बद्री से भेंट करने और चाय का एक प्याला पीने के लिए थोड़ा समय था, जिसकी मुझे आवश्यकता थी, क्योंकि रामगढ़ से प्रातः चार बजे चलने के बाद मैं बहुत ज्यादा पैदल चल चुका था। बद्री के बगीचे को जाने का मार्ग उस स्थान से कटता है, जहाँ पर पशुगमन मार्ग सड़क से मिलता है और एक खड़ी ढाल वाली पहाड़ी से नीचे एक मील तक घने जंगल से हो कर जाता है। बद्री अपने अतिथि गृह के निकट ही था और सेब के एक क्षतिग्रस्त पेड़ की देखभाल कर रहा था। जब मैं वहाँ पहुँचा तो मेरे आने के उद्देश्य को सुनकर वह मुझे अतिथि गृह में ले गया, जो कि बगीचे से ऊँचाई पर एक छोटी टेकरी पर स्थित था। हम बरामदे में बैठे कर चाय और कुछ खाने–पीने की वस्तुओं का इंतजार कर रहे थे, जिन्हें बद्री ने अपने नौकर को बनाने का आदेश दिया था। मैंने उसे बताया कि मैं मुक्तेसर क्यों आया हूँ और मैंने उसे उस शिकार के बारे में भी बताया जिसे खोजने में छोटी लड़की ने मेरी सहायता की थी। जब मैंने बद्री से पूछा कि इस शिकार के बारे में मुक्तेसर के शिकारियों को क्यों नहीं बताया गया था, तो उसने कहा कि शिकारियों द्वारा शेर को मारने की लगातार असफलताओं से खिन्न होकर ग्रामवासियों का उन पर से विश्वास उठ गया है और इसी वजह से शिकार के बारे में अब उनको बताया नहीं जा रहा था। बद्री ने इन असफलताओं का कारण शिकार के ऊपर बैठने के लिए बहुत व्यापक इंतजामों को करने को ही ठहराया था। इन इंतजामों को करने में शिकार के निकट की सारी बाधाओं जैसे झाड़ियों और छोटे पेड़ों को काट देना, बड़े मचानों को बनाना और मचानों में अनेक आदमियों का बैठना होता था। ये सभी पर्याप्त कारण थे, जिनके कारण शेर को कभी भी शिकार पर लौट कर नहीं आने के लिए कुख्यात बना दिया था। बद्री आश्वस्त था कि पूरे मुक्तेसर क्षेत्र में केवल एक ही शेर था और वह अपनी दाहिनी टांग से थोड़ा लंगड़ा कर चलता था, परंतु उसे मालूम नहीं था कि यह

लंगड़ापन किस कारण से हुआ है और उसे यह भी ज्ञात न था कि शेर नर है अथवा मादा।

हमारे साथ बरामदे में एक बड़ा एरिडेल टेरियर बैठा हुआ था। इसी समय कुत्ते ने गुर्राना आरंभ कर दिया और जिस दिशा में कुत्ते का मुंह था, उसी तरफ देखने पर हमने जमीन पर एक बड़े लंगूर को बैठे देखा था, जो सेब के एक वृक्ष की टहनी को पकड़ और झुका कर कच्चा फल खा रहा था। बरामदे की रेंलिंग के सहारे रखी एक बंदूक को उठाकर बद्री ने उसमें चार नंबर का छर्रा भर कर फायर कर दिया। दानों को वहां तक पहुंचने के लिए दूरी बहुत ज्यादा थी और यदि उनमें से कोई एक उसे लग भी जाती तो उससे लंगूर को कोई चोट नहीं लगती, परंतु फायर का उस पर यह असर पड़ा कि वह धीमी चाल से पहाड़ पर चढ़ने लगा तथा कुत्ता जोरों से उसका पीछा कर रहा था। इस भय से कि कुत्ते को कोई नुकसान न हो जाए, मैंने बद्री से उसको वापस बुलाने को कहा, परंतु उसने कहा कि सब ठीक होगा, क्योंकि यह कुत्ता उस लंगूर का पीछा करता रहता है, जिसने उसके जवान पेड़ों को बहुत क्षति पहुंचा रखी है। कुत्ता अब लंगूर तक पहुंचने ही वाला था और जब वह उससे कुछ गज़ के फासले पर ही रहा होगा कि लंगूर पीछे घूमा, कुत्ते को कान से पकड़ा और उसके सिर के किनारे से मांस के एक टुकड़े को काट डाला। घाव बहुत ही गम्भीर था और जब तक हम उसका उपचार करते रहे, मेरे लिए चाय और गर्म पूरियों (बेखमीर रोटी को मक्खन में उबालकर) की प्लेट तैयार होकर आ गई थी।

मैंने बद्री को उस पेड़ के बारे में बता दिया था, जिस पर मैं बैठने वाला था और जब मैं शिकार के पास लौटने लगा तो उसने भी

मेरे साथ चलने की इच्छा प्रकट की और उसके साथ दो आदमी छोटा मचान बनाने के लिए सामग्री लेकर चल रहे थे। बद्री और दोनों आदमी नरभक्षी के साये में एक साल तक रहे थे और उनको उसके बारे में कोई भ्रान्ति न थी और जब उन्होंने देखा कि शिकार के निकट कोई अन्य पेड़ न थे, जिन पर मचान बनाया जा सकता, सिवाय उस वृक्ष के जिसे मैंने बैठने के लिए चुना था, तो उन्होंने मुझसे आग्रह किया कि मैं उस रात उस पर न बैठूं, क्योंकि उनका अनुमान था कि शेर शिकार को हटा देगा और मुझे अगली रात को अधिक सुविधाजनक स्थान बैठने हेतु मिल सकता था। यह वही बात थी, जिसे मैं उस स्थिति में करता यदि शेर नरभक्षी न होता। परंतु वह नरभक्षी था, इसीलिए मैं, वह मौका नहीं गवाना चाहता था, जो कल नहीं भी मिल सकता था, यद्यपि इसमें थोड़ा खतरा भी था। उस जंगल में भालू भी थे और यदि उनमें से किसी एक ने शिकार की गंध सूंघ ली तो शेर पर निशाना लगाने की मेरी कोई भी उम्मीद खत्म हो सकती थी, क्योंकि हिमालयी भालू, शेर का आदर करने वाले नहीं होते हैं और उनके द्वारा मारे गए शिकार को खाने से भी नहीं हिचकते। पेड़ पर चढ़ना एक कठिन कार्य था, क्योंकि वह कांटेदार गुलाब की लता से आच्छादित था और जब मैं पेड़ पर उतनी सुविधाजनक स्थिति में बैठ गया, जितनी कि काटों में बैठ सकता था। फिर उन्होंने मेरी राइफल मुझे पकड़ा दी और अगली सुबह शीघ्र आने का वायदा करके बद्री और उसके आदमी वापस लौटे।

मैं, पहाड़ी की तरफ मुंह करके बैठा था और घाटी मेरे पीछे थी। मुझ पर ऊपर से नीचे आने वाले किसी भी जानवर की पूरी नजर पड़ सकती थी, परंतु यदि शेर नीचे से आया जैसा कि मुझे उम्मीद थी तो वह मुझे तब तक नहीं देख पाएगा, जब तक वह शिकार के पास पहुंच नहीं जाएगा। बैल जो सफेद था अपनी दाहिनी करवट से पड़ा था, जबकि उसकी टांगें मेरी तरफ थी। वह पंद्रह फुट की दूरी पर था। मैंने अपना स्थान 4 बजे अपराह्न को ग्रहण किया था और

एक घंटे बाद एक काकड़ ने मेरे से नीचे 200 गज़ दूर स्थित घाटी के पीछे से भौंकना आरंभ किया। शेर चल पड़ा था और उसे देखकर काकड़ स्थिर खड़ा होकर बोल रहा था। बहुत समय तक वह भौंकता रहा और फिर उसने दूर जाना आरंभ किया। आवाजें धीमी से धीमी होती चली गई और पहाड़ के पीछे में जाकर समाप्त हो गई। इससे पता चला कि शेर अपने शिकार के निकट आकर लेट गया था। मैंने ऐसा होने की उम्मीद कर रखी थी, क्योंकि बद्री ने बताया था कि शेर को मचान से मारने के सारे प्रयास असफल रहते थे। मैं जानता था कि शेर अब आसपास ही लेटा होगा, उसकी आंखें और कान खुले होंगे, यह सुनिश्चित करने कि जब वह शिकार के निकट जाएगा तो उसके नजदीक कोई आदमी नहीं बैठे होंगे। मिनट बढ़ता गया, गोधूलि आई, मेरे सामने के पहाड़ की वस्तुएं अस्पष्ट होती गई और फिर विलुप्त हो गईं। मैं शिकार को एक सफेद धब्बे के रूप में देख सकता था, तभी उस घाटी के सिरे पर एक लकड़ी चटखी और धीमे कदम मेरी ओर आए और एकदम मेरे नीचे रूक गए। एक अथवा दो मिनट वहां पर पूर्णतया शान्ति रही और फिर शेर पेड़ की जड़ पर सूखी पत्तियों पर लेट गया।

सूर्यास्त के समय घने बादल गड़गड़ाने आरंभ हो गए थे और अब सिर के ऊपर काले बादल की छतरी तारों को छिपा रही थी। अन्ततः शेर उठ गया और शिकार तक गया। रात्रि का सबसे अच्छा वर्णन काली स्याह की तरह किया जा सकता था। अपनी आखों से पूरा जोर लगाने के बावजूद मैं सफेद बैल को देख नहीं सका और शेर को भी नहीं। शिकार के पास पहुंच कर शेर ने लाश पर फूंक मारना आरंभ कर दिया। हिमालय में और विशेषकर गर्मियों में शिकार बर्रों को आकर्षित करते हैं, जिनमें से कुछ प्रकाश धूमिल होते ही चले जाते हैं, परंतु जो उड़ने में बहुत आलसी होते हैं, वहीं रहते हैं और

एक शेर संभवतः बुरे अनुभव के बाद, अपना खाना शुरू करने से पहले, मांस पर चिपके हुए बर्रों को उड़ा देता है।

मुझे निशाना लगाने के लिए जल्दबाजी करने की जरूरत नहीं थी, यद्यपि शेर बहुत निकट था, फिर भी शेर मुझे तब तक नहीं देखेगा जब तक मैं उसका ध्यान कोई हलचल अथवा आवाज करके आकर्षित न करता। मैं एक अंधेरी रात में तारों के प्रकाश में सुविधाजनक तरीके से अच्छी तरह देख सकता हूँ, परंतु उस रात को तारे दिखाई नहीं दे रहे थे और न ही घने बादलों से बिजली का प्रकाश चमक रहा था और शेर ने खाना शुरू करने से पहले शिकार को हटाया नहीं था। अतः मुझे पता था कि वह शिकार के दाहिने ओर मेरी तरफ बगल करके बैठा है।

शेर को मारने के प्रयासों के बारे में सुनकर मुझे उम्मीद थी कि वह अंधेरा होने से पहले नहीं आएगा और मेरा इरादा यह था कि तारों की रोशनी में, मैं जो कुछ भी निशाना साध सकूं, वह साधूंगा और उसके बाद राईफल की नाल को थोड़ा हटाऊँगा, जिससे गोली शिकार के दायीं तरफ एक या दो फुट जाए, परंतु अब बादलों ने मेरी आंखों को असहाय कर दिया था, जिस कारण मुझे अपने कानों पर ही निर्भर रहना था (मेरी श्रवण शक्ति उस समय पूर्ण थी)। राइफल को उठाकर और अपनी कोहनियों को अपने घुटनों में टिकाकर मैंने उस आवाज़ पर सावधानी से निशाना साधा, जिसे शेर कर रहा था और राइफल को स्थिर पकड़े हुए मैंने अपना दाहिना कान ध्वनि की ओर मोड़ा और फिर पीछे किया। मेरा निशाना थोड़ा ऊँचा था, इसलिए नाल को एक इंच के छोटे अंश तक झुकाकर मैंने दोबारा अपना सिर घुमाया और सुना। यह क्रिया कुछ बार करने के बाद और यह सन्तुष्ट हो जाने पर कि मैं आवाज की तरफ ही निशाना लगा रहा था, मैंने राइफल की नाल को थोड़ा दाहिनी ओर घुमाया और घोड़ा दबा दिया। दो ही छलांगों में शेर 20 फुट ऊँचे कगार पर जा पहुंचा। उसके ऊपर सपाट भूमि का एक छोटा टुकड़ा था, जिसके

ऊपर का पहाड़ तीखी चढ़ाई वाला था। मैंने शेर को सूखी पत्तियों पर सपाट मैदान तक जाते हुए सुना और उसके बाद वहां पर शांति छा गई। इस शान्ति का एक ही अर्थ निकाला जा सकता था कि या तो शेर सपाट जमीन पर पहुंच कर मर गया था अथवा वह घायल नहीं हुआ था। राईफल को अपने कंधे पर रखे हुए, मैं ध्यानपूर्वक तीन या चार मिनट तक सुनता रहा और क्योंकि वहां आगे कोई आवाज सुनाई नहीं दे रही थी। अतः मैंने राईफल को झुकाया। इस हलचल का स्वागत शेर ने कगार के ऊपर से गहरी गर्जना करके दिया। शेर घायल नहीं था और उसने मुझे देख लिया था। पेड़ पर मेरी सीट पहले ही 10 फुट ऊँची थी और क्योंकि मैं किसी ठोस वस्तु पर नहीं बैठा था, इसलिए गुलाब की झाड़ी मेरे वजन से दब गई थी, अब मैं संभवतः जमीन से 8 फुट से ज्यादा ऊँचाई पर नहीं था और मेरे पैर थोड़ा और नीचे लटक रहे थे तथा थोड़ी ऊँचाई पर और मुझसे 20 फुट दूर एक ऐसा शेर पूरे गले से दहाड़ रहा था, जिस पर मुझे विश्वास करने का पूरा कारण था कि वह नरभक्षी ही था।

दिन के उजाले में शेर की निकटता यदि उसने आपको नहीं देखा हो, तो भी रक्त के प्रवाह में उत्तेजना पैदा कर देती है, परंतु जब शेर सामान्य न होकर एक नरभक्षी हो और एक अंधेरी रात में दस बजे हों और आपको मालूम है कि नरभक्षी आपको देख रहा है तो आपके खून के प्रवाह में तूफान आ जाता है। मैं मानता हूँ कि एक शेर अपनी आवश्यकता से अधिक शिकार तब तक नहीं करता है, जब तक कि उसे उकसाया न जाए। जो शेर मुझ पर दहाड़ रहा था उसके पास पहले से ही एक शिकार था जो कि दो या तीन दिन में समाप्त होता। अतः उसे मुझे मारने की कोई आवश्यकता न थी। इतने पर भी मुझे एक बैचेनी भरी अनुभूति हो रही थी कि इस अवसर पर

यह खास शेर इस नियम का अपवाद बन सकता है। अनेक शेर कई बार अपने पर गोली चलाये जाने के बाद शिकार पर लौटते हैं, परंतु मुझे मालूम था कि यह ऐसा नहीं करेगा। मुझे यह भी पता था कि मेरी बेचैनी भरी भावना के बावजूद मैं पूर्णतया सुरक्षित था, जब तक मैं अपना सन्तुलन खो नहीं देता क्योंकि मेरे पास पकड़ने हेतु कुछ भी नहीं था या मैं सो जाता और पेड़ पर से नीचे गिर जाता। वहां पर अब मेरे पास धूम्रपान करने की इच्छा को और देर तक दबाने का कोई अन्य कारण नहीं· था। अतः मैंने अपनी सिगरेट का डिब्बा निकाला और जैसे ही एक तीली जलाई तभी मैंने शेर को कगार के सिरे से दूर जाते हुए सुना। थोड़ी देर बाद वह फिर लौटा और गरजा। मैंने तीन सिगरेटें पी ली थीं और शेर अभी भी मेरे साथ था कि तभी बारिश आरंभ हो गई। पहले कुछ बड़ी बूंदें गिरी और फिर घनी झड़ी लग गई। उस सुबह रामगढ़ से चलते समय मैंने हल्के कपड़े पहने थे और क्योंकि मेरे ऊपर बारिश की बूंदों से बचने के लिए एक भी पत्ती नहीं थी। अतः कुछ ही मिनटों में, मैं अंदर तक भीग गया और मुझे मालूम था कि जैसे ही बारिश शुरू हुई, शेर भी किसी पेड़ के नीचे या किसी चट्टान के आश्रय में शरण लेने के लिए चला गया होगा। बारिश रात में 11 बजे आरंभ हुई थी और प्रातः चार बजे तक रूक गई और अब आकाश साफ हो गया। अब हवा भी चलने लगी थी, जिससे मेरी असुविधा बढने लगी और जहां मैं पहले ठंडा था अब जकड़ने लग गया था। जब मैं गठिया के दर्द से पीड़ित होता हूं तो मैं उस रात और उसी तरह की अन्य रातों को याद करता हूं कि मैं कितना परेशान हो जाता हूँ लेकिन मैं, धन्यवाद देता हूं कि यह तो मामूली टीस थी।

बद्री एक अच्छा मित्र था। वह सूर्योदय के समय अपने साथ चाय की एक केतली हाथ में लिये एक आदमी को लाया था। मुझे राइफल से छुटकारा दिलाने के बाद दोनों आदमियों ने मुझे पकड़ लिया, क्योंकि जब मैं पेड़ से नीचे घिसट रहा था, तब मेरे पैरों में बहुत जोर

से ऐंठन आ गई थी। जब मैं जमीन पर लेटकर चाय पी रहा था तो उन्होंने मेरे पैरों की मालिश करके खून के प्रवाह को पुनः चालू किया। जब मैं खड़ा होने में समर्थ हुआ तो बद्री ने अपने आदमी को अतिथि गृह में आग जलाने को भेज दिया। मैंने इसके पहले कभी भी आवाज़ सुनकर गोली को निशाने पर नहीं लगाया था और मैं यह देखकर संतुष्ट था कि मैं, शेर का सिर कुछ ही इंच से चूक गया था। ऊँचाई तो एकदम सही थी, परंतु मैं, राईफल की नाल को दाहिनी तरफ पर्याप्त दूरी तक घुमा नहीं सका था, जिसका परिणाम यह हुआ था कि मेरी गोली बैल पर उस स्थान से लगभग छः इंच हटकर लगी, जहां पर शेर उसे खा रहा था।

चाय पीने और सड़क तक आधे मील चलने से मेरी सारी जकड़ने दूर हो गई थी और जब हमने बद्री के बगीचे तक का एक मील लंबा नीचे की ओर का सफर आरंभ किया तो केवल गीले कपड़े और खाली पेट ही मेरी असुविधा का कारण थे। रास्ता लाल चिकनी मिट्टी के ऊपर से जा रहा था, जिसे बारिश ने बहुत फिसलन वाला बना दिया था। इस मिट्टी पर तीन निशान थे। बद्री और उसके आदमी के ऊपर जाने के निशान और आदमी के नीचे जाने के चिह्न। पचास गज़ तक चिकनी मिट्टी में केवल यही तीन चिह्न थे और तब, जहां रास्ते पर एक मोड़ था, एक शेरनी दाहिने किनारे से नीचे कूदी थी और नीचे के मार्ग पर बद्री के आदमी के पीछे गई थी। आदमी के पदचिह्नों और शेरनी के पगचिह्नों से पता चला कि दोनों ही तीव्र गति से चल रहे थे। बद्री और मैं वहां पर कुछ भी नहीं कर सकते थे, क्योंकि वह आदमी

हमसे 20 मिनट पहले चला था और यदि वह बागान बाड़े के अंदर नहीं पहुंच सका होगा तो हम उसकी कोई भी सहायता नहीं कर सकते थे। हम परेशान करने वाले विचारों के साथ उस फिसलन भरे मार्ग पर उतना तेज चले जितना कि हम चल सकते थे और जब हम उस पगडंडी पर पहुंचे जहां से बगीचा और उसमें काम कर रहे आदमी दिखाई पड़ रहे थे तो यह देखकर हमें बहुत राहत मिली कि शेरनी रास्ते से नीचे चली गई थी, जबकि वह आदमी बगीचे की तरफ सीधा चलता जा रहा था। बाद में पूछने पर उस आदमी ने कहा कि उसे मालूम न था कि शेरनी ने उसका पीछा किया था।

जब मैं, अतिथि गृह में तेज जल रही लकड़ी की आग में अपने कपड़े सुखा रहा था, तो मैंने बद्री से उस जंगल के बारे में प्रश्न पूछा, जिसमें शेरनी गई थी। बद्री ने मुझे बताया कि जिस रास्ते पर शेरनी गई थी, वह नीचे एक गहरी और घने जंगल से युक्त घाटी में जाता था जो कि एक मील या थोड़ा ज्यादा तक एक तीखी खड़ी चढ़ाई वाले पहाड़ के मुख तक फैली हुई थी, जहां पर यह दाहिनी ओर से नीचे आती हुई एक अन्य घाटी से मिलती थी। घाटियों के मिलने के स्थान पर एक जलधारा थी और वहां पर खुले मैदान का एक टुकड़ा था और बद्री ने कहा – वहां से दोनों घाटियों का निकास अच्छी तरह दिखाई देता है। बद्री का विचार था कि शेरनी दिन भर उसी घाटी में लेटी रहेगी, जिसमें हमें विश्वास करने का प्रत्येक कारण था कि वह गई थी और यह हांका करवाने के लिए एक आदर्श स्थान प्रतीत होता था। इसीलिए हमने शेरनी पर गोली चलाने के लिए इस तरीके से प्रयत्न करने का निर्णय लिया, बशर्ते हम हांका करने के लिए पर्याप्त संख्या में आदमियों का प्रबन्ध कर सकें। बद्री के प्रधान माली गोविंद सिंह को बुलाया गया और उसे हमारी योजना समझाई गई। दोपहर तक का समय दिए जाने पर, गोविंद सिंह ने कहा कि वह तीस आदमियों का एक गैंग हांका करने के लिए जुटा लेगा और इसके अतिरिक्त वह अपने मालिक के आदेशों का पालन करते हुए

5 मन मटर (410 पाउण्ड) एकत्रित करवा लेगा। बद्री के पास सेब के बागान के अतिरिक्त एक बहुत विस्तृत सब्जी का बगीचा भी था और पिछली शाम को उसे एक टेलीग्राम प्राप्त हुआ था, जिसमें उसे सूचित किया गया था कि नैनीताल के बाजार में बड़ी मटर की कीमत चार आना (चार पेन्स) प्रति पाउण्ड ऊपर चढ़ गई थी। बद्री इस अच्छे भाव का लाभ उठाने को भी उत्सुक था और इसीलिए उसके आदमी मटर एकत्रित कर रहे थे ताकि उनको पैक करके उसी रात खच्चरों द्वारा रवाना कर दिया जाए, जिससे कि वे तड़के सुबह की मंडी में समय पर नैनीताल पहुंच सकें।

अपनी राइफल की सफाई करने और बागान में चारों तरफ घूमने के बाद मैंने बद्री का साथ उसके सुबह के खाने में दिया। मेरी वजह से उसने यह खाना एक घंटे पहले बनवाया था। दोपहर में गोविंद सिंह अपने तीस आदमियों के गैंग के साथ हाजिर हो गया। मटर तोड़ने वालों की निगरानी करने के लिए वहां पर किसी का रहना आवश्यक था, अतः बद्री ने वहीं रूकने का निर्णय लिया और गोविंद को हांका करवाने भेजा। गोविंद और तीस आदमी स्थानीय निवासी थे और उनको नरभक्षी से होने वाले खतरे का अहसास था। परंतु जब मैंने उनको बताया कि मैं उनसे वास्तव में क्या चाहता हूं तो उन्होंने मेरे निर्देशों का पालन करने की इच्छा प्रकट की। बद्री मुझे एक घन्टे की मोहलत देने वाला था, जिससे कि मैं घाटी में शेरनी को खोज सकूं और यदि मैं गोली चलाने में असफल रहा तो मैं जलधारा के निकट के खुले मैदान में पहुंच जाऊंगा। गोविंद ने अपने आदमियों को दो दलों में विभाजित कर दिया था, एक दल का नेतृत्व उसे स्वयं करना था और दूसरे दल में एक विश्वसनीय व्यक्ति को प्रभारी रखना था। एक घंटे का समय समाप्त होने पर बद्री को एक फायर करना था और दोनों दलों को घाटी के एक–एक तरफ, चट्टानें नीचे लुढ़काते हुए, शोरगुल करते हुए और हाथों से तालियां बजाते हुए चल पड़ना था। यह सुनने में बहुत सीधा–साधा लगा, परंतु

मुझे अपनी तरफ से संदेह था क्योंकि मैंने बहुत सारे हांकों को असफल होते हुए देखा था।

जिस रास्ते से मैं, सुबह नीचे आया था, उसी से ऊपर जाने पर मैंने उस मार्ग का अनुसरण किया, जिस पर शेरनी गई थी और मैं थोड़ी ही दूरी तक गया था, जब वह एक बहुत बड़े झाड़–झंखाड़ के जंगल में घुस गई थी। कई सौ गजों तक अपना रास्ता बनाते हुए मैंने देखा कि पहाड़ी के पीछे का भाग गहरी घाटियों और चोटियों की श्रृंखला से कटा हुआ था। एक चोटी से नीचे जाने पर, जिसे मैंने घाटी की दाहिनी ओर की सीमा सोचा और जिसमें हांका करना था, मैं एक गहरी खाई के पास पहुंचा, जिसकी तलहटी पर मेरे बाईं ओर की घाटी, दाहिनी तरफ से नीचे आती हुई घाटी से मिलती थी और दोनों के संधि–स्थल पर एक जलधारा थी। जब मैं नीचे देखते हुए सोच रहा था कि वह खुला मैदान कहां था, जिसमें मुझे खड़े रहना था, तभी मैंने अपने पास मक्खियों को भिनभिनाते हुए सुना। इस भिनभिनाहट का पीछा करते हुए मैंने एक गाय के अवशेष पाए जो एक सप्ताह पहले मारी गई थी। जानवर के गले पर पड़े निशानों से पता चला कि वह शेर द्वारा मारी गई थी। शेर ने कंधे, गर्दन और सिर के एक हिस्से को छोड़कर सारी गाय को खा लिया था। पता नहीं क्यों बिना किसी विशेष कारण के, मैंने शव को किनारे तक घसीटा और उसे तीखी खड़ी पहाड़ी–ढलान से नीचे धमाके से गिरा दिया। एक सौ गज़ तक लुढ़कने के बाद शव एक छोटे गड्ढे में अटक गया, जो जलधारा के थोड़ा ऊपर था। बाईं तरफ जाकर मैंने देखा कि उस स्थान से 300 गज़ दूर जहां मैंने गाय के अवशेषों को नीचे लुढ़काया था, एक धार के ऊपर घास के मैदान का एक टुकड़ा था। यहां का मैदान उससे बहुत भिन्न था, जिसकी मैंने कल्पना की थी। वहां पर ऐसी कोई जगह न थी, जहां मैं खड़ा होकर उस पहाड़ी भाग को ऊपर से देख सकूं, जिसमें हांका किया जाना था और शेरनी मुझे नजर आए बिना कहीं भी प्रकट हो सकती थी, परंतु उस समय

इतना विलंब हो चुका था कि कुछ और किया ही नहीं जा सकता था। क्योंकि बद्री ने फायर कर दिया था, जो कि मुझे यह अवगत कराने के लिए था कि हांका आरंभ हो चुका है। थोड़ी देर में, बहुत दूर मैंने लोगों को चिल्लाते हुए सुना। कुछ समय तक मैं, यही समझा कि हांका मेरी ओर आ रहा है और फिर आवाजें धीमी से धीमी होती गईं और अंत में समाप्त हो गईं। एक घंटे बाद मैंने दोबारा हांका करने वालों की आवाजें सुनीं वे लोग मेरे दाहिनी ओर के पहाड़ से नीचे आ रहे थे और जब वे मेरे समतल पर पहुंचे तो मैंने चिल्लाकर उनको हांका बंद करने और टीले पर मुझसे मिलने को कहा। इसमें किसी का भी दोष नहीं था कि हांका असफल हो गया था, क्योंकि क्षेत्र की पूरी जानकारी प्राप्त किए बिना और पहले से पूरी तैयारियों को पूरा किए बगैर, हमने कुछ नौसिखिये लोगों की सहायता से एक बड़े विस्तृत घने झाड़–झंखाड़ में हांका करने का प्रयत्न किया था। इस कार्य को करने में तो एक सौ प्रशिक्षित व्यक्तियों को भी कठिनाई होती।

हांका करने वालों को झाड़–झंखाड़ के बीच से अपना रास्ता बनाने में बहुत कठिन परिश्रम करना पड़ा था। जब वे समूहों में बैठकर अपने हाथों और पैरों से कांटें निकालते हुए मेरी सिगरेटें पी रहे थे, गोविंद और मैं एक दूसरे की ओर मुंह करके खड़े होकर उसके इस सुझाव पर बहस कर रहे थे कि कल फिर हांका करवाया जाएगा, जिसमें मुक्तेसर और आसपास के गांवों का प्रत्येक उपलब्ध आदमी भाग लेगा। अचानक ही एक वाक्य को बोलते समय गोविंद बीच में ही रूक गया। मैंने देखा कि मेरे पीछे किसी असाधारण वस्तु ने उसका ध्यान आकर्षित किया था, क्योंकि उसकी आंखें सिकुड़ गई थीं और अविश्वास का एक पुट उसके चेहरे पर आ गया था। पीछे घूमने पर मैंने उस दिशा में देखा जिधर उसकी दृष्टि थी। वहां एक खाली मैदान में शेरनी निःशब्द चल रही थी। वह जलधारा के दूर के किनारे के पहाड़ पर 400 गज़ दूर थी और हमारी तरफ आ रही थी।

जब एक शेर जंगल में आपके निकट आ रहा हो और यदि आप मानव आबादी से दूर हों तो आपके मस्तिष्क में कई बातों के बारे में विचार दौड़ेंगे, जिनके कारण आपके द्वारा गोली चलाने अथवा किसी फोटो को खींचने का अवसर निकल जाएगा, जिसकी आप आशा कर रहे थे। एक अवसर पर मैं, एक पहाड़ की बगल में बैठा हुआ नीचे स्थित एक पशुगमन मार्ग पर शेर का इंतजार करते हुए नजर रखे हुए था। यह रास्ता जंगल में एक बहुत पवित्र धार्मिक स्थल को जाता था, जिसे बरम का थान* के नाम से जाना जाता था। बरम एक जंगल के देवता हैं जो मनुष्यों की सुरक्षा करते हैं और उस क्षेत्र में किसी भी जानवर को मारने की अनुमति नहीं देते हैं, जिसकी वह चौकीदारी करते हैं। जिस जंगल के मध्य में यह धार्मिक स्थान स्थित हैं, उसमें जंगली जानवरों की भरमार है और कई मीलों तक यह जंगल चोर शिकारियों और भारत के सभी भागों के आखेटकों की एक पसंदीदा शिकारगाह है। किन्तु उस जंगल के बारे में जीवन भर की

* ब्रह्मा जी का स्थान

जानकारी रखने के कारण मुझे एक भी ऐसे दृष्टान्त के बारे में ज्ञात नहीं है, जब उस धार्मिक स्थल के समीप कोई जानवर मारा गया हो। मैं एक दिन उस शेर को मारने गया जो कि हमारे गांव की भैसों को मार रहा था, और मैंने बरम के मन्दिर से एक मील की दूरी पर एक स्थान चुन लिया। मैं एक झाड़ी के पीछे 4 बजे सांय पोजीशन लेकर बैठ गया था और एक घंटे बाद एक सांभर उस दिशा से बोला जिधर से शेर के आने की संभावना थी। कुछ देर बाद मेरे कुछ और निकट से एक काकड़ ने बोलना आरंभ कर दिया। शेर उसी रास्ते से आ रहा था, जिस पर मैं बैठा था। जंगल अपेक्षाकृत खुला था, जिसमें मुख्यतः 2 से 3 फुट की गोलाई के जामुन के छोटे पेड़ थे, तभी मेरी नजर 200 गज़ दूर एक शेर पर पड़ी जो कि बहुत बड़ा नर था। वह धीरे चल रहा था और जब उसने हमारे बीच की दूरी को 100 गज़ तक कम कर दिया था कि तभी मैंने पत्तियों के हिलने की आवाज सुनी और ऊपर को देखने पर पाया कि एक जामुन का पेड़, जिसकी शाखाएँ एक–दूसरे पेड़ से उलझी हुई थीं, झुकना शुरू हो गया था। पेड़ बहुत धीरे झुकने लगा और उसी प्रजाति और उसी आकार के एक–दूसरे पेड़ के संपर्क में आया। कुछ क्षणों तक दूसरे पेड़ ने पहले पेड़ के भार को सहारा दिया और फिर वह भी झुकने लगा। जब दोनों पेड़ लंबाई से 30 डिग्री के कोण पर थे, तो वे दोनों, एक तीसरे और छोटे पेड़ से टकराए। एक अथवा दो पल तक विराम रहा और फिर तीनों पेड़ धड़ाम से जमीन पर गिर पड़े। पेड़ों को देखते हुए जो मुझसे कुछ ही गज़ की दूरी पर थे, मैंने अपनी एक आँख शेर पर जमा रखी थी। पत्तियों की पहली आवाज सुनकर वह रूक गया था और जब पेड़ जमीन पर जोर से गिर पड़े तो वह मुड़ा और बिना घबराये हुए उसी दिशा में लौट गया, जिधर से वह आया था। मेरे सामने जो घटना घटी थी, वह इसीलिये असाधारण थी, क्योंकि सभी पेड़ जवान और बहुत मजबूत थे और हाल ही में बारिश भी नहीं हुई थी, जिससे उनकी जड़ें हिल गई हों और न ही हवा

का एक भी झोंका जंगल में आया था और अंत में तीनों पेड़ उसी रास्ते पर गिरे थे, जो धार्मिक स्थल की ओर जाता था और जबकि शेर को 70 गज़ और तय करना था और मुझे गोली चलाने का अवसर मिल सकता था, जिसका मैं इंतजार कर रहा था।

किसी शिकार पर गोली चलाने के अवसर बिगड़ने की संभावनाऐं तब और ज्यादा बढ़ जाती हैं, जब शिकार एक ऐसे आबादी वाले क्षेत्र में हो जहाँ मनुष्यों की टोलियाँ एक गाँव से दूसरे गाँवों की यात्राएँ करती रहती हों अथवा बाजारों को आती–जाती रहती हों या जहाँ सेब के बगीचों में लंगूरों को डरा कर भगाने के लिए गोलियाँ चलाई जाती हों। शेरनी को जलधारा तक पहुँचने के लिये अभी भी 300 गज़ दूर और जाना था, जिसमें से 200 गज़ का खुला मैदान था, जिसमें एक भी पेड़ या झाड़ी नहीं थी। शेरनी हमारी तरफ एक छोटे कोण पर आ रही थी जिससे वह हमारी कोई भी गतिविधि देख लेती, इसीलिये वहाँ पर उसे बैठकर देखने के अतिरिक्त मैं कुछ नहीं कर सकता था और कोई भी शेरनी शायद ही कभी इससे धीमी चाल से चली होगी। वह मुक्तेसर के लोगों द्वारा लंगड़ी शेरनी के नाम से जानी जाती थी, परंतु मैंने उसमें लंगड़ेपन का कोई भी लक्षण नहीं देखा। जो योजना मेरे दिमाग में बन रही थी, जब मैं उसे देख रहा था, वह ये थी कि मैं उसके झाड़–झंखाड़ में प्रवेश करने तक प्रतीक्षा करूंगा और फिर आगे दौड़कर उसके जलधारा में प्रवेश करने से पहले अथवा बाद में उस पर गोली चलाने का प्रयत्न करूँगा। यदि वहाँ पर मेरे और उस बिंदु के मध्य में पर्याप्त आड़ होती जिसकी ओर शेरनी जा रही थी, तो जैसे ही मैं, उसे देखता, मैं, आगे चला गया होता और या तो उस पर खुले मैदान में गोली चलाने का प्रयास करता या उसमें विफल रहने पर उसे जलधारा में रोक लेता। परंतु दुर्भाग्यवश मेरी हलचल को छिपाने के लिए वहाँ कोई आड़ नहीं थी, अतः मुझे शेरनी के खुले मैदान और जलधारा के बीच की झाड़ियों में घुसने का इंतजार करना पड़ा। सभी आदमियों को यह कहकर कि

जब तक मैं न लौटूं वे लोग न तो हिलें–डुलें और न ही कोई आवाज करें। जैसे ही शेरनी मेरी दृष्टि से ओझल हुई, मैं आगे की ओर तेजी से दौड़ा। पहाड़ तीखी चढ़ाई वाला था और मैं पगडंडी के साथ दौड़ता हुआ जंगली गुलाब की एक झाड़ी पर पहुँचा जो कि पहाड़ पर बहुत गजों तक ऊपर और नीचे फैली हुई थी। झाड़ी के मध्य में एक नीची सुरंग सी थी और जैसे ही मैं इसमें से दौड़ कर जाने के लिए झुका तभी मेरा टोप नीचे गिर पड़ा और सुरंग के अंत में, जल्दबाजी में अपना सिर ऊपर उठाते समय मैं उन काँटों द्वारा पीछे खींच लिया गया जो मेरे सिर में घुस गए थे। इन जंगली गुलाबों के काँटे मुड़े हुए और बहुत मजबूत होते हैं। क्योंकि मैं अपने को रोक सकने में असमर्थ था। इसलिये कुछ काँटे मेरे सिर में घुस कर टूट गए थे और जब मैं अपने घर वापस लौटा तो मेरी बहन मैगी को उनको निकालने में कठिनाई हुई, जबकि कुछ कांटों ने मेरे मांस को चीर डाला था। अपने चेहरे पर से होकर धीरे–धीरे बहते हुए खून के बावजूद मैंने दौड़ना जारी रखा, जब तक मैं उस खन्दक के निकट पहुँचा जहाँ मैंने पहाड़ के ऊपर से आंशिक रूप से खाये हुए शिकार को नीचे लुढ़का दिया था। यह गड्ढा लगभग 40 फुट लंबा और तीस गज़ चौड़ा था, इसके ऊपर का सिरा, जहाँ पर शिकार पड़ा हुआ था, शिकार के ऊपर का पहाड़ और दूर के तट में घनी झाड़–झंखाड़ थी। गड्ढे के आधे निचले भाग और मेरी तरफ के किनारे पर झाड़ियां नहीं थी। जैसे ही मैं गड्ढे के सिरे पर पहुंचा और नीचे झांका, मैंने एक हड्डी के टूटने की आवाज सुनी। शेरनी मुझसे पहले ही गड्ढे में पहुंच गई थी और अपने पुराने शिकार को पाने के बाद उसे खाने का प्रयत्न कर रही थी, जिससे वह विगत रात को वंचित कर दी गई थी।

यदि शिकार को छोड़कर जाने के बाद, जिस पर बहुत थोड़ा माँस शेष था, शेरनी खुले मैदान में आयी तो मुझे उस पर गोली चलाने का अवसर मिल जाएगा, परंतु यदि वह पहाड़ के ऊपर अथवा दूर

दूसरे तट के ऊपर गई तो मैं उसको देख नहीं सकूँगा। उस घने झाड़–झंखाड़ से, जिसमें मैं शेरनी को सुन रहा था, एक संकरा रास्ता मेरी तरफ से किनारे के ऊपर जाता था और मेरी बांईं तरफ से एक गज़ की दूरी पर से गुजरता था तथा मार्ग से एक गज़ ऊपर एक पचास फुट गहरी ढांग थी, जो जलधारा में गिरती थी। मैं शेरनी को झाड़–झंखाड़ के बाहर खुले मैदान में उसके ऊपर की पहाड़ी से एक पत्थर फेंक कर निकालने की संभावना पर विचार कर ही रहा था कि तभी मैंने अपने पीछे एक आवाज सुनी। पीछे मुड़ने के बाद मैंने गोविंद को मेरा टोप अपने हाथ में लिये हुए देखा। उस समय भारत में कोई भी युरोपियन बिना टोप पहने इधर–उधर नहीं जाता था और मेरे टोप को गुलाब की झाड़ी से टकराकर गिरने के बाद गोविंद ने उसे उठा लिया था और मेरे पास लेकर आया था। हमारे निकट ही पहाड़ी में एक बड़ी खोह थी। अपनी उंगली को अपने होठों पर रखकर मैंने गोविंद को बांह से पकड़ा और उसे खोह में बैठा दिया। उकड़ूँ बैठे हुए अपनी ठोड़ी को अपने घुटनों में टिकाये मेरे टोप को छाती से चिपकाते हुए वह खोह में ठीक–ठाक फिट हो गया था और बहुत दयनीय वस्तु लग रहा था, क्योंकि वह कुछ गज़ दूर शेरनी को हड्डियां चबाते हुए सुन सकता था। जैसे ही मैं खड़ा हुआ और उस किनारे पर अपनी पोजिशन ली। शेरनी ने खाना बंद कर दिया। या तो उसने मुझे आते देख लिया था या उसे पुराना शिकार अपनी पसन्द का नहीं लगा था वैसे इसी बात की संभावना थी। एक लंबे समय तक वहां कोई हलचल या आवाज नहीं हुई और फिर मेरी दृष्टि उस पर पड़ी। वह विपरीत दिशा में तट पर चढ़ गई थी और अब उसकी चोटी पर होते हुए पहाड़ की तरफ जा रही थी। उस स्थान पर पौपलर के 6 इंच मोटे पौधे थे। जब शेरनी उनके मध्य से गुजर रही थी मैं उसकी झलक ही देख सकता था। एक बड़ी उम्मीद के साथ कि मेरी गोली पौधों को न लग कर शेरनी को लगेगी, मैंने अपनी राइफल उठायी और शीघ्रता से गोली दागी। मेरी गोली चलने पर

शेरनी तेजी से पलटी तथा तट से नीचे आ गई। उसने गड्ढे को पार किया और ऊपर मेरी तरफ के रास्ते पर बहुत तेजी से दौड़ कर आई। उस समय मुझे मालूम नहीं था कि मेरी गोली उसके सिर के निकट एक पौधे पर लगी थी। वह शेरनी एक आंख से कानी थी। इसलिए जिसे मैं, दृढ़तापूर्वक किया गया प्रहार समझ रहा था। वह एक डरे हुए जानवर का खतरे से दूर भागना मात्र था। उस सीमित स्थान में उसे यह पता नहीं चला होगा कि मेरी राइफल की आवाज किस दिशा से आई थी। चाहे जो भी बात रही हो उस समय तो मुझे यही लगा कि एक घायल और बुरी तरह से क्रोधित शेरनी सीधे मेरी ओर आ रही थी। अतः इंतजार करते हुए जब वह मुझसे केवल दो गज़ दूर रही होगी, मैं आगे झुका तथा बड़े अच्छे भाग्य के सहारे राईफल की दूसरी शेष गोली को उसकी गर्दन और कंधे के जोड़ के गढ्ढे पर मार दिया। पांच सौ बोर की भारी गोली के धमाके ने उसे मेरे बांयें कंधे से थोड़ा हटा दिया और उसका संवेग शेरनी को पचास फुट गहरी ढांग से जलधारा की तरफ ले गया, जहां वह बड़े छपाके के साथ गिरी। एक कदम आगे बढ़ाने पर मैंने धार के किनारे पर से देखा कि शेरनी एक कुण्ड में पैर हवा में ऊपर उठाये हुए डूबी पड़ी हुई थी, जबकि कुंड का पानी उसके खून से लाल हो गया था।

गोविंद अभी भी बड़े छेद में बैठा हुआ था और इशारा करने पर वह मेरे निकट आया। शेरनी को देखकर वह मुड़ा और टीले पर खड़े लोगों की तरफ देखकर चिल्लाया कि शेर मर गया है, शेर मर गया है। टीले पर खड़े तीस आदमियों ने अब मिलकर चिल्लाना आरंभ कर दिया तथा बद्री ने उनकी आवाजों को सुनकर अपनी बंदूक उठायी और दस गोलियां हवा में फायर

कीं। इन गोलियों की आवाजों को मुक्तेसर और आस–पास के गावों में सुना गया और थोड़ी ही देर में, चारों दिशाओं से लोग पानी की धारा पर इकट्ठे होने लग गए। उत्साही हाथों ने शेरनी को कुंड से बाहर निकाल लिया और उसे एक खंभे से बांधा और विजय जुलूस के रूप में उसे बद्री के बगीचे में ले गए। यहां पर उसे भूसे की शैया पर लिटा दिया गया ताकि सभी उसे देख सकें जबकि मैं, चाय की एक गर्म प्याली पीने अतिथि गृह गया। एक घंटे बाद हाथ की लालटेनों की रोशनी में और उन लोगों की भारी भीड़ के सामने, जो उसे घेर कर खड़ी थी, जिनमें मुक्तेसर के बहुत से शिकारी भी थे, मैंने शेरनी की खाल निकाली। तभी मैंने देखा कि वह एक आंख से कानी थी और उसकी दाहिनी टांग और पांव की गद्दी के नीचे लगभग 50 साही के कांटे घुसे हुए थे, जिनकी लंबाई 1 से 9 इंच लंबी थी। रात 10 बजे तक मेरा कार्य समाप्त हो चुका था और बद्री के बहुत विनयपूर्वक किए गए इस निवेदन को अस्वीकार करके कि मैं वह रात उसके अतिथि गृह में उसी के साथ गुजारूं, मैं उन लोगों के दल के साथ, जो नीचे आए थे, मुक्तेसर को जाने वाली पहाड़ी पर चढ़ा। उनके बीच में मेरे दो आदमी शेरनी की खाल को लेकर चल रहे थे। डाक घर के सामने के खुले मैदान में खाल को फैला कर रख दिया गया था ताकि पोस्टमास्टर और उसके मित्र उसको देख सकें। मध्य रात्रि को मैं, कुछ घंटों की नींद लेने के लिए आम जनता के लिए आरक्षित डाक बंगले में लेट गया। चार घंटे बाद मैं पुनः चल पड़ा और 72 घंटों के बाद मध्याह्न में अपने घर नैनीताल पहुंचा।

एक नरभक्षी को मारने से किसी को भी संतुष्टि की अनुभूति होती है। यह एक ऐसे कार्य की संतुष्टि थी जिसे करना अत्यंत आवश्यक था। इससे एक शेर जैसे प्रबल शत्रु को उसी के मैदान में पराजित करने की संतुष्टि भी मिली। सबसे बड़ी संतुष्टि तो इस पृथ्वी के एक छोटे हिस्से को एक बहादुर छोटी लड़की के चलने के लिए सुरक्षित बनाने पर मिलती है।

पनार का नरभक्षी

1

जब मैं सन 1907 में चंपावत के नरभक्षी का शिकार कर रहा था, तब मैंने एक नरभक्षी बाघ के बारे में सुना जो अल्मोड़ा जिले की पूर्वी सीमा में स्थित गांवों के निवासियों को आतंकित कर रहा था। यह बाघ विभिन्न नामों से जाना जाता था और इसके बारे में 'हाउस आफ कामंस' में प्रश्न पूछे गये थे और उसने चार सौ मानव हत्याएं की थी। मैंने इस जानवर का नाम 'पनार का नरभक्षी' रखा और इसलिए मैं अपनी कहानी में इसी नाम का प्रयोग करूंगा।

सरकारी दस्तावेजों में सन् 1905 से पहले नरभक्षियों का कोई जिक्र नहीं किया गया है। ऐसा प्रतीत होता है कि चंपावत के शेर तथा पनार के बाघ के आगमन से पहले कुमाऊं में नरभक्षी अज्ञात थे। इसलिए जब इन दोनों जानवरों ने कुल आठ सौ छत्तीस मानव मारकर अपनी उपस्थिति दर्ज की थी तो सरकार के सामने एक कठिन स्थिति पैदा हो गई थी, क्योंकि उसके पास ऐसा कोई तंत्र नहीं था, जिसे इनके विरूद्ध लगाया जा सके और सरकार को शिकारियों से की जाने वाली व्यक्तिगत अपील पर ही निर्भर रहना पड़ता था।

दुर्भाग्यवश उस समय कुमाऊं में गिने चुने शिकारी ही थे जिनको शिकार के इस नये प्रकार के प्रति कुछ रुचि थी और जिसे ठीक या गलत रूप में विलसन के एवरेस्ट पर अकेले विजय प्राप्त करने के उस प्रयास के समान जोखिम भरा समझा जाता था, जो उसने कुछ वर्ष बाद किया था। मैं नरभक्षियों के बारे में उतना ही अनजान था जितना कि विलसन एवरेस्ट के बारे में था और यह कि मैं अपने प्रयास में सफल रहा था जबकि वह अपने में स्पष्टतया असफल रहा था। यह पूर्णतया मेरे अच्छे भाग्य की ही बात थी।

जब मैं चंपावत के शेर को मारने के बाद अपने घर नैनीताल लौटा, तो मुझे सरकार ने पनार के बाघ को मारने का दायित्व सौंपा, क्योंकि मैं उस समय अपने जीवन–निर्वाह के लिए बहुत कठिन परिश्रम कर रहा था, अतः अनेक सप्ताह बाद ही मैं इस कार्य की जिम्मेदारी लेने के लिए खाली समय निकाल सका। जब मैं अल्मोड़ा जिले के उस दूरस्थ क्षेत्र के लिए प्रस्थान करने ही वाला था, जिसमें बाघ सक्रिय था, तभी मुझे नैनीताल के डिप्टी कमिश्नर बर्थोड से एक अत्यावश्यक अनुरोध प्राप्त हुआ, जिसमें मुझसे मुक्तेसर के लोगों की सहायता करने के लिए जाने को कहा गया था, जहां पर एक नरभक्षी शेर ने आतंक फैला रखा था। उस शेर का शिकार करने के बाद, जिसका वर्णन मैं कर चुका हूँ, मैं पनार के बाघ को मारने गया।

क्योंकि मैंने उस विस्तृत क्षेत्र का पहले कभी भ्रमण नहीं किया था, जिसमें बाघ सक्रिय था, अतः मैं अल्मोड़ा होता हुआ गया ताकि मैं अल्मोड़ा के डिप्टी कमिश्नर स्टीफे से बाघ के बारे में सब कुछ जान सकूं। उन्होने बहुत कृपापूर्वक मुझे दोपहर के भोजन के लिए आमंन्त्रित किया, मुझे मानचित्र उपलब्ध कराए तथा मुझे विदाई की शुभकामनाएं देते हुए और यह पूछते हुए, मुझे छोटा सा झटका दिया कि क्या मैंने सारे खतरों के बारे में सोच–विचार कर लिया है? और अपनी वसीयत बनाने के बाद, क्या मैं उनका सामना करने के लिए तैयार हूँ?

मेरे पास उपलब्ध नक्शों से पता चला कि प्रभावित क्षेत्र में पहुंचने के लिए दो मार्ग थे, एक तो पनवानाला होते हुए पिथौरागढ़ की सड़क से और दूसरा लामगड़ा होते हुए देवीधुरा की सड़क से। मैंने बाद के रास्ते का चुनाव किया और दोपहर के भोजन के बाद, वसीयत की बात के बावजूद, पूरे मन से निकल पड़ा। मेरे साथ एक नौकर तथा चार आदमी मेरा सामान लेकर चल रहे थे। मेरे आदमियों और मैंने खैरना से चौदह मील का कठिन मार्ग तय कर लिया था, परंतु जवान तथा स्वस्थ होने के कारण हम रात विश्राम करने से पहले दूसरा लंबा मार्ग तय करने के लिए तैयार थे।

जिस समय पूर्ण चंद्रमा का उदय हो रहा था हम एक छोटे निर्जन इकलौते मकान में पहुंचे। जिसकी दीवारों पर घसीट कर लिखी गई लिखावटों तथा कागजों के फटे टुकड़े जमीन पर चारों तरफ गिरे होने से, हम जान गये कि इस भवन को स्कूल के रूप में प्रयोग किया जाता है। मेरे पास कोई तंबू नहीं था और क्योंकि भवन का दरवाजा ताले से बंद था, अतः मैंने आंगन में ही अपने आदमियों के साथ रात बिताने का निर्णय लिया जो एक पूर्णतया सुरक्षित कदम था, क्योंकि हम नरभक्षी की शिकारगाह से अभी कई मील दूर थे। यह आंगन जो कि लगभग बीस वर्गफुट का था, आम रास्ते से सटा हुआ था और तीनों तरफ एक दो फुट ऊंची दीवार से घिरा हुआ था। चौथी तरफ से यह स्कूल की इमारत से घिरा था।

पाठशाला के पीछे के जंगल में जलाने की लकड़ी प्रचुर मात्रा में थी और मेरे आदमियों ने शीघ्र ही आंगन के एक कोने में मेरे नौकर के लिए, मेरा रात का खाना पकाने के लिए आग जला दी थी। मैं बंद दरवाजे से पीठ टिका कर बैठा हुआ धूमपान कर रहा था और मेरे नौकर ने बकरे की टांग को सड़क के निकट स्थित नीची दीवार पर रखा ही था और वह आग की तरफ ध्यान देने के लिए

मुड़ा कि मैंने एक बाघ के सिर को उस दीवार के ऊपर, उस स्थान पर देखा, जिसके निकट बकरे की टांग रखी थी। सम्मोहित होकर मैं, चुपचाप बैठा हुआ उसे देखता रहा क्योंकि बाघ का मुख मेरी तरफ था और जब नौकर वहां से कुछ फुट दूर हटा तो बाघ ने मांस को पकड़ा और सड़क के दूसरी ओर ऊपर जंगल में भाग गया। मांस को एक बड़े कागज से लपेट कर रखा गया था जो इससे चिपक गया था। और जब मेरे नौकर ने कागज की सरसराहट सुनी तो उसने देखा और सोचा कि कोई कुत्ता उसे लेकर दूर भाग रहा है। अतः वह आगे की ओर चिल्लाते हुए भागा परंतु जब उसे समझ में आया कि उसका पाला एक बाघ से पड़ गया है, एक मामूली से कुत्ते से नहीं तो उसने दिशा बदली और मेरी तरफ और भी ज्यादा तेज गति से दौड़ा। पूरब में सभी लोगों को बिना किन्हीं अन्य कारणों के भरी दुपहरी में चलने की वजह से थोड़ा पागल समझा जाता है और मुझे डर लगा कि मेरे अच्छे नौकर ने मुझे हंसते हुए देख कर यह समझा होगा कि मैं अपनी बिरादरी से थोड़ा ज्यादा ही पागल हो गया था, क्योंकि उसने बहुत दुःखी स्वर में कहा कि आपका रात का भोजन तो बाघ ले गया है और उसके पास मुझे खिलाने के लिए और कुछ नहीं था, फिर भी उसने थोड़े ही समय में मुझे भोजन परोस दिया, जिसके साथ मैंने उतना ही न्याय किया, जितना मुझे पक्का विश्वास है कि भूखे बाघ ने बकरे की टांग के साथ किया होगा।

अगली सुबह शीघ्र यात्रा आरंभ करके हम भोजन के लिए लामगड़ा में रूके और सायंकाल के समय डोल डांक बंगले में पहुंचे जो कि नरभक्षी से प्रभावित क्षेत्र की सीमा पर था। अगली सुबह अपने आदमियों को डाक बंगले में छोड़ कर मैं, नरभक्षी के बारे में जानकारी लेने निकल पड़ा। एक गांव से दूसरे गांव जाते हुए और उन्हें जोड़ने वाली पगडंडियों पर बाघ के पगचिह्नों को देखते हुए मैं देर शाम को एक सुनसान जगह पर स्थित एक बस्ती के पास पहुंचा जहां केवल एक घर था, जो पत्थरों से बना था और उसकी छत पत्थरों

की थी। उसके आस–पास कुछ एकड़ जोती हुई भूमि थी और वह झाड़ियों से घिरा हुआ था। इस घर की तरफ जाती हुई पगडंडी पर मैंने एक बड़े नर बाघ के पगचिह्न देखे।

जब मैं, मकान के समीप गया तो उसके संकरे छज्जे से एक आदमी निकला और लकड़ी की बनी सीढ़ियों से उतर कर आंगन को पार करके मुझसे मिलने आया। वह एक जवान आदमी, संभवतः 22 वर्ष की उम्र का होगा और बहुत कष्ट में था। दरअसल हुआ यह था कि, गत रात को वह तथा उसकी पत्नी उस घर के अकेले कमरे के फर्श पर सो रहे थे। दरवाजा खुला हुआ था, क्योंकि यह अप्रैल का महीना था और बहुत गर्मी थी। नरभक्षी छज्जे में चढ़ा और उसकी पत्नी के गले को पकड़ कर सिर की तरफ से खींच कर कमरे से बाहर ले जाने लगा। एक घुटी हुई चीख के साथ उस महिला ने अपनी एक बांह अपने पति के ऊपर डाली जो कि पल भर में ही समझ गया कि क्या हो रहा है। उसने पत्नी की बांह को अपने एक हाथ से पकड़ लिया और अपनी दूसरे हाथ से दरवाजे के चौखट की लकड़ी को आड़ लगाने के लिए पकड़े रखा और एक झटका मार कर अपनी पत्नी को बाघ से छुड़ा लिया और दरवाजा बंद कर दिया। शेष पूरी रात वह आदमी और उसकी पत्नी कमरे के एक कोने में दुबके रहे जबकि बाघ दरवाजे को चीर कर तोड़ने का प्रयत्न करता रहा। उस बंद गर्म कमरे में महिला के घाव विषाक्त होने आरंभ हो गए थे और प्रातःकाल होते–होते उसकी पीड़ा तथा भय ने उसे बेहोश कर दिया था।

पूरे दिन भर वह आदमी अपनी पत्नी के पास ही रहा। वह इतना भयभीत था कि अपनी पत्नी को छोड़कर नहीं जा सकता था, क्योंकि उसे डर था कि कहीं बाघ लौटकर उसे उठा न ले जाए और न ही उसमें इतना साहस था कि वह एक मील के घने जंगल को पार करके अपने सबसे निकटतम पड़ोसी के पास जाए। जब दिन अस्त हो ही रहा था और वह अभागा आदमी एक और डरावनी रात का

सामना करने जा रहा था, तभी उसने मुझे घर की तरफ आते हुए देखा और जब मैंने उसकी कहानी सुनी तो मुझे जरा भी आश्चर्य नहीं हुआ कि क्यों वह दौड़ कर मेरी तरफ आया था और सुबकते हुए मेरे पैरों में गिर पड़ा था।

मेरे सामने एक कठिन स्थिति थी। मैंने उस समय तक सरकार से यह अनुरोध नहीं किया था कि नरभक्षी से प्रभावित क्षेत्रों में रहने वाले लोगों के लिए प्राथमिक चिकित्सा का सामान उपलब्ध कराया जाए। इसलिए वहां पर कोई चिकित्सा अथवा किसी अन्य तरह की सहायता अल्मोड़ा के अलावा उपलब्ध नहीं थी और अल्मोड़ा वहां से पच्चीस मील की दूरी पर था। उस महिला के लिए सहायता लाने के लिए मुझे स्वयं ही जाना पड़ता और उसका अर्थ उस आदमी को पागल करने जैसा होता। क्योंकि उसने पहले ही वह सब कुछ झेल लिया था जो कि एक मनुष्य झेल सकता था और उसे कमरे में एक और रात इस संभावना के साथ गुजारने के लिए छोड़ देना कि बाघ लौट सकता है और कमरे में प्रवेश करने का प्रयास कर सकता है, यह सोच–सोचकर वह निश्चित रूप से पागल हो जाता।

उस आदमी की पत्नी जो लगभग 18 वर्ष की युवती थी, उस समय अपनी पीठ के बल लेटी हुई थी जब बाघ ने अपने दांत उसकी गर्दन में गड़ा दिए थे और जब आदमी ने उसकी बांह को पकड़ लिया था और उसे वापस खींच रहा था तभी बाघ ने बेहतर पकड़ बनाने के लिए अपने एक पंजे के नाखून उसकी छाती में गड़ा दिए थे। अंतिम संघर्ष में नाखूनों ने मांस को चीर दिया था जिनसे चार गहरे जख्म हो गए थे। छोटे कमरे की गर्मी में, जिसमें केवल एक दरवाजा तो था परन्तु खिड़कियां नहीं थी तथा जिसमें मक्खियों का झुंड भिन–भिना रहा था, उस लड़की के गले तथा छाती के सारे घाव पक गये थे। इसलिए उसे चिकित्सीय सहायता मिले या न मिले, उसके बचने की संभावना बहुत कम थी। अतः सहायता लाने के लिए जाने की बजाय मैंने रात में उस आदमी के साथ ही रहने का निर्णय लिया।

मैं, बहुत ईमानदारी से प्रार्थना करता हूँ कि जो कोई भी इस कहानी को पढ़े उनमें से किसी को भी यह सजा न मिले कि वह ऐसे किसी इंसान या पशु की पीड़ा को देखे और सुने जिसका दुर्भाग्य यह रहा हो कि उसे किसी शेर अथवा बाघ ने गले से पकड़ लिया हो और जिसकी पीड़ा को कम करने या जिसकी पीड़ा का अंत करने का एक मात्र उपाय बंदूक की एक गोली के अतिरिक्त अन्य कोई न हो।

छज्जा जो मकान की लंबाई तक बना हुआ था और दोनों सिरों पर घिरा था, लगभग पंद्रह फुट लंबा और चार फुट चौड़ा था, जिसमें चीड़ के पेड़ के तने को छोटे–छोटे टुकड़ों में काट कर बनाई गई सीढ़ियों से ही पहुंचा जाता था। इन सीढ़ियों के विपरीत दिशा में घर का एक दरवाजा था और छज्जे के नीचे एक चार फुट चौड़ा और चार फुट ऊंचा एक खुला आला था, जिस पर जलाने की लकड़ी जमा रखी जाती थी।

उस आदमी ने मुझसे कमरे में उसके तथा उसकी पत्नी के साथ रहने की प्रार्थना की, परंतु मेरे लिए ऐसा करना संभव नहीं था, क्योंकि यद्यपि मैं गंध के प्रति अधिक संवेदनशील नहीं हूं, तो भी कमरे में गंध इतनी ज्यादा तीव्र थी कि मैं उसे सहन नहीं कर सकता था। अतः हम दोनों ने मिल कर छज्जे के नीचे के आले के एक सिरे से जलाने की लकड़ी हटाई और छोटी सी ऐसी जगह बनाई जहां मैं दीवार से पीठ टिका कर बैठ सकता था। अब रात खुलने वाली थी, अतः निकट स्थित एक पानी के स्रोत में नहा कर और पानी पीकर मैं, अपने कोने में बैठ गया और उस आदमी को उसकी

पत्नी के पास ऊपर जाने और कमरे का दरवाजा खुला रखने को कहा। सीढियों पर चढ़ते समय आदमी ने मुझसे कहा कि "बाघ आपको निश्चित रूप से मार डालेगा, साहिब ! और तब मैं क्या करूंगा।" मैंने उसे कहा कि दरवाजा बंद कर देना और सुबह होने तक वहीं रहना।

पूर्णमासी के दो दिन बाद की बात थी, अतः थोड़ी देर के लिए अंधेरा होगा। मुझे इसी समय की चिंता लगी हुई थी। यदि बाघ सुबह तक दरवाजा खुरचता रहा, जैसा कि आदमी ने बताया था, तो वह ज्यादा दूर तक नहीं गया होगा और अब झाड़ियों में घात लगा कर मुझे देख रहा होगा। मुझे ऊपर बताई गई स्थिति में बैठे हुए आधा घंटा ही हुआ होगा और जब मैं अपनी आंखें तरेरकर काली होती जा रही रात में देखने की कोशिश कर रहा था और चंद्रमा से प्रार्थना कर रहा था कि वह पूर्व में पहाड़ के ऊपर प्रकट हो जाए कि तभी एक गीदड़ ने अपनी चेतावनी भरी आवाज दी। यह आवाज जिसे जानवर अपने फेफड़ों की पूरी शक्ति लगा कर ही देता है, बहुत दूर तक सुनी जा सकती है और इसे फियाओं–फियाओं की तरह वर्णित किया जा सकता है और जब तक गीदड़ को वह खतरा दिखाई देता रहता है जिसने उसे डरा दिया था, यह आवाज बार–बार दोहराई जाती है। बाघ जब शिकार करते हैं अथवा अपने शिकार के पास जाते हैं तो बहुत धीरे चलते हैं। काफी समय व्यतीत हो जाने पर यदि यह बाघ नरभक्षी ही हुआ तो हमारे बीच की आधे मील की दूरी तय करेगा और यदि तब तक चांद नहीं भी निकला तो भी उससे इतना प्रकाश तो हो ही जाएगा कि मैं, गोली चला सकूं। इसलिए मैं आराम से बैठकर थोड़ी चैन की सांस ले सकता था।

कुछ समय बीत गया, गीदड़ ने बोलना बंद कर दिया। चंद्रमा पहाड़ों के ऊपर उदित हो गया, जिससे मेरे सामने के मैदान को तीव्र प्रकाश से प्रकाशित कर दिया। कहीं भी कोई हलचल नहीं दिखाई दे रही थी और आस–पास जो एकमात्र आवाज सुनाई दे रही थी वह

मेरे ऊपर के कमरे में तड़पती हुई अभागी लड़की की सांस लेने के लिए संघर्ष करने की ही थी। मिनटों का स्थान घंटों ने लिया। चंद्रमा आकाश में ऊपर चढ गया और फिर पश्चिम में ढलने लगा, जिससे उस मैदान पर, जिसे मैं देख रहा था, घर की छाया पड़ने लगी। यह खतरे की दूसरी घड़ी थी, क्योंकि यदि बाघ ने मुझे देख लिया था, तो वह बाघ धैर्य के साथ लंबी होती इन परछाइयों का इंतजार कर रहा होगा ताकि उसकी हलचल कोई न देखे। लेकिन कुछ भी नहीं हुआ और मेरे रात जागरण की सबसे लंबी रातों में से एक का तब अंत हुआ, जब सूर्य के प्रकाश ने आसमान की उस जगह को प्रकाशित कर दिया जहां से कुछ घंटे पहले चंद्रमा उदित हुआ था।

वह आदमी पिछली रात की चौकसी के बाद गहरी निंद्रा में सोया था। मैंने अपना कोना छोड़ा तथा अपनी दुखती हुई हड्डियों को शांत किया। जो लोग सख्त जमीन पर घंटों बिना हिले–डुले बैठे रहे हों, यह बात केवल वे लोग ही समझ सकते हैं कि हड्डियां कैसे दर्द करती हैं? अब वह आदमी सीढ़ियों से नीचे उतरा। केवल कुछ रसभरियों को खाने के सिवाय मैंने चौबीस घंटे में कुछ भी नहीं खाया था और मेरे वहां और ज्यादा रूकने से कोई भी लाभप्रद उद्देश्य पूरा नहीं हो सकता था, इसलिए मैंने उस आदमी को अलविदा कहा और आठ मील दूर स्थित डोल डाक बंगले में अपने आदमियों से मिलने के लिए निकल पड़ा ताकि मैं लड़की के लिए सहायता जुटा सकूं। मैं, कुछ ही मील दूर गया कि मुझे मेरे आदमी मिल गए। मेरी लंबी अनुपस्थिति से घबरा कर उन्होंने मेरा सामान बांधा था, डाक बंगले के किराये का भुगतान किया और उसके बाद मुझे खोजने निकल पड़े। जब मैं, उनसे बातें कर रहा था तभी सड़क का वह ओवरसियर वहां आ पहुँचा, जिसका उल्लेख मैंने अपनी कहानी 'दैवी शेर' में किया है। वह एक मजबूत भोटिया खच्चर पर आराम से सवार था, क्योंकि वह अल्मोड़ा जा रहा था, अतः वह बड़ी प्रसन्नता से मेरा एक पत्र स्टीफे को पहुंचाने के लिए तैयार हो गया। मेरा पत्र प्राप्त करने के तत्काल

बाद ही स्टीफे ने लड़की के लिए चिकित्सा सहायता भेज दी थी, परंतु जब तक वह सहायता पहुंची, उसकी पीड़ा का अंत हो चुका था।

यह वही ओवरसियर था जिसने मुझे एक मानव शिकार के बारे में सूचना दी थी, जिसे सुनकर मैं, देवीधुरा गया था, जहां पर मुझे अपने जीवन के अब तक के सबसे रोचक और सबसे रोमांचकारी शिकार का अनुभव हुआ था। उस अनुभव के बाद मैंने देवीधुरा के बूढ़े पुजारी से पूछा कि क्या नरभक्षी को भी मंदिर से वही प्रभावी सुरक्षा प्राप्त है जैसे कि उस शेर को, जिसको मैं मारने में असफल रहा था तो उसने उत्तर दिया, नहीं, नहीं, साहिब ! इस शैतान ने कई मनुष्यों को मार डाला है जो मेरे मंदिर में पूजा करते थे, और जब तक आप अपने वायदे अनुसार इसे मारने के लिए वापस लौटेंगे, तब तक मैं, सुबह और शाम को आपकी सफलता के लिए प्रार्थना करता रहूंगा।

2

भले ही हमारा जीवन कितनी ही खुशियों से भरपूर क्यों न रहा हो, इसमें कुछ ऐसे पल होते है जिनको हम विशेष आनंद के साथ याद करते हैं। मेरे लिए ऐसा समय 1910 का वर्ष था, क्योंकि उस वर्ष मैंने मुक्तेसर के नरभक्षी शेर और पनार के नरभक्षी बाघ को मारा था, तथा मेरे लिए इन दोनों महान घटनाओं के बीच, मेरे आदमियों और मैंने मोकामाघाट में बिना किसी मशीन के पांच हजार पांच सौं टन सामान के रख–रखाव को एक ही दिन में पूर्ण करने का सदैव के लिए कीर्तिमान स्थापित किया था।

पनार के बाघ को मारने का मेरा प्रथम प्रयास अप्रैल 1910 में किया गया और उसी वर्ष के सितंबर महीने से पहले मैं दूसरा प्रयत्न करने के लिए खाली समय नहीं निकाल सका था। मुझे कोई अनुमान नहीं है कि अप्रैल और सितंबर के मध्य में कितने लोगों को बाघ ने मार

डाला था क्योंकि सरकार द्वारा कोई विज्ञप्ति प्रकाशित नहीं की जाती थी और जितनी कि मुझे जानकारी है, केवल एक प्रसंग के अतिरिक्त कि "हाउस आफ कामन्स" में प्रश्न पूछे गये थे, भारतीय समाचार पत्रों में बाघ का कोई भी उल्लेख नहीं किया गया था। पनार का बाघ चार सौ मानव शिकार करने के लिए कुख्यात था जबकि रूद्रप्रयाग के बाघ ने एक सौ पच्चीस शिकार किए थे और यह तथ्य, कि पहले वाले बाघ की चर्चा बहुत कम हुई थी, जबकि दूसरे बाघ की चर्चा सारे समाचार–पत्रों के मुख पृष्ठों पर की गई थी, पूरी तरह इस बात पर निर्भर था कि पनार का नरभक्षी व्यस्त सड़कों से बहुत दूर निर्जन क्षेत्रों में सक्रिय था जबकि रूद्रप्रयाग का बाघ एक ऐसे क्षेत्र में सक्रिय था जहां प्रतिवर्ष साठ हजार तीर्थयात्री यात्रा करते थे, जिनमें भारत के दीन–हीन से लेकर उच्च वर्ग के लोग होते थे और जिन सबको नरभक्षी की चुनौती का सामना करना पड़ता था। ये ही तीर्थयात्री और प्रतिदिन सरकार द्वारा जारी किए गए वक्तव्य ही थे, जिन्होंने रूद्रप्रयाग के बाघ को इतना अधिक विख्यात बना दिया था, जबकि इसने पनार के बाघ की अपेक्षा बहुत कम मानव क्षति की थी।

एक नौकर और चार आदमियों के साथ, जो मेरे शिविर का सामान और राशन ले जा रहे थे, मैं नैनीताल से 10 सितम्बर को पनार के बाघ को मारने के अपने दूसरे प्रयास के लिए निकल पड़ा। आसमान में बादल छाये हुए थे, जब प्रातः चार बजे हमने घर छोड़ा और हम केवल कुछ ही मील दूर गए होंगे कि बारिश की एक झड़ी लग गई। पूरे दिन भर बरसात होती रही और हम 28 मील की पैदल यात्रा करने के बाद अंदर तक भीगे हुए अल्मोड़ा पहुंचे। मुझे स्टीफे के साथ रात व्यतीत करनी थी परंतु पहनने के लिए सूखे कपड़ों का एक भी सूत उपलब्ध न होने के कारण, मैनें उनसे क्षमा मांगी और डाक बंगले में रात बिताई। वहां पर दूसरा कोई यात्री न था तथा वहां के प्रभारी ने बहुत कृपापूर्वक मेरे लिए दो कमरों का प्रबंध कर दिया जिनमें

प्रत्येक में लकड़ी की बड़ी आग जल रही थी और प्रातःकाल तक मेरा सामान मेरी आगे की यात्रा जारी रखने के लिए काफी हद तक सूख गया था।

मेरा इरादा यह था कि मैं अल्मोड़ा से आगे उसी रास्ते का अनुसरण करूं जिस पर मैं, अप्रैल में गया था और अपने शिकार अभियान का आरंभ उसी घर से करूं जिसमें गत् अप्रैल में लड़की अपने घावों के कारण मर गई थी। जब मैं नाश्ता कर रहा था तभी पनवा नाम का एक बढ़ई वहां आया जो कि नैनीताल में हमारे लिये छुटपुट काम किया करता था। पनवा का घर पनार की घाटी में था तथा मेरे आदमियों से यह जानने के बाद कि मैं, नरभक्षी को मारने जा रहा हूँ, उसने हमारे दल में सम्मिलित होने की अनुमति मांगी, क्योंकि वह अपने घर जाना चाहता था और उसे अकेले यात्रा करने में डर लग रहा था। पनवा को क्षेत्र मालूम था और उसकी सलाह पर मैंने अपनी योजना बदल दी और उस स्कूल को होते हुए जहां बाघ ने मेरा रात का भोजन खाया था, देवीधुरा की सड़क पर जाने के बजाय मैं पिथौरागढ़ को जाने वाली सड़क पर गया। पनवानाला डाक बंगले में रात बिताने के बाद हमने अगली सुबह शीघ्र यात्रा

आरंभ की तथा कुछ मील दूर आगे बढ़ने के बाद पिथौरागढ़ की सड़क को उस जगह छोड़ दिया जहां से एक मार्ग दाहिनी तरफ जाता था। अब हम नरभक्षी के क्षेत्र में थे, जहां पर सड़कें नहीं थी और जहां पर संचार का एकमात्र साधन वे पगडंडियां थी जो एक गांव से दूसरे गांव को जाती थी।

हम धीरे–धीरे चल रहे थे क्योंकि गांव सैकड़ों वर्गमील के क्षेत्र में दूर–दूर तक छितरे बसे थे और नरभक्षी के ठौर–ठिकाने का कोई ज्ञान न था, अतः प्रत्येक गांव में पूछताछ के लिए जाना आवश्यक था। सालन और रंगोट पट्टियों (पट्टी अनेक गांवों का समूह होता है) से गुजरने के बाद मैं, चौथे दिन की शाम को चकाती पहुंचा, जहां पर मुझे गांव के मुखिया ने सूचना दी कि कुछ दिनों पूर्व पनार नदी के पार सनौली नाम के गांव में एक आदमी मार डाला गया है। हाल ही में हुई भारी बारिश के कारण पनार में बाढ़ आई हुई थी और मुखिया ने मुझे अपने गांव मे ही रात में ठहरने की सलाह दी। उसने वायदा किया कि वह प्रातः काल मुझे एक मार्गदर्शक देगा जो मुझे नदी पार करने के लिए एकमात्र सुरक्षित घाट दिखाएगा क्योंकि पनार नदी पर पुल नहीं बना था।

मुखिया और मैंने अपना वार्तालाप दो मंजिला मकानों की एक लंबी श्रृंखला के एक किनारे पर किया था और जब उसकी सलाह पर मैंने रात में गांव में ही रूकने का निर्णय लिया तो उसने कहा कि वह ऊपर की मंजिल में मेरे और मेरे आदमियों के लिए दो कमरे खाली करवा देगा। जब मैं उससे बातचीत कर रहा था तभी मैंने ध्यान दिया था कि निचली मंजिल का सबसे आखिरी कमरा खाली था, अतः मैंने उससे कहा कि मैं इसमें रहूंगा और उसे मेरे आदमियों के रहने के लिए ऊपरी मंजिल में केवल एक कमरा ही खाली करना पड़ेगा। जिस कमरे को मैंने रात व्यतीत करने के लिए चुना था उसमें कोई दरवाजा नहीं था, परंतु इससे कोई फर्क नहीं पड़ता था क्योंकि मुझे बताया गया था कि बाघ ने आखिरी शिकार नदी के पार किया था

और मुझे मालूम था कि नरभक्षी तब तक नदी को पार करने का प्रयत्न नहीं करेगा जब तक उसमें बाढ़ आई हुई हो।

कमरे में किसी भी प्रकार की मेज कुर्सी न थी और जब मेरे आदमियों ने झाड़ू लगा कर घास–फूस और कंबल के टुकड़े बाहर कर दिए तो ऐसा करते हुए वे शिकायत कर रहे थे कि जो आदमी इसमें रहता होगा वह बहुत गंदा आदमी होगा। फिर उन्होंने मिट्टी के फर्श पर मेरी चटाई बिछाई और मेरा बिस्तर लगा दिया। बिस्तर पर बैठ कर मैंने अपना रात का भोजन किया, जिसे मेरे नौकर ने आंगन में खुली आग में पकाया था और क्योंकि मैं पिछले बारह घंटों में बहुत पैदल चला था, जब तक मुझमें अपने पैरों में खड़े होने की सामर्थ्य थी, अतः मुझे नींद आने में ज्यादा समय नहीं लगा। अगली सुबह सूर्य निकल ही रहा था, जिससे कमरे में प्रकाश भर गया, तभी कमरे में एक हल्की आवाज सुनने के बाद मैंने अपनी आंखे खोली और अपने बिस्तर के पास फर्श पर एक आदमी को बैठे देखा। उसकी आयु लगभग पचास साल रही होगी और वह कुष्ठ रोग की अंतिम अवस्था में था। यह देख कर कि मैं जाग गया था, इस अभागी जीवित मृत्यु ने कहा कि उसे आशा थी कि मैंने उसके कमरे में आराम से रात बिताई थी। वह आगे कहता गया कि वह दो दिनों के भ्रमण पर पड़ोस के गांव में अपने मित्रों से मिलने गया था और लौटने पर जब उसने मुझे अपने कमरे में सोते पाया तो वह मेरे बिस्तर के निकट बैठ कर मेरे जागने का इंतजार कर रहा था।

कुष्ठ, जो कि पूर्व में सबसे भयानक और सबसे संक्रामक रोग है, समस्त कुमाऊं में व्याप्त है और विशेषतया अल्मोड़ा जिले में तो बुरी हालत है। भाग्यवादी होने के कारण लोग इस रोग को दैवी विपत्ति के रूप मे देखते हैं और इससे पीड़ित को न तो अलग ही रहने देते हैं और न ही संक्रमण से बचने के उपाय ही करते हैं। इसलिए पूर्णतया स्पष्ट रूप से मुखिया ने यह आवश्यक नहीं सोचा होगा कि यह जरूरी है कि वह मुझे सतर्क कर दे कि जो कमरा मैंने ठहरने

के लिए चुना है, वह वर्षों से एक कुष्ठ रोगी का निवास रहा है। उस सुबह मुझे कपड़े पहनने में ज्यादा समय नहीं लगा होगा और जैसे ही हमारा मार्गदर्शक तैयार हुआ। हमने गांव को छोड़ दिया।

कुमाऊं में इधर–उधर जाते समय जैसा कि मैंने सदा किया था, मैं हमेशा कुष्ठ रोग से भयभीत होकर आता जाता था और मैंने स्वयं को इससे ज्यादा अस्वच्छ कभी भी नहीं महसूस किया था, जितना कि मुझे उस गरीब अभागे के कमरे में एक रात ठहरने के बाद हुआ था। जैसे ही हम पहली नदी पर पहुंचे मैंने रूकने का आदेश दिया, जिससे मेरा नौकर मेरे लिए नाश्ता बना सके और मेरे आदमी अपना भोजन खा सके। फिर अपने आदमियों को मेरी चटाई को धोने और मेरे बिस्तर को धूप में फैलाने के लिए कह कर मैंने कार्बोलिक, साबुन की एक टिकिया उठाई और जलधारा के नीचे की ओर गया, जहां पर चट्टान की एक बड़ी पट्टियों से घिरा हुआ पानी का एक छोटा कुंड था। उस कमरे में पहने गए प्रत्येक कपड़े को उतारने के बाद मैंने उनकों कुंड में धोया तथा उनको चट्टान की शिलाओं पर फैलाने के बाद मैंने साबुन के शेष भाग से अपने शरीर को इस तरह साफ किया जैसा कि पहले कभी साफ नहीं किया होगा। दो घंटे बाद उन कपड़ों को पहने हुए, जो कि जोर से रगड़ने के कारण थोड़ा सिकुड़ गये थे मै अपने आदमियों के पास अपने को एक बार फिर स्वच्छ महसूस करते हुए लौटा और मुझे एक शिकारी की तरह नाश्ता करने की भूख लगी थी।

हमारा गाइड लगभग चार फुट छः इंच लंबा आदमी था, जिसका सिर बड़ा और घने बालों के गुच्छे से ढका हुआ था, उसका शरीर बड़ा बलिष्ठ और टांगे छोटी थी और वह मितभाषी था। जब मैंने उससे पूछा कि क्या हमे कठिन चढ़ाई चढ़नी होगी तो उसने अपना खुला हाथ फैला दिया और उत्तर दिया इसकी तरह सपाट। इतना कहने के बाद वह हमें एक बहुत खड़ी ढाल से नीचे एक गहरी घाटी में ले गया। यहां पर मैंने उम्मीद की थी कि वह मुड़ेगा और घाटी

का अनुसरण कर नीचे जाएगा जहां पर वह नदी से मिलती थी। परंतु बिना एक भी शब्द बोले और यहां तक कि अपना सिर घुमाये बिना उसने खुला मैदान पार किया और दूसरी तरफ स्थित पहाड़ पर सीधे ऊपर चढ़ गया। यह पहाड़, अत्यधिक खड़ी चढ़ाई वाला, होने के अतिरिक्त काटेंदार झाड़ियों से आच्छादित और ढ़ीली बजरी से युक्त भी था, जिस कारण चलने में बहुत कठिनाई हो रही थी और क्योंकि सूर्य अब सिर के ऊपर स्थित था और बहुत गर्म था, इसीलिए हम पसीने से नहाये हुए चोटी पर पहुंचे। हमारा गाइड, जिसकी टांगे ऐसा प्रतीत होता था मानो पहाड़ों पर चढ़ने के लिए ही बनी थी जरा भी नहीं थका था।

पहाड़ की चोटी से एक विहंगम दृश्य दिखाई दे रहा था और जब हमारे गाइड ने हमे सूचित किया कि हमे पनार नदी तक पहुंचने से पहले अभी अपने सामने की अग्रभूमि में स्थित दो ऊंचे पहाड़ों पर और चढ़ना था तो पनवा बढ़ई ने, जो अपने परिवार के सदस्यों के लिए उपहार एक बंडल में बांध कर ले जा रहा था, अपना भारी काले कपड़े से बना हुआ बड़ा कोट गाइड को दिया और उससे कहा कि क्योंकि वह हमें कुमाऊं के सारे पहाड़ों को चढ़ने के लिए बाध्य कर रहा था, इसलिए वह उस कोट को दिन भर उठा कर ले जाएगा। अपने शरीर के चारों तरफ बंधी बकरे के बालों से बनी एक डोरी को निकालने के बाद गाइड ने कोट की तह बनाई और उसे सुरक्षित अपनी पीठ पर बांध दिया और नीचे और ऊपर हम गए, फिर नीचे और ऊपर तथा फिर दूर नीचे एक गहरी घाटी में हमने नदी को देखा। अभी तक हम बिना रास्ते की जमीन पर चल रहे थे तथा कोई गांव दिखाई नहीं दे रहा था, परंतु अब हम एक संकरे मार्ग पर पहुंच गए जो सीधे नीचे नदी की ओर जा रहा था। हम नदी के जितना निकट जा रहे थे मुझे उसका रूप उतना ही पसन्द नहीं आ रहा था। जो रास्ता पानी की तरफ और उसके पार ऊपर को जा रहा था उसने बताया कि वहां पर एक घाट था परंतु नदी में बाढ़ आई हुई थी और

उसे पार करना मुझे बहुत खतरनाक लग रहा था। गाइड ने हमें आश्वस्त किया कि यहां पर से पार करना पूर्णतया सुरक्षित है। अतः अपने जूते तथा जुराबें उतारने के बाद मैंने पनवा के हाथ पकड़े और पानी में कदम बढ़ाए। नदी लगभग 40 गज़ चौड़ी रही होगी और इसकी उबड़–खाबड़ सतह से मैंने समझा कि यह बहुत कठोर जमीन पर बह रही थी। इसमें मैं गलत नहीं था कुछ बार अपने अंगूठों में ठोकरे लगने के बाद और अपने पैरों को बहने से बाल–बाल बचाने के बाद हम संघर्ष करते हुए दूर के किनारे पर निकले।

हमारे गाइड ने भी नदी में हमारा अनुसरण किया। पीछे देखने पर मैंने देखा कि वह छोटा आदमी मुसीबतों में था। जो पानी हमारे लिए जांघों तक ही गहरा था, वह उसके लिए कमर तक गहरा था, और मुख्य धारा में पहुंचने पर अपनी पीठ को उसकी तरफ करने और केकड़े की तरह चलने के बजाय, उसने बहुत मूर्खतापूर्वक धारा की तरफ मुंह किया, जिसका परिणाम यह हुआ कि वह पीछे की तरफ बह गया और तेज गति से बह रही धारा में आधा डूब गया। मैं, नंगे पैर और तीखी धार वाले पत्थरों पर असहाय खड़ा था, परंतु पनवा ने जिसके लिए तीखी धार के पत्थर रूकावट नहीं थे, अपना बंडल फेंका, जिसे वह ले जा रहा था और एक पल को भी झिझके बिना, किनारे के साथ वहां तक दौड़ा जहां से पचास गज़ और नीचे चट्टान की एक बड़ी शिला नदी से बाहर निकली हुई थी, जो कि एक भयानक झरने के सिरे पर स्थित थी। इस गीली और फिसलन भरी शिला पर दौड़ कर चढ़ने के बाद पनवा लेट गया और जैसे ही डूबता हुआ आदमी वहां से बहता हुआ गुजरा। उसके लंबे बालों से उसे पकड़ लिया और काफी संघर्ष के बाद उसे चट्टान पर खींच लिया। जब दोनों आदमी मेरे पास पुनः आ मिले, गाइड एक डूबे हुए चूहे की तरह दिखाई दे रहा था, तो मैंने पनवा को उसके महान तथा साहसिक कारनामे के लिए बधाई दी कि उसने अपनी जान को बड़े खतरे में डाल कर उस छोटे आदमी की जान कैसे बचाई थी। मेरी

तरफ कुछ आश्चर्य से देखने के बाद पनवा ने कहा, ''ओह, यह उसका जीवन नहीं था, जिसे मैं बचाना चाहता था, अपितु मेरा वह नया कोट था जो उसकी पीठ पर बंधा हुआ था।'' खैर जो भी कारण रहा हो, एक दुर्घटना टाल दी गई थी और जब मेरे आदमियों ने एक दूसरे के हाथ पकड़ लिए और सुरक्षित नदी पार हो गये थे तो मैंने विश्राम करने और नदी किनारे ही रात बिताने का फैसला किया। पनवा ने, जिसका गांव नदी के पार ऊपर पांच मील दूर था, अब मेरा साथ छोड़ दिया था और अपने साथ गाइड को ले गया, जो कि नदी को पार करने के दूसरे प्रयास को करने से भयभीत था।

3

अगली प्रातः हम सनोली को ढूंढ़ने निकल पड़े, जहां पर अंतिम मानव शिकार किया गया था। उस दिन की देर शाम को हमने अपने आप को एक चौड़ी खुली घाटी में पाया और क्योंकि वहां पर निकट में कोई बस्ती नहीं थी अतः हमने खुले मैदान में ही रात बिताने का निर्णय लिया। हम अब नरभक्षी के प्रदेश के मध्य भाग में थे और गीली ठंडी जमीन पर एक बहुत बेचैन रात व्यतीत करने के बाद अपरान्ह के आसपास सनोली पहुंच गए। इस छोटे गांव के निवासी हमे देखकर बहुत प्रसन्न हुए और उन्होंने बहुत खुशी से मेरे आदमियों के रहने के लिए एक कमरा दे दिया और मुझे घास–फूस की छत वाले एक खुले मंच का उपयोग करने की अनुमति भी प्रदान कर दी।

वह गांव एक पहाड़ की बगल में बनाया गया था, जिससे नीचे की तरफ एक घाटी दिखाई पड़ती थी, जिसमें सीढ़ीनुमा खेत थे और जिनसे हाल ही में धान की फसल काटी गई थी। घाटी के दूर वाली तरफ का पहाड़ हल्की चढ़ाई वाला था, और जोती गई जमीन से सौ गज़ दूर घनी झाड़–झंखाड़ वाला एक टुकड़ा था जो कि बीस एकड़ तक फैला हुआ था। पहाड़ और इसी झाड़–झंखाड़ के ऊपर एक गांव था तथा उसी पहाड़ी के छोर पर दाहिनी तरफ दूसरा गांव था।

सीढ़ीनुमा खेतों के बाईं तरफ की घाटी एक खड़ी चढ़ाई के घास वाले पहाड़ तक थी। इस प्रकार वास्तव में झाड़–झंखाड़ का टुकड़ा तीन ओर से जोती हुई भूमि से और चौथी तरफ एक खुले घास के मैदान से घिरा था।

जब नाश्ता तैयार किया जा रहा था, गांव के लोग मेरे चारों ओर बैठे बातें करते रहे। मार्च के दूसरे पखवाड़े तथा अप्रैल के प्रथम पखवाड़े में इस क्षेत्र में नरभक्षी ने चार आदमियों को मार डाला था। पहला शिकार पहाड़ के छोर पर स्थित गांव में किया गया था, दूसरा और तीसरा शिकार पहाड़ की चोटी पर स्थित गांव में और चौथा सनोली में। सभी चार शिकार रात में किए गए थे और लगभग पांच सौ गज़ दूर झाड़–झंखाड़ के खंड में ले जाए गए थे जहां पर बाघ ने उनको अपनी सुविधा के अनुसार खाया था। क्योंकि कोई अग्निशस्त्र उपलब्ध न होने के कारण तीनों गांवों के ग्रामीण इतने भयभीत थे कि उन्होंने मृतकों के अवशेषों को बरामद करने का कोई प्रयत्न नहीं किया था। अंतिम शिकार 6 दिन पूर्व किया गया था और मुझे सूचना देने वाले आश्वस्त थे कि बाघ अभी भी झाड़–झंखाड़ के बीच ही था।

मैंने दो जवान नर बकरे उस गांव में खरीदे थे जिसमें से होकर हम आज सुबह ही गुजरे थे और शाम के समय मैं छोटे बकरे को ले गया और उसे झाड़–झंखाड़ के किनारे पर यह सुनिश्चित करने के लिए बांध दिया कि गांव वालों का विश्वास कितना सही था कि बाघ अभी भी झाड़ियों में था। मैं, बकरे के ऊपर नहीं

बैठा क्योंकि वहां पर कोई सुविधाजनक वृक्ष न थे और बादल भी छाते जा रहे थे तथा ऐसा लग रहा था कि रात में बारिश हो सकती थी। जो मंच मुझे प्रयोग करने के लिए दिया गया था वह चारों ओर से खुला था। अतः मैंने दूसरा बकरा इसके निकट इस आशा के साथ बांधा कि यदि रात के समय बाघ गांव में आएगा तो वह इंसानी गोश्त की जगह एक मुलायम बकरे को चुनेगा। देर रात तक मैं दोनों बकरों को एक दूसरे को पुकारते हुए सुनता रहा। इससे मैं सन्तुष्ट हो गया कि बाघ सुनने की दूरी में मौजूद नहीं था। फिर भी वहां पर ऐसा कोई कारण न था कि वह इस इलाके में दोबारा नहीं लौटेगा? अतः मैं इस आशा से सोने चला गया कि जो कुछ होगा अच्छा ही होगा।

रात में हल्की बूंदा बांदी हुई थी और जब सूर्य साफ आकाश में उदय हुआ तो प्रत्येक पत्ती और घास का तिनका बारिश की बूंदों से चमक रहा था और हर कोई पक्षी जिसे एक गीत गाना था, गाना गाते हुए दिन का हर्षित होकर स्वागत कर रहा था। मेरे मंच के निकट का बकरा एक झाड़ी की पत्तियां सन्तुष्ट भाव से चबा रहा था तथा यदा कदा मिमियां रहा था, जबकि घाटी के पार का दूसरा खामोश था। अपने नौकर को मेरा नाश्ता गर्म रखने को कह कर मैंने घाटी को पार किया और उस स्थान तक गया जहां पर मैंने छोटे बकरे को बांधा था। यहां मैंने पाया कि बारिश आने से कुछ समय पहले एक बाघ ने बकरे को मार डाला था, रस्से को तोड़ा था और शिकार को दूर ले गया था। वर्षा ने घसीटने के चिह्न धो डाले थे, परंतु इससे कोई अंतर नहीं पड़ा, क्योंकि वहां पर एकमात्र एक ही स्थान था जहां पर बाघ अपना शिकार ले गया होगा और वह था झाड़–झंखाड़ का घना टुकड़ा।

एक ऐसे बाघ अथवा शेर का पीछा करना, जो कि अपने शिकार के पास हो आखेट का एक दिलचस्प पहलू है, जिसे मै जानता हूँ, परंतु इसमें तभी मग्न होकर भाग लिया जा सकता है जबकि

परिस्थितियां अनुकूल हों। यहां पर परिस्थितियां अनुकूल नहीं थी क्योंकि झाड़–झंखाड़ का जंगल इतना घना था जिसमें चुपचाप प्रवेश करना संभव ही न था। गांव को लौट कर मैंने नाश्ता किया और फिर गांव वालों को एक साथ बुलाया क्योंकि मैं उनसे आसपास के क्षेत्र के बारे में सलाह लेना चाहता था क्योंकि शिकार को यह देखने के लिए जाना आवश्यक था कि क्या बाघ ने वहां पर पर्याप्त अंश छोड़ा है जिस के पास मैं बैठ सकूं और ऐसा करते समय मुझे बाघ को छेड़ना पड़ेगा। जो बात मैं ग्रामवासियों से जानना चाहता था, वह यह थी कि क्या दहां पर यथोचित दूरी पर अन्य घनी आड़ थी जिसमें बाघ मेरे द्वारा छेड़े जाने पर शरण ले सके। मुझे बताया गया कि दो मील दूर तक वहां ऐसी कोई आड़ न थी और यह भी कि उस तक पहुंचने में बाघ को जोती गई जमीन का एक बड़ा भाग पार करना पड़ता।

दोपहर के समय मैं झाड़–झंखाड़ के उस खंड में लौटा जिस स्थान पर उसने बकरे को मारा था, वहां से सौ गज़ दूर मुझे वह मरा हुआ बकरा मिला जो बाघ ने छोड़ा था। बकरे के खुर, सींग और उसके पेट का हिस्सा ही वहां पर था। क्योंकि वहां पर इस बात का डर नहीं था कि बाघ दिन के उस वक्त आड़ को छोड़ कर दो मील दूर जंगल में जाएगा, मैंने कई घंटों तक उसका पीछा करने का प्रयास किया। मेरी सहायता बुलबुलों, कस्तूरों, भुंजगों और हंसियाचोंच चरखीयों, आदि पक्षियों ने की, जो सभी मुझे बाघ की प्रत्येक हलचल के बारे में बता रहे थे। यदि कोई प्रश्न करेगा कि मैंने तीनो गांव के निवासियों को एकत्र क्यों नहीं किया और उनके द्वारा हांका करवा कर बाघ को बाहर खदेड़ने का प्रयास नहीं करवाया, जहां मैं उसको गोली मार सकता था। उल्लेखनीय है कि इस कार्य को करने का प्रयास हांका करने वालों को बहुत बड़े खतरे में डाले बिना किया ही नहीं जा सकता था क्योंकि जैसे ही बाघ को पता चलता कि उसे बाहर खुले मैदान की तरफ खदेड़ा जा रहा है तो वह वापस पीछे

लौट जाता और जो कोई भी उसके मार्ग में आता उस पर आक्रमण कर देता।

बाघ पर निशाना लगाने के अपने असफल प्रयत्न के बाद और मेरे गांव लौटने पर मैं मलेरिया के प्रचंड आक्रमण से पीड़ित हो गया, और अगले चौबीस घंटों तक मंच पर बेसुध अवस्था में लेटा रहा। अगले दिन की शाम तक मेरा बुखार उतर गया था और मैं शिकार जारी रखने के लिए समर्थ हो गया था। अपने आप पहल करके मेरे आदमियों ने पिछली रात को दूसरे बकरे को उसी जगह पर बांधा था जहां पर पहला मारा गया था, परंतु बाघ ने उसे नहीं छुआ। यह बहुत अच्छा हुआ क्योंकि अब बाघ भूखा होगा और उस तीसरी शाम को मैं उम्मीद से भरा निकल पड़ा।

झाड़–झंखाड़ के टुकड़े के नजदीकी छोर की तरफ और उस स्थान से लगभग सौ गज़ दूर जहां पर दो रात पहले बकरा मारा गया था, बांज का एक पुराना पेड़ था। यह पेड़ दो सीढ़ीनुमा खेतों के मध्य में एक छः फुट ऊंचे किनारे पर उगा हुआ था और पहाड़ से विपरीत दिशा में एक ऐसे कोण पर झुका हुआ था, जिससे मेरे लिए इसके तने पर रबड़ की तली के जूते पहन कर चढ़ना संभव हो गया था। तने के भीतरी तरफ तथा भूमि से लगभग पंद्रह फुट ऊंचाई पर एक शाखा नीचे के खेत के ऊपर निकली हुई थी। इस शाखा ने जो कि एक फुट मोटी थी, मुझे अत्यन्त असुविधाजनक और बहुत असुरक्षित आसन प्रदान किया था, क्योंकि यह खोखली और सड़ी हुई थी। फिर भी पेड़ पर यही एकमात्र शाखा थी और चारों तरफ कई सौ गज़ के अर्ध व्यास के भीतर कोई अन्य वृक्ष न थे, अतः मैंने इसी शाखा पर बैठने का खतरा मोल लिया। क्योंकि मेरे पास विश्वास करने का प्रत्येक कारण था कि जिस बाघ से मैं निबट रहा था वह पनार का नरभक्षी ही था, क्योंकि उन पगचिह्नों, जिनको मैंने झाड़–झंखाड़ के टुकड़े में पाया था और जिनको मैंने अप्रैल में उस घर को जाने वाले रास्ते पर देखा था जहां पर लड़की मारी गई थी,

दोनों में समानता थी। इसीलिए मैंने अपने आदमियों को कहा कि वे बहुत सारे लंबे काले कांटों से युक्त टहनियों को काट दें। जब मैं पेड़ की तरफ पीठ करके बैठ गया और मेरी टांगें शाखा के साथ लंबाई में फैली हुई थी, फिर मैंने आदमियों को उन टहनियों को आपस में बांध कर उनको पेड़ के तने पर लिटा देने तथा सुरक्षित तरीके से मजबूत रस्से से बांध देने को कहा। इन छोटी सावधानियों को कुशलता से कार्यान्वित करवाने के कारण ही मैं आश्वस्त हूं कि मेरी जिंदगी बची थी।

इन काले कांटो से युक्त टहनियों में से अनेक जो कि दस से बीस फुट लंबी थी, पेड़ के दोनों तरफ निकली हुई थी और क्योंकि मेरे पास अपना संतुलन बनाये रखने के लिए पकड़ने को कुछ भी नहीं था, अतः मैंने अपने दोनों तरफ की टहनियों को इकठ्ठा किया तथा उनको मजबूती से पकड़ कर अपनी भुजाओं और शरीर के मध्य में खींच लिया। पांच बजे तक मेरी तैयारियां पूर्ण हो चुकी थी। मैं शाखा पर दृढ़ता से बैठा हुआ था और मैंने अपने कोट का कालर अपनी गर्दन की सुरक्षा के लिए काफी आगे खींच लिया था तथा अपने कोमल टोप को अपनी गर्दन के पिछले हिस्से को बचाने के लिए पीछे की तरफ खींच रखा था। बकरे को मेरे सामने के मैदान में तीस गज़ की दूरी पर एक खूंटा गाड़ कर बांधा गया था। मेरे आदमी मैदान में बैठ कर धूम्रपान करते हुए जोर–जोर से बातें कर रहे थे।

इस समय तक झाड़–झंखाड़ के खंड में सब कुछ शांत रहा था, परंतु अब एक हंसियाचोंच चरखी ने अपनी भेदक भयप्रद बोली दी जिसके एक या दो मिनट बाद अनेक सफेदकंठ चिलबिलों की चहचहाहट सुनाई दी। पक्षियों की ये दो प्रजातियां पहाड़ों में सबसे ज्यादा विश्वसनीय मुखबिर हैं और उनको सुन कर मैंने अपने आदमियों को गांव को लौटने का इशारा किया। वे ऐसा करने को बहुत प्रसन्न प्रतीत हुए और जब वे अभी भी जोरों से बातें करते हुए दूर चले गए तो बकरे ने मिमियाना आरंभ कर दिया। अगले आधे घंटे तक कुछ भी नहीं घटा और फिर जब सूर्य गांव के ऊपर के पहाड़ से अस्त हो रहा था, दो भुंजगें जो कि मेरे पेड़ के उपर बैठे हुए थे, उड़ गये और किसी जानवर पर चीखने लगे जो कि मेरे तथा झाड़–झंखाड़ के टुकड़े के बीच के मैदान में था। जब बकरा बोल रहा था तो गांव की दिशा में देख रहा था परन्तु अब वह मेरी तरफ घूमा और उसने बोलना बंद कर दिया। बकरे को देख कर मैं उस जानवर की हरकतों का अनुसरण कर सकता था, जिसे भुंजगे सता रहे थे और जिसमें बकरे की दिलचस्पी थी और यह जानवर केवल एक बाघ ही हो सकता था।

तीज का चांद था और वहां पर अंधकार के कई घंटे होंगे। इसका पूर्वानुमान लगा कर कि बाघ तभी आयेगा जब प्रकाश की स्थितियां अनुकूल नहीं होगी, मैं अपने साथ बारह बोर की दोनाली बंदूक लिए हुए था जिसमें ग्राफ भरे हुये थे क्योंकि वहां पर मेरे लिए राइफल की एक अकेली गोली की अपेक्षा आठ ग्राफों से बाघ को निशाना बनाने के बेहतर अवसर थे। उस समय तक भारत में रात में शिकार करने में सहायक उपकरणों जैसे, विघुत प्रकाश और टार्चों का उपयोग नहीं किया जाता था, जिस समय के बारे में मैं लिख रहा हूँ और वह सभी कुछ जो सही निशाना लगाने के लिए किसी के पास होता था, वह केवल सफेद कपड़े की एक पट्टी ही होती थी, ज़िसे हथियार की नाल के चारों ओर बांधा गया होता था।

फिर काफी देर तक कुछ भी नहीं हुआ कि तभी मैंने काले कांटे की टहनियों पर हल्का झटका महसूस किया और अपने पूर्व विचारों को साधुवाद दिया कि मैंने झुके हुए पेड़ के तने पर कांटें बिछा रखे थे क्योंकि मैं अपना बचाव करने के लिए पीछे नहीं घूम सकता था तथा अधिक से अधिक मेरे कोट का कालर और टोप बहुत ही कमजोर सुरक्षापंक्ति थी। इसमें अब कोई सवाल ही न था कि मैं एक नरभक्षी से निबट रहा था, और वह भी एक दृढ़ निश्चयी नरभक्षी के साथ। यह जान लेने के बाद कि वह कांटों के ऊपर नहीं चढ़ सकेगा, बाघ ने अपने पहले झटके को देने के बाद, टहनियों के नीचे के हिस्सों को अपने दांतों के बीच में पकड़ लिया था। अब वह उनको हिंसक तरीके से झकझोर रहा था, जिससे मैं, पेड़ के तने से जोरों से टकरा रहा था। अब आकाश से दिन का अंतिम प्रकाश भी धूमिल हो चुका था तथा बाघ जिसने अपने सारे मानव शिकार रात में ही किए थे अपने अनुकूल वातावरण में था, जबकि मैं विषम परिस्थितियों में था, क्योंकि अंधेरे में एक इंसान सभी जानवरों मे से सबसे निरीह होता है। अपने बारे में मेरा यह कथन है कि मेरी हिम्मत सबसे निम्नतम बिंदु पर स्थित थी, रात में चार सौ आदमियों को मारने के बाद बाघ मुझसे तनिक भी भयभीत न था जो कि इस तथ्य से स्पष्ट था कि वह टहनियों को खींचते हुए जोरों से दहाड़ रहा था, जिसे गांव में चिंतातुर लोग सुन रहे थे। यह दहाड़ उन लोगों को भयभीत कर रही थी, जैसा कि उन्होंने मुझे बाद में बताया परंतु मुझ पर उसका विपरीत असर पड़ रहा था, क्योंकि इससे मुझे मालूम हो रहा था कि बाघ कहां था और क्या कर रहा था। जब वह चुप रहता था तभी मैं सबसे अधिक डरता था क्योंकि मुझे यह पता नहीं होता

था कि उसका अगला पैंतरा क्या होगा। कई बार उसने मुझे अपने आसन से लगभग गिरा ही दिया होता क्योंकि वह टहनियों को बहुत जोर से खींचता था और फिर अचानक ही छोड़ देता था और अब अंधेरा था तथा मेरे पास कोई स्थिर वस्तु नहीं थी जिसे मैं पकड़ सकता और मुझे पक्का यकीन था कि यदि वह ऊपर उछलता तो उसे मुझे जमीन पर धड़ाम से गिरा देने के लिए मुझे केवल छूने भर की ही जरूरत होती।

स्नायुओं को यंत्रणा देने वाली ऐसी कुछ समय की चुप्पी के बाद बाघ ऊंचे किनारे से नीचे कूदा और बकरे की तरफ दौड़ा। इस आशा से कि बाघ तब लौटेगा जब थोड़ी सी पर्याप्त रोशनी निशाना साधने के लिए रहेगी। मैंने बकरे को अपने पेड़ से तीस गज़ की दूरी पर बांधा था क्योंकि इससे पहले कि वह बकरे तक पहुंचता मुझे बाघ को मारने का समय मिल जाए। परंतु अब अंधेरे में मैं, बकरे को बचा नहीं सका जो कि सफेद होने से मैं केवल एक हल्के धब्बे के रूप में ही देख सका। इसलिए मैंने तब तक इंतजार किया जब तक उसने संघर्ष करना बंद कर दिया और फिर वहां पर निशाना साधा जहां पर मैंने सोचा था कि बाघ होगा और घोड़ा दबाया। मेरी गोली का स्वागत एक गुस्से भरी हुंकार ने किया तथा मैंने सफेद चमक देखी जब बाघ पीछे की तरफ पलटा और दूसरे ऊंचे किनारे के खेत में अदृश्य हो गया।

दस अथवा पंद्रह मिनटों तक मैं उत्सुकतापूर्वक बाघ की तरफ से आने वाली आवाजों को सुनता रहा और तभी मेरे आदमियों ने आवाजें लगाई और पूछा कि क्या उनको मेरे पास आना चाहिए। अब उनके लिए ऐसा करना पूर्णतया सुरक्षित था बशर्ते कि वे लोग ऊंचे मैदान में ही चलें। इसीलिए मैंने उनको चीड़ की मशालें जलाने को कहा और उसके बाद मेरे निर्देशों का अनुपालन करने को कहा। ये मशालें लीसे से सरोबार चीड़ की लकड़ी के बारह इंच से अठारह इंच लंबे टुकड़ों को हरे वृक्ष से काट कर बनाई जाती हैं और बहुत चमकीली

रोशनी प्रदान करती हैं तथा कुमाऊं के दूरस्थ गांवों में एकमात्र प्रकाश व्यवस्था उपलब्ध कराती हैं जिसे कि वे हमेशा से जानते हैं।

बहुत ज़्यादा चिल्लाने और इधर–उधर दौड़ने के पश्चात, करीब बीस आदमियों ने, जिनमें से प्रत्येक एक मशाल ला रहा था, गांव को छोड़ा तथा मेरे आदेशों का पालन करते हुए सीढ़ीनुमा खेतों का चक्कर काटने के बाद पीछे से मेरे पेड़ के निकट आए। जिन रस्सों से काले कांटों की टहनियों को वृक्ष से बांधा गया था उनकी गांठे बाघ द्वारा इतनी जोर से खींच कर कस दी गई थी कि उनको काटना पड़ा। कांटे हटा देने के बाद, आदमी पेड़ पर चढ़े और मुझे नीचे उतरने में सहायता की, क्योंकि असुविधाजनक आसन से मेरी टांगों में ऐंठन आ गई थी।

मशालों की संयुक्त रोशनी ने उस खेत को प्रकाशित कर दिया जिस पर मृत बकरा पड़ा था परंतु ऊपर का सीढ़ीनुमा खेत अंधकार में था। जब सभी को सिगरेटें सौंप दी गई, तब मैंने उन आदमियों को बताया कि मैंने बाघ को घायल कर दिया है, परंतु मुझे नहीं मालूम कि, कितनी बुरी तरह और यह कि हम अब गांव को वापस लौटेंगे तथा मैं घायल जानवर की खोज सुबह करूंगा। इस पर बड़ी निराशा प्रकट की गई, यदि आपने बाघ को घायल कर दिया है तो वह अब तक अवश्य ही मर गया होगा। हम बहुत संख्या में है और आपके पास एक बंदूक है, अतः वहां कोई खतरा नहीं है। कम से कम हमें खेत के किनारे तक तो जाना ही होगा और यह देखना होगा कि क्या बाघ ने वहां खून के निशान छोड़े हैं। क्या बाघ को तुरंत ही खोजने जाना चाहिए? जब इस बात के पक्ष तथा विपक्ष में सारे तर्क समाप्त हो गये, तो मैंने अपने सही निर्णय के विपरीत हामी भर दी कि खेत के किनारे तक तो जाया ही जाए, जहां से हम नीचे के सीढ़ीनुमा खेत में झांक सकते थे।

उनके निवेदन को मानने के बाद मैंने उन आदमियों से वायदा करने को कहा कि वे मेरे पीछे एक पंक्ति में ही चलेंगे, अपनी मशालों

को ऊंचा उठा कर रखेंगे और यदि बाघ ने आक्रमण किया तो मुझे अंधेरे में छोड़कर नहीं भागेंगे। उन्होंने ये वायदा बहुत खुशी से किया और जब मशालें फिर से ठीक कर दी गई तथा तेज प्रकाश के साथ जल रही थी तो हम चल पड़े, मैं आगे चल रहा था तथा वे आदमी पांच गज़ पीछे अनुसरण कर रहे थे।

बकरे तक तीस गज़ तथा अगले तीस गज़ खेत के किनारे तक हम बहुत धीमे और शान्ति से आगे बढ़े। जब हम बकरे तक पहुंचे तो अब खून के निशान देखने के लिए समय न था, फिर नीचे के खेत का सबसे दूर का सिरा दिखाई पड़ा। जैसे–जैसे हम सिरे के निकट जाते गये, वैसे–वैसे इस खेत का उतना ही ज्यादा हिस्सा दिखाई देता और तभी जब केवल एक संकरी पट्टी ही मशालों की रोशनी से बची थी, तभी बाघ एक के बाद एक गुस्से से भरी दहाड़ें मारता हुआ किनारे से ऊपर कूदा और पूरा दिखाई दिया।

एक आक्रमण करते हुए बाघ की क्रोधित हुंकार बहुत आंतकित करने वाली होती है, और मैंने हाथियों की एक पंक्ति को जो कि एक शेर के सामने दृढ़ता से खड़ी रही थी, एक आक्रमण करते हुए बाघ के सामने मुड़कर और भगदड़ मचा कर भागते हुए देखा था। इसीलिए मुझे तनिक भी आश्चर्य नहीं हुआ, जब मेरे आदमी जो सभी निहत्थे थे, एक साथ मुड़े और भाग खड़े हुए। मेरे सौभाग्य से दूर भागने की चिंता में, वे एक दूसरे से टकरा गए और चीड़ के कुछ जलते हुए टुकड़े, जो उन्होंने अपने हाथों में हल्के से पकड़े हुए थे, ज़मीन पर गिर गये और प्रकाश देते रहे, जिससे मुझे बाघ की छाती में ग्राफों का एक समूह धंसाने के लिए पर्याप्त रोशनी मिल गई थी।

मेरी गोली की आवाज सुन कर आदमियों ने भागना बंद कर दिया और तभी मैंने उनमें से एक को कहते हुए सुना, ओह नहीं, वे हमसे नाराज़ नहीं होंगे, क्योंकि वे जानते हैं कि इस शैतान ने हमारे साहस को पानी में बदल दिया है। हां, मुझे पेड़ पर के अपने ताज़े अनुभव से मालूम था कि एक नरभक्षी का डर एक मनुष्य का साहस हर लेता

है और जहां तक भागने की बात है तो यदि मैं मशाल ले जाने वालों में से एक होता तो मैं सबसे तेज भाग गया होता। अतः वहां पर मेरे नाराज़ होने के लिए कोई भी बात नहीं थी। अब, जब कि मैं उनकी लज्जा को कुछ कम करने के लिए बाघ का निरीक्षण करने का अभिनय कर रहा था, सभी आदमी दो और तीन के समूहों में वापस आए जब, वे एकत्रित हो गए तो मैंने ऊपर देखे बिना पूछा कि क्या आप लोग बाघ को गांव में ले जाने के लिए बांस का डंडा और रस्सी लाये हैं? हां, उन्होंने उत्सुकता से उत्तर दिया, हमने उनको पेड़ की जड़ पर छोड़ा है। जाओ, उन्हें लेकर आओ, मैंने कहा, क्योंकि मैं चाय की एक गर्म प्याली पीने के लिए गांव जाना चाहता हूँ। उत्तर की तरफ से बह रही रात की ठंडी हवा के कारण मुझ पर मलेरिया का दूसरा आक्रमण हो गया था और अब जब सारा रोमान्च समाप्त हो चुका था, मेरे लिए अपने पैरों पर खड़ा रहना कठिन हो रहा था।

उस रात को कई वर्षों में पहली बार सनोली के लोग सोए और निर्भय होकर सोते रहे।

चूका का नरभक्षी

1

चूका जो लध्याघाटी के नरभक्षी शेर के लिए जाना जाता है, लगभग दस हलों की जोत का शारदा नदी के दाहिने तट पर बसा एक छोटा गांव है। यह गांव लध्या और शारदा नदीयों के संगम से थोड़ा पहले स्थित है। गांव के उत्तर पश्चिमी किनारे से एक मार्ग एक चौथाई मील तक फायर लाइन के साथ–साथ उस स्थान तक जाता है जहां पर यह विभक्त होता है। एक शाखा तो सीधे एक धार पर से होकर थाक गांव को जाती है और एक दूसरी आड़ी तिरछी होती हुई पहाड़ों से गुजर कर कोटकिंदरी को जाती है, जिस गांव का मालिकाना हक चूका के निवासियों का है।

इसी बाद वाले मार्ग पर 1936 की सर्दियों की एक शाम को एक आदमी दो बैलों को हांक कर ले जा रहा था। जैसे ही वह चूका के पास पहुंचा यकायक एक शेर फायर लाइन पर आ धमका। बहुत प्रशंसनीय साहस के साथ उस आदमी ने अपने बैलों और शेर के मध्य में अपने को खड़ा कर लिया और अपनी लाठी को लहलहराते तथा चिल्लाते हुए उसने शेर को भगाने का प्रयत्न किया। बैलों ने अपनी

तरफ से शेर का ध्यान बंट जाने पर उस अवसर का लाभ उठाते हुए तुरंत गांव की ओर दौड़ लगा दी। शेर ने अपना शिकार छिन जाने के पश्चात अपना ध्यान आदमी की ओर मोड़ा। शेर के आक्रामक तेवरों को भांपकर वह आदमी भागने के लिए मुड़ा और जैसे ही उसने ऐसा किया शेर उस पर कूदा। उस आदमी ने अपने कंधों पर एक भारी हल रखा हुआ था और उसने अपनी पीठ पर चूका में ठहरने के दौरान उपयोग में आने वाली खाद्य साम्रगी का एक थैला भी लटका रखा था। जब शेर हल और थैले पर अपने दांत और नाखून गड़ा रहा था तो वह आदमी अपने बोझों से मुक्त हो जाने पर गांव की ओर तेजी से भाग खड़ा हुआ और दौड़ते हुए वह सहायता के लिए चिल्ला रहा था। उसके रिश्तेदार और मित्र उसकी आवाज को सुन कर उसकी सहायता के लिए दौड़ पड़े और वह आदमी बिना किसी अन्य दुर्घटना के गांव पहुंच गया। शेर के एक नाखून ने उसकी दाहिनी भुजा को कंधे से लेकर कलाई तक एक गहरा घाव बनाते हुए चीर डाला था।

कुछ सप्ताह बाद दो आदमी टनकपुर के बाज़ार से लौटते हुए कोटकिंदरी को जाने वाली तीखी खड़ी चढ़ाई वाले मार्ग पर चढ़ रहे थे कि तभी एक शेर ने उनसे आगे पचास गज़ की दूरी पर रास्ता पार किया। कुछ मिनटों तक प्रतीक्षा करने के बाद, जिससे कि शेर रास्ते के आसपास से चला जाए, दोनों आदमियों ने चिल्लाते हुए आगे की यात्रा जारी की। परंतु शेर वहां से हटा नहीं था और जैसे ही आगे चलने वाला आदमी उसके पास पहुंचा, वह उस पर कूद पड़ा। वह आदमी गुड़ का एक थैला ले जा रहा था जो आधा तो उसके सिर पर था और आधा उसकी पीठ पर था। शेर के दांत थैले में फंस गए और वह उसे लेकर नीचे पहाड़ की तरफ उस आदमी को जख्मी किए बिना चला गया। यह अभिलेखों में दर्ज नहीं है कि शेर ने अभी तक की गई अपनी पकड़ों के बारे में क्या सोचा होगा– एक हल और एक गुड़ का थैला। परंतु यह माना जा सकता है कि वह अपनी

उपलब्धियों से संतुष्ट नही था, क्योंकि इसके बाद उसने उन्हीं मनुष्यों को चुनना आरंभ कर दिया जो कि हल अथवा थैलों के बोझों से रहित होते थे।

थाक की आबादी जो कि चूका से लगभग तीन हजार फुट की ऊंचाई पर स्थित है, एक पर्वतीय गांव के अनुरूप बहुत बड़ी है। चांद राजाओं ने, जिन्होंने कुमाऊं पर गोरखों के अभ्युदय से पूर्व राज किया था, थाक की ज़मीन को इस समय के भूमिहारों के पूर्वजों को उसके रख–रखाव करने के लिए दिया था और उनको पूर्णागिरी मंदिर का पीढ़ी दर पीढ़ियों के लिए परिरक्षक भी नियुक्त किया था। कृषि हेतु बहुत उपजाऊ जमीन और मंदिर से होने वाली पर्याप्त आय ने थाक के निवासियों को इतना समर्थ बना दिया था कि वे बहुत बड़े मकान बना सकें और मवेशियों के बड़े झुंड भी रख कर उन्हें पाल भी सकें।

जून 1937 के प्रारंभ के एक दिन सात आदमी और दो लड़के गांव के मवेशियों को उस जगह चरा रहे थे जो थाक से 200 गज़ पश्चिम में था। प्रातः दस बजे यह देखा गया कि कुछ जानवर खुले मैदान से जगंल की ओर दौड़ने शुरू हो गए हैं और लड़कों में से एक, जो चौदह वर्ष का था उन्हें वापस लाने के लिए भेजा गया। छः घंटे बाद वे आदमी जो सारे दिन भर गर्मी में सो रहे थे, उस जंगल में एक काकड़ के भौंकने की आवाज से जाग गए, जिसमें मवेशी भटक गए थे और जो खुले मैदान से सटा हुआ था इस बार दूसरा लड़का जो भी चौदह साल का था, उनको बाहर खदड़ने के लिए भेजा गया। उसके जंगल में प्रवेश करने के थोड़ी ही देर बाद ढ़ोरडंगरों में भगदड़ मच गयी और जब वे अपने गांव को जाते हुए एक छोटी सी घाटी को पार कर रहे थे कि तभी एक शेर एक गाय पर कूदा और सात आदमियों की आंखों के सामने ही उसने उसे मार डाला। मवेशियों की चीत्कार और आदमियों के शोर मचाने की आवाजों को सुन कर गांव के लोगों का ध्यान आकर्षित हुआ और शीघ्र ही आदमियों की एक बड़ी भीड़ एक ऊंचे स्थान पर एकत्रित

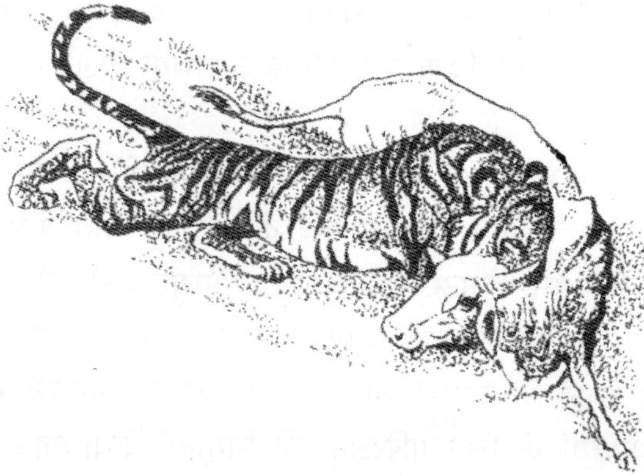

हो गई जहां से नीचे घाटी में देखा जा सकता था। उस भीड़ में एक विधवा स्त्री भी थी जो दूसरे लड़के की मां थी और आदमियों को अपने बेटे को पुकारते हुए सुन कर वह उनकी ओर यह मालूम करने दौड़ी कि क्या हुआ था? यह जानने पर कि उसका लड़का जंगल में मवेशियों को बाहर खदेड़ने के लिए गया था परंतु वापस नहीं लौटा था, वह उसे खोजने निकल पड़ी। इसी क्षण पहले लड़के के माता–पिता भी घटनास्थल पर पहुंचे और जब उन्होंने पूछा कि उनका बेटा कहां है, तभी उन सात लोगों को याद आया कि उन्होंने उसे तो प्रातः दस बजे के बाद से देखा ही नही था।

मृत गाय के पास घाटी में एकत्रित हो गई भारी भीड़ को अपने पीछे–पीछे लिए वह दुखी माता जंगल में गई और अपने पुत्र को उस स्थान पर पाया जहां पर शेर ने उसे मार कर छोड़ दिया था और नजदीक की ही एक झाड़ी के नीचे पहले लड़के के माता–पिता ने अपने बेटे को मृत और आंशिक रूप से खाया हुआ पाया। इस लड़के के निकट ही एक बछड़ा मरा पड़ा था। गांव वालों द्वारा उस दिन की दुखद घटनाओं के बारे में बाद में दिए गए विवरणों के आधार पर मेरा विश्वास था कि शेर जंगल में एक ऊंचे स्थान में जानवरों के चरने की जगह पर नज़र जमाए लेटा हुआ था और जब बछड़ा

आदमियों की नजर में आए हुए बिना जंगल में घुस गया तो शेर ने उसे मार दिया और इससे पहले कि वह उसे ले जाने में समर्थ होता, वह लड़का या तो अनजाने में ही अथवा उत्सुकतावश बछड़े के निकट आया और मार डाला गया, झाड़ी के नीचे खींचा गया और आंशिक रूप से खा लिया गया। ऐसा प्रतीत होता है कि इसके बाद शेर अपराह्न चार बजे तक अपने दोनों शिकारों के पास बैठा रहा कि वृक्षहीन मैदान के सिरे पर स्थित एक छोटे कुंड में पानी पीने के लिए एक काकड़ आया, जिसने या तो शेर को देखा अथवा सूंघ लिया था, अतः उसने भौंकना आरंभ कर दिया, जिसने उन आदमियों को इस अहसास से जगा दिया कि मवेशी जंगल में घुस गए हैं और दूसरा लड़का, उनको जंगल से बाहर खदेड़ने के लिए भेजा गया परन्तु अपने दुर्भाग्य से वह भी उसी जगह पर जा पहुंचा जहां पर शेर अपने शिकारों की सुरक्षा कर रहा था।

संभवतः मवेशियों ने दूसरे लड़के को मरते हुए देखा होगा जो उसकी सहायता करने हेतु आ पहुंचे। मैंने ऐसा गायों और भैंसों दोनों को करते हुए देखा था। शेर को लड़के के पास से भगा देने के बाद उनमें भगदड़ मच गई होगी। अपने शिकारों से भगा दिए जाने से और संभवतः इस प्रक्रिया में पशुओं के सख्त दुर्व्यवहार से क्रोधित होकर शेर ने भाग रहे मवेशियों का पीछा किया और अपना क्रोध और बदला उसी पर उतारा जो कि सबसे पहले उसके हत्थे चढ़ गया था। यदि झुंड सीधे गांव की ओर भाग न गया होता तो स्पष्टतया उसे अपने पर आक्रमण करने वालों में से केवल एक ही को मार कर संतुष्टि न मिलती। इसी तरह के मिलते–जुलते एक बचाव अभियान के दौरान मैंने एक बार पांच भैसों के एक पूरे झुंड को एक क्रोधित शेर के साथ महाभंयकर लड़ाई में समाप्त होते देखा था। शेर ने उनमें से एक को मारा और शेष चार बड़े दिलवाले जानवरों ने उस पर आक्रमण कर दिया था और वे दिलेरी से तब तक लड़ते रहे जब तक कि उनमें से अंतिम भी मारा नहीं गया। शेर भी उस लड़ाई में घायल

हुआ था क्योंकि जब उसने युद्धभूमि को छोड़ा तो उसने खून के चिह्न भी छोड़े थे।

उस एक ही दिन में दो आदमियों और दो मवेशियों की जानबूझ कर की गई हत्याओं से, जो कि मेरे विश्वास से इस बात का परिणाम था कि शेर को उसके प्रथम शिकार के दौरान व्यवधान पहुंचाया गया था, नैनीताल और अल्मोड़ा जिलों में बहुत हो हल्ला मचा था और शेर को मारने के सभी प्रयास किए गए थे। अनेक अवसरों पर जिले के अधिकारी मार के ऊपर मचानों पर पूरी रात भर बैठते थे और यद्यपि दो अवसरों पर शेर घायल कर दिया गया था, दुर्भाग्यवश वह भी हिरन मारने वाली गोली से ही, फिर भी उसने अपना शिकार जारी रखा और थाक के अभागे गांव में एक और शिकार कर डाला।

थाक से दो सौ गज़ ऊपर गेंहू का एक खेत है। इस खेत से फसल काटी जा चुकी थी और दो लड़के वहां कुछ मवेशियों को खूंटी पर बांध कर चरा रहे थे। सुरक्षा की दृष्टि से दोनो अनाथ लड़के जो भाई थे और 12 व 10 वर्ष के थे, उस खेत के बीच में बैठे हुए थे। गांव से दूर खेत के दूसरी तरफ झाड़ियों का एक छोटा झुरमुट था, जहां से पहाड़ एक सीधी खड़ी चढ़ाई पर एक हजार फुट ऊपर जाता था और पहाड़ पर कहीं से भी खेत के बीच में बैठे हुए लड़के दिखाई दे सकते थे। अपराह्न में एक गाय झाड़ियों की तरफ चली गई और लड़के पास–पास चलते हुए, उसे वापस खेत की तरफ खदेड़ने हेतु चल पड़े। बड़ा लड़का आगे–आगे था और जैसे ही वह एक झाड़ी से गुजरा तभी घात लगाकर बैठा हुआ एक शेर उस पर झपट पड़ा और उसे उठा ले गया। छोटा लड़का गांव की तरफ दौड़ पड़ा और कुछ लोगों के समीप पहुंच कर सुबकते हुए उनके कदमों में गिर पड़ा। जब लड़का स्पष्ट आवाज में बोलने लायक हुआ तो उसने उन आदमियों को जानकारी दी कि एक बड़ा लाल जानवर (उसके द्वारा देखा गया प्रथम शेर था) उसके भाई को उठा ले गया था। एक खोजकर्ता दल शीघ्रता से गठित किया गया और बहुत प्रशंसनीय

साहस के साथ खून के चिह्नों का अनुसरण लगभग एक मील दूर गांव के पूर्व की ओर स्थित घने वन से पूर्ण सूवरगढ़ की घाटी तक किया गया। रात शीघ्रता से घिर रही थी इसलिए वह दल थाक को लौट गया। अगले दिन पड़ोस के गांवों के लोगों की सहायता से पूरे दिन भर खोज की गई परंतु लड़के की लाल टोपी और उसके फटे तथा खून से सने हुए कपड़ों के अतिरिक्त कुछ भी नही मिला। वह चूका के नरभक्षी का अंतिम मानव शिकार था।

मैं, यह नहीं सोचता हूँ कि साहस की प्रशंसा करना तब तक संभव है, जब तक कि उस खतरे का स्वयं ही अनुभव प्राप्त नहीं किया जाए, जिसमें साहस की आवश्यकता पड़ी हो। वे लोग, जो कभी भी किसी ऐसे क्षेत्र में नही रहे हैं जहां पर एक नरभक्षी शेर सक्रिय है, यह सोच सकते हैं कि वहां इसमें साहस की कोई बात ही नहीं थी कि एक मां अपने बेटे को खोजने जाए, दो लड़के मवेशियों को चराएं और कुछ लोग एक समूह में एक गायब लड़के को खोजने जाए। परंतु उसके लिए, जो ऐसे क्षेत्र में रहा हो, एक मां का एक ऐसे घने जंगल के टुकड़े में प्रवेश करना जिसमें उसे पता हो कि वहां एक क्रोधित शेर है, दो छोटे बालक सुरक्षा हेतु सट कर बैठे हों, और कुछ निहत्थे लोगों के दल द्वारा नरभक्षी द्वारा छोड़े गए खून के चिह्नों का पीछा करने जाना, ऐसे कारनामें थे, जिनमें साहस का पुट होना आवश्यक था और जिनकी सबसे ज्यादा प्रशंसा करनी ही चाहिए।

2

चूका का नरभक्षी अब लध्याघाटी में प्रत्येक मनुष्य की जान को अस्त–व्यस्त कर रहा था और इब्बोटसन को तीन जिलों अर्थात् नैनीताल, अल्मोड़ा और गढ़वाल का उप आयुक्त प्रभारी नियुक्त किए जाने के थोड़े समय बाद ही हम उसके कार्यक्षेत्र को इस संकट से मुक्त करने के प्रयासों में सम्मिलित हो गए।

वह अप्रैल 1937 की एक बहुत गर्म और उमस भरी दोपहर थी, जब इब्बी उसकी पत्नी जीन और मैं, अपनी मोटर बस से बरमदेव के ऊपर स्थित बूम पर पहुंचे। हमने नैनीताल को पौ फटने से पहले ही छोड़ दिया था और हल्द्वानी और टनकपुर होते हुए सिर से पैर तक धूल से सने हुए और अपने–अपने शरीरों के कोमल और अंदर के भागों में अनेक दुखते हुए छालों के साथ, हम दिन के सबसे ज्यादा गर्म समय में बूम पर पहुंचे। शारदा नदी की शीतल रेत पर बैठकर एक प्याली चाय पीने के बाद हमने पुनः ऊर्जा प्राप्त की और नदी के किनारे के साथ जाते हुए छोटे रास्ते पर हम पैदल थुली गदेरे को चल पड़े जहां पर पहले से भेजे गए हमारे तंबू लगा दिए गए थे।

अगली सुबह नाश्ता करने के बाद हम कालाढुंगा गए। थूली गदेरे और कालाढुंगा के बीच की दूरी शारदा घाटी के रास्ते आठ मील है और पूर्णागिरि होकर चौदह मील है। इब्बोटसन दम्पति और मैं घाटी के रास्ते गए जबकि हमारे सेवक और हमारा सामान ले जा रहे आदमी, पूर्णागिरि होकर गए। घाटी चार मील लंबी है, जिसमें एक समय सीधी खड़ी चट्टानों को बारूद के विस्फोटों से उड़ाकर, जे. वी. कुलियर द्वारा निर्मित ट्रामलाइन जाती थी, जो कि प्रथम विश्वयुद्ध के बाद नेपाल दरबार द्वारा भारत सरकार को धन्यवाद प्रकट करने के लिए भेंट स्वरूप दी गई दस लाख घन फुट साल की लकड़ी को ले जाने के लिए बनाई गई थी। ट्रामवे मार्ग बहुत समय पहले भूस्खलन और बाढ़ों द्वारा बहा दिया गया है। और इन चार मीलों को बहुत सावधानीपूर्वक पहाड़ पर चढ़ कर तय करना पड़ा, जहां पर एक भी कदम गलत पड़ने या हाथ की पकड़ छूटने का अर्थ सीधे ठंडे पानी की नदी में तेज धारा में गिर पड़ना होता। हमने घाटी को सकुशल पार किया और ऊपर के सिरे पर, जहां पर कुलियर की ट्रामलाइन जंगल में प्रवेश करती थी, वहां पर हमने पानी की धारा

में से दो मछलियां पकड़ी। यहां पर मकान के आकार की एक चट्टान नदी से बाहर निकली हुई थी।

उस क्षेत्र में कार्यरत पटवारियों और वनरक्षकों को पहले ही सूचना भेज दी गई थी कि वे हमे कालाढुंगा में मिले और नरभक्षी की नवीनतम जानकारियां हमें प्रदान करें। हमने बंगले पर चार आदमियों को अपने आगमन का इंतजार करते पाया और जो सूचनाएं उन्होंने दी वे उत्साहवर्द्धक थी। विगत कुछ दिनों के भीतर कोई भी मनुष्य मारा नहीं गया था और शेर थाक गांव के आसपास ही था, जहां उसने तीन दिन पूर्व एक बछड़ा मारा था।

कालाढुंगा एक हल्की चढ़ाई पर उठते हुआ शंकु के आकार का प्रायद्वीप है, जो लगभग चार मील लंबा और एक मील चौड़ा है। तीन तरफ से यह शारदा नदी से घिरा हुआ है और चौथी ओर पहाड़ों की पांच हजार फुट ऊंची चोटी से सटा हुआ है। बंगला, तीन कमरों का मकान है, जिसमें चौड़ा बरामदा भी है। उसका मुख पूर्व की ओर है और यह प्रायद्वीप के उत्तरी सिरे पर स्थित है। जब सूर्य दूर स्थित पहाड़ों के ऊपर से उगता है और कोहरा उठ रहा होता है तो उस बरामदे से देखा जाने वाला दृश्य इतना सुन्दर होता है, जिसकी कल्पना ही की जा सकती है। एकदम सीध में और शारदा के पार एक बड़ी चौड़ी घाटी है जो कि नेपाल में बहुत दूर तक जाती है। दोनों तरफ के पहाड़ बहुत घने जंगलों से आच्छादित हैं और घाटी से एक नदी निकलती है जिसके किनारों पर पन्ने की तरह हरी हाथीघास उगी रहती है। जहां तक आंखे देख सकती हैं वहां तक कोई भी इंसानी बस्ती दिखाई नहीं देती है और शेर तथा अन्य जंगली जानवरों की आवाजें बंगले से सुन कर अनुमान लगाया जा सकता है, कि उस घाटी में शिकार काफी प्रचुर संख्या में उपलब्ध है। इसी घाटी से कुलियर ने दस लाख घनफुट लकड़ी ली थी।

हमने कालाढुंगा में एक दिन बिताया और जब हमारे आदमी टेंट लगाने और शिविर स्थापित करने के लिए चूका गए, तो हमने

मछलियां पकड़ी थी या सही कहूं, तो केवल इब्बोटसन दंपति ने ही मछलियां मारी थी क्योंकि मुझे कल रात को मलेरिया बुखार आ गया था, अतः मैं तट पर बैठा हुआ देखता रहा। पानी की एक खंडित धारा बंगले के नीचे से प्रायद्वीप तक जाती थी। वहां पर पांच सौ गज़ का एक टुकड़ा था। यहां पर इब्बोटसन दंपति ने जो कि बंशी से मछलियां पकड़ने में बहुत प्रवीण थे, बिना किसी मछली को हिलाए नदी को अपने एक इंच चम्मच से छान मारा। वह छोटी नदी जो नेपाल की घाटी से होकर बहती है, शारदा से प्रायद्वीप के विपरीत दूसरे छोर पर मिलती है। यहां पर शारदा चौड़ी और छिछली हो जाती है और एक बड़े कुंड में गिरने से पहले दो सौ गज़ तक चट्टानों के ऊपर बहती है। इसी धारा के ऊपरी सिरे पर गहरे पानी में इब्बी ने अपनी पहली मछली कांटे में फंसा ली। यह आठ पाउंड की थी और उसे बहुत पतली डोरी पर सावधानीपूर्वक खींच कर किनारे पर लाकर बाहर निकालना पड़ा।

बंशी से मछली पकड़ने वाले सभी उत्साही व्यक्तियों को दूसरे लोगों को मछली पकड़ते हुए देखने में बहुत आनंद आता है। यह कला सभी सर्वश्रेष्ठ बाह्य खेलों में से एक है। मैं, केवल दूसरों को मछलियां पकड़ते हुए देख कर ही खुश हो जाता हूँ। मुझे लगता है जैसे कि मैं स्वयं ही मछलियां पकड़ रहा हूं विशेषकर वहां, जहां बहुत सी मछलियां पकड़ने के लिए उपलब्ध हों। नदी में कहीं पर भी पैर रखना कठिन हो, जैसा कि शारदा में हमेशा होता है और नदी बहुत वेग से बह रही हो। इब्बी द्वारा मछली मारने के थोड़ी देर बाद ही जीन ने एक मछली को कांटे में फंसा लिया। वह किनारे से तीस गज़ दूर खंडित पानी में मछली पकड़ रही थी, उसकी बंशी में केवल सौ गज़ की ही डोर थी और इस डर से कि मछली सीधे तालाब की ओर जाकर उसे तोड़ देगी, उसने मछली से खेलते हुए पीछे चलने का प्रयत्न किया और ऐसा करने में अपना संतुलन खो दिया और काफी देर तक उसको जो कुछ भी दिखाई पड़ा, वह उसके एक पैर

ऊपरः कालाढुंगी स्थित जिम कार्बेट का घर जो अब एक संग्रहालय है।
नीचेः जिम कार्बेट 50 पौंड की महाशीर को पकड़े खड़े हैं।

जिम कार्बेट के मित्र सर पर्सी विंढ़म जो बारह वर्षों तक कुमाऊं के कमिश्नर रहे थे।

जिम कार्बेट अपनी एक राईफल के साथ।

जंगल में जिम कार्बेट का तम्बू लगा हुआ है।

पनार का नरभक्षी बाघ।

पीपल का पेड़ जिस पर बैठकर कार्बेट ने चूका के आदमखोर शेर को मारा था।

जिम कार्बेट का अपने मित्रों के साथ एक अत्यन्त दुर्लभ चित्र। इस चित्र में कार्बेट खड़ी हुई पंक्ति में सबसे दाहिनी ओर खड़े हैं जबकि उनके बाद तीसरे नम्बर पर इब्बी (इब्बोटसन) खड़े हैं। बैठी हुई पंक्ति में दूसरे स्थान पर हाम विवियन और उनके बगल में लेडी जीन इब्बोटसन बैठी हुई हैं।

तल्लादेश की नरभक्षी शेरनी।

लार्ड मालकम हेली जो तत्कालीन संयुक्त प्रान्त के राज्यपाल थे जिस समय कार्बेट राष्ट्रीय उद्यान की स्थापना हेतु प्रयास किये जा रहे थे।

जेम्स एडवर्ड कार्बेट – ओ0बी0ई0 (आर्डर ऑफ ब्रिटिश एम्पायर)

का पंजा और उसकी बंशी का एक सिरा ही था। आप स्वाभाविक रूप से सोंचेंगे कि मैं अपने ऊपर मलेरिया के आक्रमण को भूला कर उसको बचाने हेतु पानी में कूद गया होता। वास्तव में मैंने ऐसा कुछ भी नहीं किया और तट पर बैठकर हंसता रहा क्योंकि इब्बोटसन दंपति में से किसी को भी पानी की कब्र से बचाने का एक ही तात्पर्य होता, जैसे किसी उदबिलाव को डूबने से बचाने का व्यर्थ प्रयास करना। थोड़ी देर तक लंबे और जोरदार संघर्ष के बाद जीन सीधे खड़ी हो गई और किनारे पर पहुंच कर उसने अपनी मछली को मार दिया, जिसका वजन छः पाउंड था। उसने ऐसा किया ही था कि इब्बी, जिसने डोरी लंबी दूरी तक फेंक दी थी, उस चट्टान से फिसल गया, जिस पर वह खड़ा था और पानी के नीचे बंशी और सभी कुछ समेत ओझल हो गया।

धारा से नीचे और तालाब के निचले सिरे से नदी दाहिनी तरफ मुड़ती है। इस मोड़ के नेपाल की तरफ वाले छोर पर सेमल का एक विशाल वृक्ष खड़ा था, जिसकी ऊपरी शाखाओं में ओसप्रे के एक जोड़े ने कई वर्षों से अपना घोंसला बना रखा था। वह वृक्ष पक्षियों के लिए एक आदर्श निवास था, क्योंकि न केवल इससे नदी का एक विस्तृत

दृश्यं दिखाई देता था, बल्कि तने से समकोण पर उगी हुई बड़ी बड़ी शाखाएं मेज का कार्य करती थी, जिन पर वे फिसलने वाले शिकार को पकड़ कर खाते थे। पिछले वर्ष के मानसून की बाढ़ ने तट को गहरा काट दिया था और पुराने पेड़ को बहा दिया था। ओसप्रे के जोड़े ने अपने लिए एक नया घोंसला एक लंबे शीशम के पेड़ पर बना लिया था जो जंगल के किनारे पर और नदी से सौ गज़ दूर खड़ा था।

पानी का प्रवाह साफ तौर पर ओसप्रे के शिकार करने का प्रिय क्षेत्र था। जब मादा अपने घोसलें पर बैठी थी, तब नर मछलीमार पक्षी इब्बोटसन दंपति के सिरों के ऊपर आगे और पीछे उड़ता रहा था। अंततः, इस व्यर्थ के परिश्रम करने से थक कर वह नदी के नीचे की ओर उड़ा, जहां पर कुछ आंशिक रूप से डूबी हुई शिलाएं नदी की सतह से एक छोटी धारा बनाते हुए बाहर निकली हुई थी। मछलियां स्पष्टतया इस स्थान को पार कर रही थी और एक दर्जन बार ओसप्रे एकदम खड़ा उड़ा, अपने पंखों को बंद किया और एक राकेट की तरह नीचे गया और पानी पर पहुंचने से पहले अपने पंखों और पूंछ को फैला कर अपने को संभाला और फिर दूसरे प्रयत्न को करने के लिए ऊंचाई प्राप्त करने के वास्ते अपने पंखों को फड़फड़ा कर ऊपर उठा। आखिर में, उसके धैर्य का उसे फल मिला, जब एक असावधान मछली पानी की सतह पर आ गई थी और एक पल को रूके बिना वह उस एक सपाट उड़ान से बिजली की गति से सौ फुट नीचे गोता लगा कर गया और राकेट की तरह पानी में घुस गया। उसके सुई की तरह नुकीले और लोहे की तरह मजबूत नाखूनों ने अपनी पकड़ बना ली थी, परंतु उसका शिकार उसके अनुमान से भारी था। वह बार–बार अपने पंखों को पूरी तरह फैला कर फड़फड़ाते हुए हवा में उठने का प्रयास करता था, परंतु प्रत्येक बार अपनी छाती के परों के बल डूब जाता था। मुझे आशा थी कि उसे अपना शिकार छोड़ना पड़ जाता, यदि इसी निर्णायक क्षण में उसकी सहायता के लिए यकायक ही हवा का एक तेज झोंका न आया होता जो नदी के ऊपर की ओर

बह रहा था। जैसे ही हवा उसके निकट पहुंची वह धारा के नीचे के प्रवाह की तरफ घूमा और अंतिम प्रयास करके मछली को पानी के ऊपर उठा लिया। उसका निवास उस दिशा के विपरीत था, जिधर वह अब जा रहा था, परंतु मुड़ना असंभव था, अतः किनारे की एक बड़ी शिला को उतरने के हेतु चुनने के बाद वह सीधे उसी तरफ गया।

केवल मैं ही अकेला ओसप्रे को देख नहीं रहा था, क्योंकि वह मुश्किल से शिला पर उतरा ही था कि एक महिला जो नदी के नेपाल की तरफ वाले तट पर कपड़े धो रही थी उत्तेजनापूर्ण स्वर में चिल्लाई। आवाज सुन कर नदी के तट पर उससे ऊंचाई पर एक लड़का आ गया। तीखी ढलान वाले रास्ते वह उस स्थान तक पहुंचा जहां पर वह महिला खड़ी थी। उसने निर्देशों को प्राप्त किया और चट्टानों से पूर्ण तट पर इस गति से गया कि उसके प्रत्येक पग पर उसकी गर्दन और शरीर के अंगों के टूटने का खतरा बना रहा। ओसप्रे ने अपने शिकार को ले जाने का कोई प्रयत्न नहीं किया और जैसे ही लड़का शिला तक पहुंचा, वह हवा में उड़ गया और उसके सर के ऊपर चक्कर लगाने लगा, जबकि वह लड़का अपने हाथों में पकडी मछली को, जिसका वजन चार पौंड रहा होगा, अपनी मां को दिखा रहा था।

उसके बाद कुछ समय तक ओसप्रे मेरी दृष्टि से ओझल हो गया और हमने अपना भोजन समाप्त कर ही लिया था, जब मैंने उसे दोबारा उस धारा की दिशा में हवा में उड़ते देखा जहां से उसने कुछ ही देर पहले एक मछली पकड़ी थी, जिसको लड़के ने उससे छीन लिया था। आगे और पीछे हमेशा एक ही ऊंचाई पर वह बहुत देर तक उड़ा और फिर वह ऊंचा उठा और उसने पचास फुट का गोता लगाया और फिर ऊपर उठा और सीधे पानी में घुस गया। इस बार उसका शिकार एक हल्की दो पाउंड वजन की कालाबास थी और बिना प्रयास किए उसने इसे पानी के ऊपर उठा लिया और इसे हवा

का दबाव कम करने के लिए एक तारपीड़ो की तरह पकड़े हुए अपने घोंसले की ओर उड़ा। उस दिन उसका भाग्य उसके साथ नहीं था, क्योंकि जब उसने घोंसले तक की आधी दूरी, तय कर ली थी, तभी एक पलाश मच्छगरूड़ जो उसके आकार और वजन से दो गुना था, पीछे से बहुत तेजी से उसके ऊपर आया। ओसप्रे ने उसे आते हुए देखा और अपनी दिशा को एक बिंदु पर दाहिनी ओर केंद्रित करके वह जंगल की ओर उड़ा, ताकि वह अपना पीछा करने वाले को पेड़ों की शाखाओं में चकमा दे सकेगा। गरूड़ ने उसके इस पैंतरे को भांप कर एक गुस्से से भरी चीख मारी और अपनी गति बढ़ाई। केवल बीस गज़ और सुरक्षा हेतु जाना ही था, परंतु जोखिम मोल लेना बहुत बड़ा खतरा था अतः कालाबास पर अपनी पकड़ छोड़ने के ठीक समय पर ओसप्रे सीधे ऊपर हवा में उड़ा। वह मछली एक गज़ भी नीचे न गिरी होगी कि गरूड़ ने उसे पकड़ लिया और एक भव्य चक्कर लगा कर मुड़ने के बाद नदी के नीचे की ओर उस दिशा में गया, जिधर से वह आया था। वह अपने लूट के माल को लेकर उतनी आसानी से बच निकलने वाला नहीं था, जितनी कि उसने अपेक्षा की थी, क्योंकि वह अपनी वापसी की यात्रा पर थोड़ी दूर ही गया होगा कि कौए का एक जोड़ा उसके पीछे पड़ गया, जो ओसप्रे द्वारा छोड़े गए शिकार को खाते थे और उनको दूर भगा देने के लिए वह जंगल की ओर जाने को मजबूर हो गया। जंगल के सिरे पर कौए वापस मुड़े और गरूड़ मुश्किल से दृष्टि से ओझल हुआ ही था कि तभी आकाश से गिरते हुए दो भूरे रंग के गरूड़ अविश्वसनीय गति से सीधे उसी रेखा में जाते दिखाई दिए थे जिधर पलाश मच्छगरूड़ गया था। मुझे बहुत ज्यादा अफसोस है कि मैं उस पीछा करने का अंत नहीं देख सका। यह देखकर कि उनमें से कोई भी पक्षी जंगल से ऊपर नही आया, मुझे संदेह था कि मच्छगरूड़ ने मछली पर अपनी पकड़ बहुत देर तक बनाए रखी होगी। मैंने केवल एक ही बार इससे ज्यादा दिलचस्प छीना–झपटी करना देखा है। उस अवसर पर मैं 18 हाथियों की एक

पंक्ति को घास में से ले जा रहा था। मेरे साथ में दस बंदूकधारी और पांच दर्शक भी थे जो हाथियों पर बैठ कर काले तीतरों का शिकार कर रहे थे कि तभी हमने एक झाड़ीपिद्दा (बुशचैट) को, जिसे एक बाशा (गौरेयाखोर बाज) ने हमारे हाथियों की पंक्ति के सामने ही मारा था, एक बार भी जमीन को छुए बिना, बाशा से लाल सिर वाले तुरूमुति, (मर्लिन) द्वारा झपटते हुए और उसके बाद शहूतेला (हनी बजार्ड) द्वारा छीने जाते हुए और अंत में एक शाहीन (पेरीग्रीन बाज) द्वारा झपट्टा मार कर ले जाते हुए देखा, जिसने उस छोटे पक्षी को समूचा ही निगल लिया था। यदि उन बंदूकधारियों अथवा दर्शकों में से कोई भी एक, जो उस फरवरी की सुबह को मेरे साथ था, इस अध्याय को पढ़ेगा तो उसे इस घटनाक्रम के बारे में याद आ जाएगा कि यह घटना रूद्रपुर के मैदान में घटी थी।

अगली सुबह शीघ्र ही नाश्ता करने के बाद हम कालादुंगा से चूका को गए जो पांच मील की आसान पैदल यात्रा थी। यह उन बड़े शानदार दिनों में से एक था जो एक मछलीमार की स्मृति में सदैव बने रहते हैं। सूर्य आरामदायक रूप से गर्म था। एक ठंडी हवा उत्तर से बह रही थी, और चिलवा मछलियों से भरपूर पानी की धारा भी बह रही थी और नदी भी बड़ी मछलियों से भरी पड़ी थी जो कि पकड़ने के लिए ही थी। हल्की डोरियों से मछलियां पकड़ते हुए हमें बहुत रोमांचकारी अनुभव हुए। हमने उस दिन का समापन पूरे शिविर में मौजूद तीस लोगों के खाने के लिए पर्याप्त मछलियां पकड़ कर ही किया।

3

नरभक्षी के विरूद्ध अभियान में हमारी सहायता और मानव जीवन की आगे होने वाली क्षति को रोकने के प्रयास के लिए, हमसे आगे टनकपुर से छः जवान नर भैंसे भेज दिए गए थे जिनको शेर के लिए चारे के रूप में उपयोग करना था। हमारे चूका में आगमन पर हमें बताया गया कि भैंसों को तीन रातों को बांधा गया था और यद्यपि उनमें से कुछ के पास एक शेर के पंजानिशान देखे गए थे, परंतु कोई भी मारा नहीं गया था। आगामी चार दिनों तक हम तड़के सुबह भैंसों को देखने जाते रहते थे और दिन में शेर से संपर्क करने का प्रयास करते थे और सांयकाल को झोंटों को बांधने के काम में लगाए गए आदमियों के साथ जाते थे। पांचवी सुबह को हमने पाया कि जिस भैंसे को थाक में उस जंगल के सिरे पर बांधा गया था जिसमें दो लड़कों ने अपनी जाने गवांई थी, उसे एक शेर ने मार डाला था और उठा ले गया था। अपने शिकार को घने जंगल में ले जाने की बजाय जैसे कि हमें उम्मीद थी, शेर इसे एक खुले मैदान में से ऊपर एक चट्टानी टीले में ले गया था। और ऐसा उसने स्पष्ट रूप से उस मचान के निकट से गुजरने से बचने के लिए किया था जिस पर से पहले दो अवसरों पर उस पर गोली चलाई गई थी और संभवतः वह घायल भी हो गया था। जब भैंसा कुछ दूर तक घसीट कर ले जाया गया तो इसके सींग दो चट्टानों के बीच मे फंस गए और इसे छुड़ाने में असमर्थ रहने पर, शेर ने शिकार के धड़ के हिस्से से कुछ पाउंड मांस खा कर उसे छोड़ा था। चारों तरफ घूम कर देखने के बाद कि शेर किस दिशा में गया था हमने इसके पगचिह्न भैंसों के एक लोटने के स्थल पर देखे जो कि जंगल और शिकार के बीच था। इन निशानों से पता चला कि भैंसे को मारने वाला एक बड़ा नर शेर था।

जिले के अधिकारियों द्वारा सामान्यतः यह माना जाता था कि नरभक्षी एक शेरनी थी। यह किस प्रमाण पर आधारित था, यह मुझे नहीं मालूम। भैंसों के लोटने के स्थल पर शेर के पंजों के निशान

देखने के बाद ग्रामवासियों ने कहा कि वे विभिन्न शेरों के पगचिह्नों में अंतर नहीं बता सकते थे और यह भी कि उनको यह मालूम न था कि नरभक्षी एक नर था या मादा था। परंतु उनको इतना जरूर पता था कि उसका एक दांत टूटा हुआ है। शेर के उन सभी शिकारों में भले ही वे मानव थे तथा पशु, जो उनके गांव के निकट किए गए थे, उन्होंने पाया था कि शेर का एक दांत केवल खाल को खुश्च ही पाता था और उसमें छेद नहीं करता था। इससे उन्होंने निष्कर्ष निकाला कि शेर का एक श्वदन्त टूटा हुआ था।

शिकार से बीस गज़ दूर जामुन का एक पेड़ था। चट्टानों के बीच से शिकार को घसीट कर बाहर निकालने के बाद हमने एक आदमी को पेड़ पर कुछ टहनियों को तोड़ने के लिए ऊपर भेजा जो पेड़ की उस एकमात्र शाखा पर से शिकार के दिखने में बाधा डाल रही थी जिस पर बैठना संभव था। टीले के शिखर पर स्थित यह एकाकी पेड़ आसपास के सारे जंगल की पूर्ण दृष्टि में आता था और जो आदमी इस पर चढ़ा उसने पूरी सावधानी बरतते हुए टहनियों को तोड़ा, फिर भी मैं सोचने को मजबूर था कि शेर ने उसे देख लिया था।

अब सुबह के 11 बज गए थे अतः अपने आदमियों को दोपहर का भोजन करने हेतु गांव को भेज कर हमने एक झाड़ी को चुना

जिसके नीचे हमने धूप से बचने के लिए शरण ली। हम बातें करते रहे और उंघते रहे और सारे दिन की गर्मी में बातें ही करते रहे। तीन बजे अपराहन् में, जब हम एक वन विहार भोजन कर रहे थे, कुछ कलीज फीजेंटस ने उस जंगल के किनारे पर, जहां भैंसा मारा गया था, उत्तेजित स्वर में चहचहाना आरंभ कर दिया और उनको सुन कर हमारे आदमी गांव से वापस आ गए। जब इब्बी और उसका विशाल ह्रदयवाला आदमी शामसिंह जंगल में शेर का ध्यान बंटाने के लिए वहां गए जहां पर फीजेन्ट्स कटकटा रहे थे तभी मैं जामुन के पेड़ पर चुपचाप चढ़ा। मुझे व्यवस्थित होने के लिए कुछ मिनटों का समय देने के बाद इब्बी और शामसिंह जंगल से बाहर निकले और मेरे दो आदमियों को थाक में छोड़ कर चूका स्थित हमारे शिविर में लौट गए।

इब्बी के जाने के थोड़ी ही देर बाद फीजेंटस ने पुनः कटकटाना आरंभ कर दिया, और थोड़ी देर बाद एक काकड़ ने बोलना शुरू किया। शेर स्पष्ट रूप से चल पड़ा था, परंतु वहां पर उसके सूर्यास्त होने से पहले और गांव को रात के लिए शांत होने से पूर्व खुले मैदान को पार करके शिकार पर आने की आशा बहुत कम थी। काकड़ लगभग 15 मिनट तक बोलता रहा और अंत में चुप हो गया और तबसे सूर्यास्त होने तक शेर के क्षेत्र में सिवाय पक्षियों के समूहों की प्राकृतिक आवाज़ों से जंगल शान्त था।

डूबते हुये सूर्य की लाल चमक शारदा नदी के पार नेपाल के पहाड़ों में धूमिल हो गई थी और गांव की आवाजें बंद हो गई थी, जब एक काकड़ भैंसों के लोटने के स्थान की ओर से बोला। शेर उसी रेखा की सीध में शिकार पर लौट रहा था जहां पर उसने अपने द्वारा पकड़े गए शिकार को छोड़ा था। मेरे सामने की एक सुविधाजनक शाखा से मुझे अपनी राइफल को टिकाने के लिए ठीक जगह मिल गई और जब शेर आएगा, तो मुझे अपने सिर को राइफल के कुंडे पर झुकाने के लिए की गई हलचल करने की ही आवश्यकता

पड़ती। कुछ समय बीता और मेरी उम्र का कुछ समय बढ़ गया और तभी पहाड़ी के ऊपर दो सौ गज़ दूर एक काकड़ अपनी चेतावनी भरी आवाज में बोला और मेरे निशाना लगाने की आशाएं जिनको मैंने दस में से एक रखा था, अब एक हजार में से एक पर गिर गई। यह अब एकदम स्पष्ट हो गया था कि शेर ने मेरे आदमी को पेड़ से टहनियों को तोड़ते हुए देख लिया था और यह भी कि सूर्यास्त के बाद और इस अंतिम काकड़ के बोलने के बीच वह पेड़ के निकट आया था और मुझे उस पर बैठा देख कर वह दूर चला गया था। उसके पश्चात् काकड़ और सांभर कुछ–कुछ अंतराल पर बोलते रहे। प्रत्येक आवाज, आखिर से थोड़ा दूर जाती हुई सुनाई दी। मध्य रात्रि को ये चेतावनी भरी आवाज़ें एक साथ रूक गई और जंगल रात की उस अवधि के लिए व्यवस्थित हो गया जिसका विधान प्रकृति द्वारा निश्चित किया हुआ था, जब संघर्ष रूक जाता है और जंगल के निवासी शांति से सो सकते हैं। उन लोगों ने जिन्होंने एक भारतीय जंगल में रात व्यतीत की है, यह ध्यान दिया होगा कि विश्राम का यह समय जो कि वर्ष के मौसम और चंद्रमा की कलाओं के अनुसार परिवर्तित होता रहता है और जिसका विस्तार एक नियम के रूप में मध्यरात से प्रातः 4 बजे तक होता है। इन घंटों के बीच में शिकारी सोते हैं और जो उनसे भयभीत रहते हैं, वे भी शांति से रहते हैं। मांसभक्षियों के लिए यह स्वाभाविक है कि वे मध्यरात से प्रातः 4 बजे तक सोएं, परंतु मैं यह सोचने को महत्व दूंगा कि प्रकृति ने इन कुछ घंटे को इसलिए विभाजित किया है कि जो जानवर इनसे (मांस–भोजियों से) अपने जीवन को बचाने के लिए भयभीत रहते हैं, वे थोड़ा विश्राम और शांति प्राप्त कर सकें।

दिवस आरंभ हुए कुछ ही मिनट हुए थे कि जब प्रत्येक जोड़ में ऐंठन आने के कारण मैं, पेड़ से नीचे उतरा और उस थर्मस की बोतल को जमीन से खोद कर निकाला जिसे इब्बोटसन ने बहुत सहृदय होकर एक झाड़ी के नीचे गाड़ दिया था, और बहुत आवश्यक चाय

की एक प्याली पीने लगा। थोड़ी देर बाद मेरे दो आदमी पहुंचे और जब हम शिकार को गिद्धों से बचाने के लिए उसे टहनियों से ढक रहे थे तो शेर आधे मील दूर स्थित एक पहाड़ से तीन बार बोला। जब मैं अपने शिविर को लौटते समय थाक से होकर गया तो गांव के वयोवृद्ध आदमी मुझे मिले और मुझसे विनती की, कि मैं गत रात की असफलता से हतोत्साहित न होऊं, क्योंकि उन्होंने कहा कि उन्होंने सितारों को देख लिया है और प्रार्थनाएं प्रस्तुत की थी और यदि शेर इस दिन नहीं मरेगा तो वह निश्चित रूप से अगले दिन, अन्यथा हो सकता है उसके अगले दिन तो मारा ही जाएगा।

एक गर्म स्नान और पेट भर भोजन ने मुझे तरोताजा कर दिया और अपराहन् 1 बजे मैं दोबारा थाक के तीखी चढ़ाई वाले पहाड़ पर चढ़ा और मेरे आगमन पर मुझे अवगत कराया गया कि एक सांभर गांव के ऊपर के पहाड़ पर कई बार टोंका था। मैं, शिविर से एक जीवित भैंसे के ऊपर बैठने के इरादे से निकला था और यह सुनिश्चित करने के लिए कि जब मैं ऐसा करूंगा तो शेर एक ही स्थान पर न खाए, जबकि मैं दूसरी जगह उसकी प्रतीक्षा करता रहूं, मैंने अखबार के कई पन्ने उस शिकार के पास बिछा दिये जिस के समीप मैं पिछली रात में बैठा था। वहां पर उस जंगल में एक आम गोपथ था जहां गांव वालों ने बताया था कि सांभर बोला था। इस मार्ग के किनारे एक पेड़ पर मैंने रस्सों का मचान बनाया और रास्ते पर एक जड़ से मैंने भैंसे को बांधा। मैं पेड़ पर अपराहन् 3 बजे चढ़ा और एक घंटे बाद पहले एक काकड़ और फिर एक शेर बोला जो कि घाटी के दूर की तरफ एक हजार गज़ दूर था। भैंसे को बड़ी मात्रा में हरी घास खाने के लिए उपलब्ध कराई गई थी और संपूर्ण रात्रि में वह घंटी बजती रही, जिसे मैंने उसके गले में बांधा था, परंतु वह शेर को आकर्षित करने में असफल रही। दिन निकलने पर मेरे आदमी मुझे लेने आए और उन्होंने मुझसे कहा कि सांभर और काकड़ रात में उस गहरी घाटी में बोले थे जिसमें लड़के की लाल टोपी और

फटे कपड़े मिले थे और जिसके निचले सिरे पर हमने गांव वालों के निवेदन पर भैंसा बांधा था।

जब मैं चूका वापस पहुंचा तो मैंने देखा कि इब्बी ने सूर्योदय से पूर्व ही शिविर को छोड़ दिया था। विगत संध्या को विलंब से समाचार प्राप्त हुआ था कि एक शेर ने एक बैल को लध्याघाटी से आठ मील ऊपर मार डाला था। इब्बी शिकार के ऊपर शेर के किसी भी भाग को देखे बिना सारी रात बैठा रहा था और अगली सांय को वह विलंब से शिविर में वापस लौट आया था।

4

मेरे द्वारा जिंदा भैंसे के ऊपर पेड़ पर रात बिताने के बाद जीन और मैं नाश्ता कर रहे थे, जब वे लोग जिनको हमारे बचे हुए पांच भैंसों को बांधने के कार्य पर रखा गया था हमे सूचना देने अंदर आए कि वह भैंसा गायब था जिसे उन्होंने घाटी के निचले सिरे पर बांधा था और जिसमें मेरे आदमियों ने गत रात को सांभर और काकड़ को बोलते हुए सुना था। जब हमें यह समाचार दिया जा रहा था तभी प्रभागीय वन अधिकारी मैकडोनाल्ड वहां पहुंच गए, जो उस दिन अपना शिविर कालाढुंगा से चूका ले जा रहे थे। उन्होंने हमे बताया कि उन्होंने एक शेर के पंजे के निशान घाटी के निचले सिरे पर देखे थे, जहां उन्होंने अनुमान लगाया कि हमारा एक भैंसा बांधा गया था। पंजो के ये निशान, मैक ने कहा उनके समान थे जिनको उन्होंने थाक में तब देखा था जब पहले की एक यात्रा में उन्होंने नरभक्षी को मारने का प्रयास किया था।

नाश्ता करने के बाद जीन और मैक तो नदी के नीचे की तरफ मछली पकड़ने गए। जबकि मैं शामसिंह के साथ यह पता लगाने गया कि लापता हुए भैंसे के साथ क्या कुछ हुआ था। टूटी रस्सी और शेर के पंजों के निशान के सिवाय वहां पर ऐसा कुछ भी न था जो यह दर्शाता कि भैंसा मार दिया

गया था। तथापि चारों तरफ नजर डालने के बाद मैंने वह स्थान देखा जहां पर भैंसें का एक सींग जमीन के संपर्क में आ गया था और यहां से आगे खून के अच्छे सुस्पष्ट चिह्न जा रहे थे। इसका यह अर्थ था कि या तो शेर भैंसे को मारने के बाद अपनी दिशा भूल गया था अथवा वह अपने पगचिह्नों को छिपा रहा था, यह मुझे नही मालूम, क्योंकि अपने शिकार को कई मीलों तक सबसे कठिन क्षेत्र में से ले जाने के बाद वह उसे घाटी में उसी जगह से दो सौ गज़ दूर तक वापस ले आया था, जहां से वह चला था। इस स्थान पर घाटी बोतल की गर्दन की तरह संकरी हो गई थी जो दस फुट चौड़ी थी। शेर संभवतः अपने शिकार के साथ संकीर्ण स्थान के दूर वाले किनारे पर लेटा हुआ था। क्योंकि मेरा इरादा था कि मैं सारी रात उसके लिए बैठा रहूंगा, अतः बैठने से पहले मैंने मछली पकड़ने वालों का साथ देने और उनके साथ दोपहर के भोजन में शामिल होने का निर्णय लिया।

भूख शांत करने के बाद मैं, शामसिंह और मछली पकड़ने वाले दल से तीन आदमी उधार ले कर लौटा क्योंकि यदि मुझे शिकार दिख गया और मैं उसके ऊपर बैठा तो शामसिंह के लिए शिविर तक अकेले सुरक्षित लौटना संभव नहीं होता। चार आदमियों से काफी आगे चलकर मैं उस संकीर्ण स्थान के निकट दूसरी बार गया और जैसे ही मैंने ऐसा किया शेर ने गुर्राना आरंभ कर दिया। घाटी यहां पर तीखी चढ़ाई वाली और बड़े पत्थरों से भरी थी और शेर झाड़ियों के घने पर्दे के पीछे से गरज रहा था और ठीक मेरे सामने बीस गज़ की दूरी पर था। एक छिपे हुए शेर की निकट से गुर्राहट की आवाज जंगल में सबसे ज्यादा डराने वाली होती है और घुसपैठ करने वालों के लिए एक निश्चित चेतावनी होती है कि वे और निकट न आएं। उस सीमित स्थान में और शेर के प्रभावशाली स्थिति में होने पर और ज्यादा नजदीक जाना मूर्खता ही होती। अतः आदमियों को वापस लौटने का इशारा करने के बाद और उनको ऐसा करने को कुछ मिनट देने के बाद मैंने पीछे की तरफ बहुत धीरे चलना आरंभ किया,

जो किसी ऐसे जानवर से दूर हटने का एकमात्र सुरक्षित तरीका है, जिससे आप कोई संपर्क करने को उत्सुक न हो। जैसे ही मैं उस संकीर्ण स्थान से एकदम बाहर आया, मैं मुड़ा और आदमियों को सीटी बजाकर रूकने को कहकर, एक सौ गज़ दूर घाटी के नीचे उनसे फिर जा मिला। मुझे अब, ठीक–ठीक मालूम था कि शेर कहां है, और मैंने अपने को आश्वस्त महसूस किया कि मैं उससे निबट पाऊंगा। अतः, आदमियों से पुनः मिलने पर मैंने उनसे मुझे छोड़ देने और मछली पकड़ने वाले दल के पास लौटने का कहा। ऐसा करने को वे बहुत प्राकृतिक रूप से डरे हुए थे क्योंकि उनको विश्वास था, जैसा कि मुझे भी था, कि जिस शेर को उन्होंने अभी गरजते हुए सुना है वह एक नरभक्षी था और उन्होंने मेरी राइफल की सुरक्षा चाही थी। उनको अपने साथ ले जाकर छोड़ने पर मेरे दो घंटे व्यर्थ चले जाते और क्योंकि हम साल के जंगल में थे और वहां पर चढ़ने योग्य कोई भी पेड़ नहीं दिखाई दे रहा था, अतः, आवश्यकतावश मुझे उन्हें अपने साथ ही रखना पड़ा।

बाईं ओर की खड़ी चढ़ाई वाले किनारे पर चढ़ कर हम घाटी से दो सौ गज़ दूर तक सीधे गए। यहां हम बांई तरफ मुड़े और जब मैं दो सौ कदम की दूरी चल चुका तो फिर हम बाईं तरफ मुड़े और घाटी में उस स्थान से सौ गज़ ऊपर आ गए जहां हमने शेर की गुर्राहट सुनी थी। अब बाजी पलट चुकी थी और हमें स्थिति का लाभ प्राप्त था। मुझे पता था कि शेर नीचे घाटी में नहीं जाएगा क्योंकि उसने कुछ ही मिनट पहले उस दिशा में मनुष्यों को देखा था और न ही वह घाटी के ऊपर जायेगा क्योंकि ऐसा करने के लिए उसे हमारे निकट से जाना पड़ेगा। हमारी तरफ का किनारा तीस फुट ऊंचा और झाड़ियों से विहीन था। अतः एकमात्र रास्ता जिसमें शेर उस स्थिति से निकल पाता जिसमें हमने युक्तिचालन द्वारा उसे पहुंचा दिया था, वह ये था कि वह विपरीत दिशा के पहाड़ के ऊपर जाए। दस मिनट तक हम घाटी के किनारे पर बैठे रहे और अपने सामने

की जमीन के प्रत्येक फुट का बारीकी से निरीक्षण किया, फिर कुछ कदम पीछे हट कर हम बाईं तरफ तीस गज़ तक गए और पुनः सिरे पर बैठ गए और जैसे ही हमने ऐसा किया, जो आदमी मेरे ठीक पास बैठा था, वह फुसफुसाया, शेर, और उसने घाटी के पार इशारा किया। मैं कुछ नहीं देख सका और उस आदमी से पूछा कि वह शेर का कितना हिस्सा देख सकता है और उसकी स्थिति का वर्णन करे। उसने कहा कि उसने शेर के कानों को हिलते देखा है और वह कुछ सूखी पत्तियों के निकट था। एक शेर के कान पचास गज़ की दूरी से सुस्पष्ट वस्तु नहीं होते हैं और क्योंकि जमीन पर सूखे पत्तियों का कालीन बिछा हुआ था। इसलिए उसके वर्णन ने मुझे शेर की स्थिति को पता लगाने में कोई सहायता नहीं की। मेरे पीछे के आदमियों की सांसों से स्पष्ट था कि उत्तेजना अब पूरी पराकाष्ठा पर पहुंच रही थी। उसी समय आदमियों में से एक बेहतर रूप से देखने के लिए खड़ा हुआ और शेर, जो कि हमारी तरफ मुंह किए हुए लेटा था, खड़ा हुआ और पहाड़ के ऊपर जाने लगा और जैसे ही उसका सिर एक झाड़ी के पीछे से निकला मैंने गोली दागी। मेरी गोली, मैंने बाद में पाया कि उसकी गर्दन की खाल को छूती हुई निकल गयी थी और एक शिला से टकरा कर टूट कर लौटी जिसने उसे सीधे हवा में उछलने को मजबूर किया और नीचे गिरने पर वह एक बड़ी लता में फंस गया, जिससे अपने को छुडाने में उसे थोड़ी परेशानी हुई। जब हमने उसे भूमि पर संघर्ष करते देखा, तो हमने सोचा वह अच्छे के लिए ही गिरा था, परंतु जब वह अपने पैरों पर पुनः खड़ा हुआ और सरपट भाग गया, तो शाम सिंह ने कहा कि वह घायल नहीं हुआ था, जिससे मैं भी सहमत था। आदमियों को छोड़ कर मैंने खड्ड को पार किया और जमीन का निरीक्षण करने के बाद उन लंबे बालों को देखा जिनको गोली ने उड़ा दिया तथा टुकड़े–टुकड़े हुई चट्टान और चीरी और काटी गई लता को भी पाया, परंतु मुझे कोई खून नहीं मिला।

किसी भी जानवर को गोली लगने के बाद खून हमेशा तुरंत ही बहने नहीं लगता है और हो सकता है कि मेरे गोली चलाने के दृश्य का वर्णन गलत रहा हो, अतः यह आवश्यक था कि शिकार को ढूंढा जाए क्योंकि वह मुझे कल बता देगा कि शेर घायल हुआ था अथवा नहीं। यहां पर हमें थोड़ी कठिनाई हुई थी और जब तक हम उस स्थान पर दो बार नहीं चले गए थे हमें अंततः शिकार पानी के एक चार फुट गहरे कुंड में मिल गया, जहां पर शेर ने उसे स्पष्ट रूप से बर्रों और भिनभिनाने वाली मक्खियों से सुरक्षित रखने के लिए रखा था। मछली पकड़ने वाले दल से उधार लिये तीन आदमियों को वापस भेजकर, क्योंकि अब यह करना सुरक्षित था– शामसिंह और मैं एक घंटे तक शिकार के निकट ही जंगल की आवाजों को सुनने के लिए छुपे रहे और फिर कुछ भी न सुनने पर शिविर को लौटे। अगली सुबह शीघ्र ही नाश्ता करने के बाद मैं और मैक घाटी में वापस लौटे और पाया कि शेर ने शिकार को पानी के कुंड से हटा दिया था और थोड़ी दूर ले जाकर केवल सिर और खुरों को छोड़ कर समूचा खा लिया था। इससे तथा जमीन पर खून न मिलने से, जिस पर वह लेटा हुआ खा रहा था, यह प्रमाण मिला था कि शेर घायल नहीं हुआ था और वह अपने डर से उबर चुका था।

जब हम शिविर में वापस पहुंचे तो हमे सूचना मिली कि, एक गाय को एक खुली चौड़ी घाटी में लध्या नदी के पार मार डाला गया है और जिन आदमियों ने उसे देखा था, उन्होंने उसे टहनियों से ढ़क दिया था। इब्बी लध्या के ऊपर आठ मील दूर गांव की यात्रा से अभी नहीं लौटा था और दोपहर का भोजन करने के बाद मैक और मैं गाय को ढूंढने निकल पड़े। इसे मध्याह्न में ढका गया था और थोड़ी देर बाद ही शेर लौटा था, उसने इसे टहनियों के नीचे से खोद निकाला था और बिना कोई घसीट के निशान छोड़े उठा ले गया था। यहां पर जंगल साल के बड़े पेड़ों का था, जिनके नीचे झाड़ियां नहीं थी। अतः हमे शिकार को ढूंढने में एक घंटा लगा जहां शेर ने इसे सूखी

पत्तियों के एक बड़े ढ़ेर के नीचे दबा रखा था। निकट के एक पेड़ पर मैक ने बड़ी दिलेरी से मेरे लिए एक मचान बनाया जबकि मैंने धूम्रपान करते हुये उसकी पानी की बोतल खाली कर दी। छाया का तापमान लगभग 110 डिग्री था और मुझे पेड़ पर चढ़ते हुए देखकर वह शिविर को लौट गया। एक घंटे बाद घाटी के दूसरी पार स्थित एक सीधी चढ़ाई वाले पहाड़ से लुढ़क कर आते हुए एक छोटे पत्थर ने मेरा ध्यान आकर्षित किया और थोड़ी देर में एक शेरनी दिखाई दी, जिसके पीछे दो छोटे शावक चल रहे थे। यह बिल्कुल साफतौर पर प्रथम अवसर था जब शावकों को किसी शिकार पर कभी ले जाया जा रहा था, और यह देखना बहुत रोचक था कि मां कितने कष्ट उठा कर उनको आगे चलते समय मार्ग के खतरों से अवगत कराना चाहती थी और ऐसा करते हुए बड़ी सावधानी रखना कितना आवश्यक था। शावकों का व्यवहार भी उनकी मां की तरह दिलचस्प था, पग पर पग रखते हुए वे उसके पीछे चल रहे थे। न तो एक दूसरे से और न ही अपनी मां से आगे जाने का प्रयत्न करते थे। हर बाधा से बचते हुए, जिसको मां छोड़ती थी चाहे वह कितनी ही छोटी ही क्यों न हो, और जब वह सुनने के लिए रूकती थी, तो वे एकदम स्थिर रहते थे, जैसा कि वह प्रत्येक कुछ गज़ बाद करती थी। ज़मीन साल के बड़े पत्तों से ढ़की हुई थी, जो कि बहुत सूखे तथा कोमल थे और जिन पर निःशब्द चलना असंभव था, फिर भी प्रत्येक पग सावधानी से नीचे रखा जाता और उतनी ही सावधानी से उठाया जाता और जितनी धीमी संभव हो सकती उतनी आवाज निकलती थी।

खड्ड को पार करके शेरनी, जिसके एकदम पीछे शावक चल रहे थे, मेरी तरफ आई और मेरे पेड़ के पीछे से गुजर कर, एक सपाट ज़मीन के टुकड़े पर लेट गई जिसके ऊपर से शिकार दिखाई दे रहा था और जो उससे लगभग 30 गज़ दूर था। उसके लेटने का स्पष्ट अर्थ था कि शावक उसी दिशा में आगे जायें, जिधर उसकी नाक इंगित कर रही थी। और उन्होंने ऐसा करना आरंभ किया। जाने किन

साधनों से मां ने अपने शावकों को यह सूचना दी कि वहां पर उस स्थान पर उनके लिए भोजन था, ये मैं नहीं जानता परंतु उसने यह सूचना उनको संप्रेषित कर दी थी, उसके बारे में कोई प्रश्न ही नहीं उठता था। अपनी मां से आगे जाने के बाद, जब वह लेट गई थी और उसी सावधानी को बरतते हुए जिसको उनको तब करने को कहा गया था जब वे उसके पीछे आ रहे थे, वे इस आशय से निकल पड़े कि वे एक निश्चित वस्तु को खोजने जा रहे थे। मैंने बार–बार कहा है कि शेरों में सूंघने की शक्ति नहीं होती है और शावक मुझे उस दावे का पूरा प्रमाण दे रहे थे। यद्यपि उस शिकार के बारे में हमें आज प्रातः ही बताया गया था जबकि गाय वास्तव में उसके एक दिन पूर्व मारी गई थी और सूखी पत्तियों के ढ़ेर के नीचे छिपाने से पहले शेरनी ने उसका बड़ा भाग खा लिया था। मौसम जैसा कि मैं बता चुका हूं बहुत गर्म था और यह दुर्गंध ही थी जिसके द्वारा अंततः मैक और मैं शिकार को खोजने में समर्थ हो सके थे। यहां अब दो भूखे शावक थे जो कि ऊपर और नीचे, आगे और पीछे एक दर्जन बार शिकार के एक गज़ की दूरी से जा रहे और लौट रहे थे परंतु फिर भी उसे ढूंढ़ पाने में असमर्थ थे। यह भिनभिनानें वाली मक्खियां ही थी जिन्होंने उसकी स्थिति का पता बता दिया और कुछ देर बाद शावक उसे पाने में समर्थ हुए। उसको पत्तियों के नीचे से बाहर खींचने के बाद शावक एक साथ बैठकर अपना भोजन करने लगे। शेरनी ने अपने शावकों को उतना ही ध्यानपूर्वक देखा था, जितना कि मैंने और केवल एक बार जब वे उस स्थान से बहुत ज्यादा दूर खोज रहे थे, शेरनी ने उनसे संप्रेषण किया। जैसे ही शिकार को ढूंढ लिया गया, मां अपनी टांगे हवा में उठा कर पीठ के बल लेट गई और सो गई।

जब मैं शावकों को खाते हुए देख रहा था, तब मुझे ऐसे ही एक दृश्य की याद आ

गई, जिसको मैंने कुछ वर्षों पूर्व त्रिशूल के आधार पर देखा था। मैं एक चोटी पर लेट कर दूरबीन की सहायता से अपने से विपरीत दिशा में स्थित एक सीधी खड़ी चट्टान का थार के लिए निरीक्षण कर रहा था, जो कि सभी हिमालयी बकरियों में से कदम का सच्चा होता है। खड़ी चट्टान की आधी दूरी पर एक कगार में एक थार और उसका बच्चा लेट कर सो रहे थे। थोड़ी देर में थार अपने पैरों पर खड़ी हुई, अपने शरीर को फैलाया और बच्चा तुरंत ही उसका दूध पीने लगा। एक या दो मिनट बाद मां ने अपने को छुड़ा लिया, कगार के साथ कुछ कदम आगे बढ़ी, एक क्षण को रूकी और एक दूसरी और संकरी कगार पर नीचे कूदी जो उससे बारह से पन्द्रह फुट नीचे थी। जैसे ही बच्चा अकेला छोड़ दिया गया, वह आगे और पीछे दौड़ने लगा, और बार–बार रूक कर नीचे अपनी मां की ओर देखने लगा, परंतु उसमें इतना साहस न था कि वह उसके पास नीचे कूद जाता, क्योंकि कुछ इंच चौड़ी कगार के नीचे एक हजार फुट की सीधी खाई थी। मैं इतनी दूरी पर लेटा था कि मैं यह सुन नहीं सकता था कि क्या मां अपने बच्चे को प्रोत्साहित कर रही थी। परंतु जिस तरह उसका सिर मुड़ा हुआ था, मुझे विश्वास था कि वह ऐसा ही कर रही थी। बच्चा अब ज्यादा से ज्यादा चपल होता जा रहा था और संभवतः इस डर से कि वह कुछ मूर्खतापूर्ण कदम न उठा ले, मां उस सीधी–खड़ी चट्टान पर स्थित एक छोटी दरार से ऊपर चढ़ी और अपने बच्चे के पास पुनः पहुंची। ऐसा करने के तुरंत बाद वह लेट गई क्योंकि वह बच्चे को दूध नहीं पिलाना चाहती थी। थोड़ी देर बाद वह अपने पैरों पर खड़ी हो गई, बच्चे को एक मिनट तक दूध पीने दिया, किनारे पर सावधानीपूर्वक मुद्रा बनाई और नीचे कूद गई जब कि बच्चा फिर उसके ऊपर पीछे और आगे दौड़ा। अगले आधे घंटे के समय में सात बार यही प्रक्रिया दोहराई गई जब तक कि आखिर में बच्चा अपने को भाग्य के सहारे छोड़ कर नीचे कूदा और अपनी मां की बगल में सुरक्षित पहुंच गया और तभी उसे भरपेट दूध पीने का इनाम मिला।

वह पाठ जो कि वह अपने बच्चे को पढ़ाना चाहती थी वह यह था कि जहां भी वह उसे ले जाएगी, उसके पीछे चलना सुरक्षित है। उस दिन वह पाठ पूरा हो गया था। सहज बुद्धि सहायता करती है, परंतु यह मां का अनंत धैर्य ही है, और उसकी संतति की संदेहरहित आज्ञाकारिता है जो कि जंगल में सभी जानवरों के बच्चों को परिपक्व होने हेतु समर्थ बनाती है। मुझे दुख है कि मेरे पास संसाधनों की कमी थी, जब मुझे विभिन्न प्रजातियों के जानवरों के चलचित्र बनाने के अवसर मिलते थे, जिनको मैंने अपने बच्चों को प्रशिक्षण देते हुए देखा है, क्योंकि जंगल में इससे अधिक रोचक देखने योग्य कुछ भी नहीं है।

जब शावकों ने अपना भोजन समाप्त कर लिया, तब वे अपनी मां के पास लौटे और वह उनको साफ करने में जुट गई। उनको पलटते हुए और उस सारे खून को चाटने लगी जो खाते समय उनके शरीर पर लग गया था। जब यह कार्य उसके पूर्णतः संतुष्ट होने तक पूर्ण हुआ तो वह चल पड़ी। शावक उसके पीछे चल रहे थे, क्योंकि शिकार में कुछ भी शेष नहीं बचा था और नदी के इस तरफ उसके शावकों के लिए सुविधाजनक आड़ भी नहीं थी।

मुझे नहीं मालूम था और इससे कोई अंतर नहीं पड़ता था कि जिस शेरनी को मैंने उस दिन इतनी उत्सुकता से देखा था, वह बाद में गोली के घावों के कारण एक नरभक्षी बन गई थी और उन सबके लिए एक आतंक बन गई थी जो लध्याघाटी और उसके चारों तरफ के गांवों में निवास करते और कार्य करते थे।

5

थाक के शिकार को जिसके नजदीक मैं पहली रात को बैठा था गिद्धों के खाने के लिए उघेड़ दिया गया था और घाटी के सिर पर दूसरा भैंसा बांध दिया था, जो गांव के पश्चिम की ओर तथा पुराने शिकार के दो सौ गज़ दूर था। चार सुबहों के बाद थाक के मुखिया ने हमारे

लिए संदेश भेजा कि वह भैंसा एक शेर द्वारा मार दिया गया है जो उसे उठा ले गया है।

हमारी तैयारियां शीघ्र ही कर ली गई और एक अत्याधिक भीषण चढ़ाई तय करने के बाद, मध्याह्न में, इब्बी और मैं हत्या के स्थल तक पहुंचे। शेर ने भैंसे को मारने और एक मजबूत रस्सी को तोड़ने के बाद शिकार को उठा लिया था और सीधे नीचे घाटी में चला गया था। उन दो आदमियों को, जो हमारा भोजन ला रहे थे अपने पीछे–पीछे निकट रहकर आने को कह कर हम घसीट के निशानों का पीछा करने चल पड़े। जल्दी ही यह स्पष्ट हो गया कि शेर किसी निश्चित स्थान की ओर जा रहा था, क्योंकि वह हमें दो मील तक घनी झाड़–झंखाड़, तीखी ढालदार किनारों से, बिच्छू घास के बीच से, रसभरी की झाड़ियों से, गिरे हुए पेड़ों के ऊपर तथा नीचे से और बड़ी–बड़ी चट्टानों से होकर ले गया और अंत में उसने अपने शिकार को छतरी की आकृति वाले काफल के एक पेड़ के नीचे एक खोखल में रख दिया था। भैंसा पिछली रात को मारा गया था और यह तथ्य बेचैन कर देने वाला था कि शेर ने उसे कुछ भी खाए बिना छोड़ दिया था तथापि शेर ने अपने शिकार को इस स्थान तक लाने में बहुत परिश्रम व्यर्थ में ही नहीं किया था और यदि सब कुछ अच्छा रहा तो वहां पर यह उम्मीद करने का प्रत्येक कारण था कि वह अपने शिकार के पास वापस लौटेगा क्योंकि भैंसे की गर्दन पर पड़े दांतों के निशानों से हमे ज्ञात था कि वह वही नरभक्षी था जिसे हम खोज रहे थे न कि केवल एक सामान्य शेर।

थाक तक भीषण गर्मी में चलने पर और बाद में घने जंगल से कठिन मार्ग की उतराई में चलने से हम पसीने से लथपथ हो गए थे और जब हम गड्ढे में खाना खाकर चाय पीते हुए विश्राम कर रहे थे, तब मैंने एक सुविधाजनक वृक्ष को देखने के लिए चारों तरफ नजर डाली, जिस पर मैं बैठ सकता था और यदि आवश्यक हुआ तो रात व्यतीत कर सकता। गड्ढे के बाहरी किनारे की ओर तथा पहाड़ से

45^0 के कोण पर झुका हुआ एक पीपल का पेड़ था। इसने अपना जीवन वन के किसी भीमकाय पेड़ के किसी सड़े हुए भाग में आरंभ किया था। फिर मातृवृक्ष को उसके चारों तरफ पत्तों की जालियों से जकड़ कर मार डाला था और पत्तों की यही जालियां अब संयुक्त होकर परजीवी के लिए एक शाखा के निर्माण करने के दौर में थी। ज़मीन से दस फुट ऊपर जहां पर जालियां रूक गई थी और मातृवृक्ष सड़ कर गिर गया था, वहां एक सुविधाजनक आसन प्रतीत होता था जिस पर मैंने बैठने का निर्णय लिया।

खाना खाकर और एक सिगरेट पीने के बाद इब्बी हमारे दो आदमियों को दाहिनी तरफ साठ गज़ दूर ले गया और उनको एक पेड़ पर चढ़ कर कुछ शाखाओं को हिलाने और मचान बनाने का ढोंग करने को कहा, ताकि उस स्थिति में शेर का ध्यान बंट जाए, यदि

वह निकट ही लेटा हुआ हो हमें देख रहा हो जबकि मैं जितना संभव हो सके उतनी खामोशी से पीपल के पेड़ पर चढ़ा। वह स्थान जो मैंने चुना था, आगे को ढलवा था और उस पर सड़ी हुई लकड़ी और सूखी हुई पत्तियां पड़ी हुई थी, और इस डर से कि यदि मैंने उनको हटाया तो आवाज़ और हलचल होगी जिसे शेर सुन सकता था। मैंने उनको, जैसी स्थति में वे थी वैसा ही रहने दिया और उनके ऊपर पूरे विश्वास से बैठ गया कि वहां पर मेरे नीचे खोखले तने में सांप अथवा बिच्छू नहीं होंगे। जालियों के बीच एक छेद में से अपने पैरों को निकालने के बाद ताकि मैं आगे की ओर गिर ना जाऊं, मैंने अपने को उतना आरामदायक बना लिया जितना स्थितियां अनुमति देती थी और जब मैंने ऐसा कर लिया था तब इब्बी ने आदमियों को पेड़ से

उतर जाने को कहा और उनके साथ ज़ोर–ज़ोर से बातें करता हुआ दूर चला गया।

वह वृक्ष जिसे मैंने बैठने के लिए चुना था, जैसा कि मैं पहले भी बता चुका हूं बाहर की तरह 45° के कोण पर झुका हुआ था और मेरे से एकदम दस फुट नीचे सपाट मैदान का लगभग दस फुट चौड़ा और बीस फुट लंबा एक छोटा टुकड़ा था। इस सपाट मैदान के टुकड़े से पहाड़ खड़ी ढाल पर दूर नीचे जाता था जिसमें लंबी घास और घनी झाड़–झंखाड़ के टुकड़े थे जिसके ऊपर मैं एक जलधारा के बहने की आवाज सुन सकता था और जो शेर के लेटने के लिए आदर्श स्थान था।

इब्बी और दोनों व्यक्तियों को गए हुए पंद्रह मिनट ही हुए होंगे, जब घाटी के दूर की तरफ से एक लाल बंदर ने चेतावनी भरे स्वर में जंगल के निवासियों को एक शेर की उपस्थिति की सूचना दी। इस तथ्य से कि यह बंदर तब नही बोला था जब हम घिसटन का पीछा करते हुये पहाड़ से नीचे आ रहे थे, यह स्पष्ट था कि शेर हमारे आगमन पर अपनी जगह से दूर नहीं गया था और वह उन आवाज़ों को सुनकर जो उसने शिकार के नज़दीक सुनी थी, अब जांच–पड़ताल करने आ रहा था, जैसे कि शेर करते हैं। बंदरों को असाधारण दृष्टि का वरदान प्राप्त है और जो बंदर बोल रहा था वह एक चौथाई मील दूर था। यह भी संभव था कि जिस पर वह बोल रहा था वह शेर मेरे निकट ही था।

मैं, पहाड़ की तरफ मुख करके बैठा था, जबकि शिकार मेरे सामने बाएं तरफ था और बंदर केवल आठ बार ही बोला होगा जब मैने अपने पीछे सीधी खड़ी ढलान वाली पहाड़ी के नीचे एक टहनी के चटखने की आवाज सुनी। अपने सिर को दाहिनी ओर घुमाने पर और उन जालियों के बीच से देखने पर जो इस ओर मेरे सिर के थोड़ा ऊपर तक फैली हुई थी। मैंने लगभग चालीस गज़ की दूरी से शेर को खड़े हुए और मेरे पेड़ की तरफ देखते हुए देखा। काफी

समय तक वह बारी–बारी से मेरी दिशा और उस पेड़ की दिशा में देखता हुआ खड़ा रहा, जिसमें दो आदमी चढ़े थे, जब उसने आखिरकार मेरी दिशा में आने का फैसला किया तब वह तीखी खड़ी पहाड़ी पर ऊपर चढ़ने लगा। किसी भी मनुष्य द्वारा उस खड़ी कगार तथा कठिन जमीन पर बिना हाथों का प्रयोग किए और बहुत शोरगुल करे बिना चढ़ना संभव नहीं हो सकता था। परंतु शेर ने वह करतब बिना आवाज किए हुए पूरा किया। जितना ही निकट वह सपाट मैदान मे आता था, उतना ही वह चौकन्ना होता जाता था और अपने पेट को जमीन से एकदम सटा कर रखता था। जब वह ऊपरी किनारे के ठीक पास पहुंचा, तब उसने बहुत धीरे से अपना सिर उठाया, और उस पेड़ पर जिसमें आदमी चढ़े थे, बहुत देर तक दृष्टि डाली और संतुष्ट हो जाने के बाद कि वहां कोई नहीं था। वह सपाट मैदान पर ऊपर कूदा और मेरे वृक्ष के नीचे दृष्टि से ओझल हो गया। मैंने उसे अपने बाईं तरफ आने और शिकार की तरफ जाने की उम्मीद की थी। जब मैं, उसके ऐसा करने की प्रतीक्षा कर रहा था तभी मैंने पेड़ के नीचे की सूखी पत्तियों को पिसते हुए सुना जब वह उन पर लेट गया था।

अगले लगभग 15 मिनट तक मैं पूर्णतया स्थिर बैठा रहा और शेर की तरफ से मुझे आगे कोई आवाज नहीं सुनाई पड़ी। मैंने अपना सिर दाहिनी ओर घुमाया और अपनी गर्दन को झुका कर जालियों के मध्य के एक छिद्र से नीचे झांका और शेर का सिर देखा। यदि मैं अपनी आंखों से आंसू की एक बूंद को बाहर निकाल कर उसे छेद से नीचे गिराता तो मुझे विश्वास था कि वह एकदम उसकी नाक पर ही गिरती। उसकी ठोडी जमीन पर टिकी हुई थी और उसकी आंखें बंद थीं। तुरंत ही उसने उनको खोला, मक्खियों को भगाने के लिए मिचकाया और फिर उनको दोबारा बंद कर दिया और सो गया। अपनी स्थिति को पुनः प्राप्त करने के बाद मैंने अब अपना सिर बाईं तरफ को घुमाया। इस तरफ कोई जालियां नही थीं और न हीं कोई

शाखाएं थी जिन पर मैं टेक लगा सकता और जब मैंने अपना संतुलन खोए हुए बिना अपनी गर्दन को उतनी दूर तक झुकाया, जितना संभव था और नीचे झांका तो पाया कि मैं केवल शेर की पूंछ का काफी हिस्सा और पिछली एक टांग का हिस्सा ही देख सकता था।

स्थिति पर सोच–विचार करना आवश्यक था। पेड़ का तना जिससे मैं अपनी पीठ टिका कर बैठा था, मोटे तौर पर तीन फुट मोटा था और ठीक आड़ प्रदान करता था। अतः वहां शेर के द्वारा मुझे देखे जाने की कोई संभावना नहीं थी। यह बिल्कुल निश्चित था कि यदि उसे छेड़ा नहीं गया तो वह शिकार खाने जाएगा और अब प्रश्न यह था कि वह कब शिकार खाने जाएगा? यह एक गर्म दोपहरी थी, परंतु जिस स्थान को उसने लेटने के जिए चुना था वह मेरे वृक्ष की गहरी छाया में था और इसके अतिरिक्त घाटी से ऊपर की तरफ ठंडी हवा बह रही थी। इन मनभावन परिस्थितियों में वह घंटों तक सो सकता था और सूर्य के प्रकाश के खत्म होने तक भी शिकार पर न जाता, जिससे मेरे द्वारा उस पर गोली चलाने का मौका भी चला जाता। शेर की इच्छा पर प्रतीक्षा करने का जोखिम नहीं लिया जा सकता था क्योंकि दिए गए कारण के अलावा हमारे पास उपलब्ध समय लगभग पूरा होने को था और शेर को मारने का यह अंतिम अवसर ही मुझे मिल सकता था, जिस पर काफी लोगों की जिंदगी निर्भर करती थी। गोली चलाने के अवसर की प्रतीक्षा करना अविवेकपूर्ण था, तब वहां पर शेर से उसी स्थान पर जहां वह लेटा था, निबटने की संभावना ही रह जाती थी। मेरे दाहिनी तरह की जालियों में अनेक छिद्र थे जिनमें मैं सरलता से अपनी राइफल की नाल को घुसेड़ सकता था। परंतु ऐसा करने के पश्चात राइफल की नाल की दृष्टिका को शेर के सिर की सीध में पर्याप्त रूप से झुकाना संभव नहीं हो सकता था। खड़े होकर जालियों के ऊपर चढ़कर और उसके ऊपर से गोली चलाना कठिन नहीं होता, परंतु ऐसा किसी तरह की आवाज़ किए बिना संभव ही नहीं होता क्योंकि जिन सूखी पत्तियों पर मैं बैठा था,

जब मेरा वज़न उनसे हट जाता तो वे चरचराती तथा मेरे से दस फुट से भी कम दूरी पर जंगल में सबसे प्रचंड सुनने की क्षमता रखने वाला जानवर था। शेर के सिर के सिरे पर गोली दागना संभव नहीं था, फिर पूंछ का हिस्सा ही बचा रहता था।

जब मेरे दोनों हाथ राइफल को पकड़े हुए थे और मैंने अपनी गर्दन बाईं ओर मोड़ी थी, तो मैं शेर की पूंछ और पिछली टांग का काफी हिस्सा देख सकने में समर्थ था। अपने दाहिने हाथ से राइफल को छोड़ने के बाद और जालियों पर पकड़ बनाने के बाद मैंने देखा कि मैं उतना झुक सकता था जिससे शेर का एक तिहाई शरीर देखा जा सके। यदि अपनी पकड़ को छोड़ देने के बाद, मैं इसी स्थिति को यथावत रख पाता, तो उसे अपंग करना संभव हो पाता। एक जानवर को अपाहिज बना देने का विचार और वह भी एक सोए हुए जीव को महज इसीलिए कि उसने यदा–कदा अपने भोजन में परिवर्तन पसंद किया था, बहुत घृणाप्रद था। भावुकता, जहां तक

नरभक्षी का संबंध था, दूर की बात थी और ज्यादा मानव हत्याओं को रोकने के इरादे से मैं कई दिनों से इस शेर को मारने का प्रयास कर रहा था। अब जब मेरे पास ऐसा करने का एक अवसर था और यह तथ्य कि मुझे उसे मारने से पहले उसकी कमर को तोड़ना पड़ता, मेरे उस मौके को गंवा देने के पक्ष में नहीं होगा। इसीलिए वध तो करना ही पड़ता, चाहे वह तरीका कितना ही अप्रिय क्यों न होता और इसे जितना शीघ्र संपन्न किया जाता, उतना ही बेहतर होता, क्योंकि अपने शिकार को इस स्थान तक लाने में शेर ने दो मील लंबे मार्ग पर गंध के चिह्न छोड़े थे और एक भूखा भालू उस गंध को सूंघ कर किसी भी पल उस निर्णय को मेरे हाथ से छीन सकता था। अपने शरीर को एकदम दृढ़ रख कर, मैंने धीरे से जालियों पर से अपनी पकड़ छोड़ी तथा राइफल को दोनों हाथों से पकड़ा और अपने पीछे और नीचे एक गोली चलाई, जिसे मुझे फिर कभी भी दोहराने की इच्छा नहीं है। जब मैंने 450/400 बोर की ऊंचे वेग वाली राइफल की लिबलिबी दबाई, तब कुंडा आसमान की ओर इंगित कर रहा था जबकि मैं, दृष्टिकाओं के ऊपर नहीं बल्कि नीचे देख रहा था। प्रतिक्षेप ने चोट तो पहुंचाई परंतु मेरी अंगुलियों अथवा कलाई को नही तोड़ा जैसा मुझे डर लगा था कि ऐसा होगा और जैसे ही शेर ने अपने शरीर का ऊपरी भाग पलट कर फेंका और अपनी पीठ के बल पहाड़ से नीचे सरकने लगा, मैं अपने आसन से मुड़ा और उसकी छाती में दूसरी नाल की गोली दाग दी। मुझे एक हत्यारे की तरह यह बात कम ही महसूस होती, यदि मेरी पहली गोली लगने पर शेर ने आक्रमण करके गर्जना की होती। परंतु एक बड़े हृदय वाले जानवर की तरह, जो कि वह था, उसने अपना मुंह कभी भी नहीं खोला और मेरी दूसरी गोली लगने पर बिना कोई आवाज़ करे मर गया।

इब्बी ने मुझे इस आशय के साथ छोड़ा था कि वह जामुन के पेड़ पर उस भैंसे के ऊपर बैठेगा जिसको चार दिन पूर्व मारा गया था और जिसे गिद्धों ने न मालूम क्यों खाया नहीं था। उसने सोचा

था कि यदि शेर ने मुझे पीपल के पेड़ पर चढ़ते देख लिया था तो वह उस लाश को छोड़ सकता था, जिसके ऊपर मैं बैठा था और अपने पुराने शिकार की तरफ थाक को जाता और उसे गोली मारने का अवसर देता। मेरी दो गोलियों की आवाज को सुन कर वह मेरे पास यह देखने तेज गति से आया कि मुझे किसी सहायता की जरूरत तो नहीं है और मैं उससे पीपल के पेड़ से आधे मील दूर मिला। साथ–साथ चल कर हम शेर का निरीक्षण करने के लिए वधस्थल तक पहुंचे। वह अपने जीवन के चरमोत्कर्ष में पहुंचा हुआ एक शानदार नर शेर था, जो पूर्णतया स्वस्थ स्थिति में था और यदि हमारे पास उसे नापने के लिए कुछ होता तो खूटियों के बीच उसकी लंबाई लगभग नौ फुट छः इंच होती तथा गोलाईयों के उपर लगभग नौ फुट दस इंच होती। उसके निचले जबड़े का दाहिना श्वदन्त टूटा था। बाद में मैंने, उसके शरीर के विभिन्न भागों में हिरन मारने वाली कई छोटी गोलियां घंसी हुई पाई।

वह शेर बहुत भारी था। हम चार आदमी उसे शिविर तक उठा कर नहीं ले जा सकते थे। अतः हमने उसे वहीं पर छोड़ दिया जहां पर वह पड़ा हुआ था। हमने उसे घास, टहनियों और सूखी लकड़ियों के ढेर से ढक दिया और बड़े पत्थरों से दबा दिया ताकि उसे भालुओं से बचाया जा सके। उस रात चारों तरफ यह बात फैल गई थी कि नरभक्षी शेर मर गया है और जब हम अगली सुबह उसे पीपल के पेड़ के नीचे खाल निकालने के लिए ले गए तो एक सौ से भी ज्यादा व्यक्ति और लड़के उसे देखने के लिए घेरे में खड़े थे। इन लड़कों के साथ चूका के नरभक्षी के अंतिम मानव शिकार का दस वर्षीय भाई भी था।

तल्लादेश की नरभक्षी

1

हिमालय की तलहटी में बिंदुखेड़ा में जंगल की आग अर्थात् पलाश (ढ़ाक) के पूरे बहार में आए हुए वृक्षों के नीचे का सीन शिविर डालने के लिए जितना सुंदर होता है उतना सुंदर कोई अन्य हो ही नहीं सकता है। यदि आप नारंगी रंग की छतरी के नीचे ऐसे सफेद तंबुओं की कल्पना कर सकते हैं, जहां अत्यंत सुंदर लाल और सुनहरे सुंदर पंखों से सज्जित राजालाल, स्वर्णपीलक, लाल सिर वाले तोते, सुनहरी पीठ वाले कठफोड़वे और भीमराज भुजंगे एक वृक्ष से दूसरे वृक्ष में फुरती से फुदकते हुए और फूलों को हिला कर नीचे गिराते हुए दिखेंगे। इससे तंबुओं के चारों तरफ का मैदान नारंगी रंग के एक सुंदर कालीन की तरह लगेगा और इसकी पृष्ठभूमि में घने वनों से परिपूर्ण तलहटी होगी, जिनके ऊपर हिमालय की चोटियां के ऊपर दूसरी चोटियां ऊंची होती जाती हैं और अंत में शाश्वत बर्फ से ढकी चोटियों तक पहुंच जाती है। इसके बाद ही आपको वर्ष 1929 की फरवरी की एक सुबह में बिंदुखेड़ा पर स्थापित हमारे शिविर के बारे में कुछ अनुमान लग पाएगा।

बिंदुखेड़ा, एक शिविर स्थापित करने के लिए केवल एक स्थान का नाम है जो लगभग बारह मील लंबे और दस मील चौड़े एक विस्तृत चौड़ (घास के मैदान) के पश्चिमी सिरे पर स्थित है। जब सर हैनरी रैमजे कुमाऊं के राजा* थे तब उस मैदान में सघन खेती की जाती थी, परंतु मेरी कहानी के समय वहां केवल तीन छोटे गांव ही थे। प्रत्येक में कुछ एकड़ खेत थे जो मैदान की लंबाई के साथ मंद गति से टेढ़ी–मेढ़ी होकर बह रही एक नदी के किनारों पर स्थित थे। मैदान की घास हमारे आगमन से कुछ हफ्तों पूर्व ही जलाई गई थी, जिससे वहां पर विभिन्न आकारों वाले टापू बन गए थे, जहां पर जमीन गीली थी तथा घास इतनी हरी थी कि उसे जलाया नहीं जा सकता था। ये ही वे द्वीप थे जहां हमें शिकार के मिलने की आशा थी और जिस कारण हम एक सप्ताह के लिए शिकार खेलने के लिए बिंदुखेड़ा पहुंचे थे। मैने इस मैदान में दस वर्षों तक शिकार खेला था। अतः शिकार का इंतजाम करने का उत्तरदायित्व मुझ पर छोड़ दिया गया था।

एक सुप्रशिक्षित हाथी की पीठ पर बैठ कर तराई के चौड़ों में शिकार खेलना किसी भी खेल का सबसे सुखद रूप है जिसे मैं जानता हूँ। वहाँ इस बात से कोई अंतर नहीं पड़ता है कि एक दिन चाहे कितना ही लंबा क्यों न हो, परंतु उसका प्रत्येक पल, उत्तेजना और उत्सुकता से परिपूर्ण होता है क्योंकि यहां शिकार किए जाने वाले जानवरों की कई प्रजातियां मिलती हैं। इसके अतिरिक्त एक अच्छे दिन, मैंने 18 विभिन्न प्रजातियों के जानवरों को मारे जाते हुए देखा था जिनमें चाहा से लेकर बाघ और बारहसिंघा थे। वहां पर पक्षियों की भी विभिन्न प्रजातियां बहुत बड़ी तादात में मिलती थी, जो सामान्यतः घास में पैदल चलते समय दिखाई नहीं देती हैं।

शिकार के प्रथम दिन नौ बंदूकें और पांच दर्शक उस फरवरी की प्रातः हमारे शिविर में थे और शीघ्र ही नाश्ता करने के बाद हम

* वास्तव में सर हैनरी रैमजे उस समय कुमाऊं के कमिश्नर थे।

हाथियों पर चढ़े। हमने एक पंक्ति बना ली जिसमें हर दो हाथियों पर सवार बंदूकचियों के मध्य में एक खाली हाथी था। पंक्ति के मध्य में अपना स्थान ग्रहण करने के बाद, मैंने अपने दोनों तरफ चार बंदूकची और चार पैड़ हाथियों को खड़ा कराया और फिर हम दक्षिण दिशा की ओर गए। हमारे दाहिनी ओर एक बंदूकची था जो हम सबसे आगे पचास गज़ की दूरी पर चल रहा था ताकि वह उन पक्षियों को मार सके जो बंदूकचियों के निशाने की हद से बाहर उड़ते हुए जाते अथवा दाहिनी ओर के जंगल में उड़ जाते। यदि आपको हाथियों की पंक्ति में मिश्रित शिकार खेलने के समय अपनी मनपसंद का स्थान चुनने की आजादी दे दी जाए तो सदैव बगल को ही चुनेंगे। परंतु तभी हो पाएगा जब आप बंदूक तथा राइफल दोनों ही में अच्छे निशानबाज हों। जो शिकार हाथियों की एक पंक्ति द्वारा ऊपर उड़ा दिए जाते हैं वे निश्चित रूप से बगल की तरफ भागते हैं और एक ऐसे पक्षी अथवा जानवर पर निशाना लगाना एक सबसे कठिन कार्य है, जो दूसरों के निशाने से बच गया हो।

जब हवा स्फूर्तिदायक हो और एक सुबह की सभी मीठी–मीठी सुगंधों से सरोबार हो जिनका आनंद एक भारतीय जंगल में ही लिया जा सकता हो तो इसका असर दिमाग पर शैम्पेन की तरह पड़ता है और पक्षियों पर भी इसका वैसा ही असर पड़ता है जिसका परिणाम यह होता है कि बंदूकचियों तथा पक्षियें में बहुत अधिक उतावलापन दिखाई देता है।

शिकार के आरंभ में एक अत्यंत उत्सुक बंदूकची द्वारा जंगली पक्षी भारी संख्या में आसानी से निशाना नहीं बनाए जाते हैं और सभी शानदार दिनों के प्रथम कुछ पल आखिरी पलों की तरह सामान्य होते हैं, जब सारी मांसपेशियां थक जाती हैं और आंखों पर जोर पड़ता है। उस प्रातः पक्षी बहुत बड़ी संख्या में मौजूद थे और जब सभी बंदूकची व्यवस्थित हो गए थे, तो निशानेबाजी में कुछ सुधार हुआ

और जंगल के सिरे के साथ–साथ प्रथम हांके में हमने पांच मोर, तीन लाल मुर्गे, दस काले तीतर, चार भूरे तीतर, दो बटेर और तीन खरगोश मारे थे। एक अच्छा खासा सांभर भी दिखा परंतु जब तक राइफलें उस पर अपनी दृष्टिकांए साधती वह जंगल की आड़ में भाग गया।

जहां जंगल की जीभ एक मैदान के अंदर कुछ सौ गज़ तक फैली हुई थी, मैंने हाथियों की पंक्तियों को रोक दिया। यह जंगल मोर और जंगली मुर्गे की बड़ी तादात के लिए बहुत प्रसिद्ध था जो इसमें सदैव मिलते थे। परंतु क्योंकि वह भूमि अनेक गहरे नालों से विभक्त हो गई थी, जिससे एक सीधी रेखा को बनाए रखने में बहुत कठिनाई आ रही थी। अतः मैंने दूसरे हाथियों को अपने साथ नहीं ले जाने का निर्णय लिया, क्योंकि हमारे साथ एक शिकारी अनुभवहीन था और हाथी के हौदे से उस सुबह को पहली बार शिकार कर रहा था। यह वही जंगल था जहां विंढम और मैं कुछ वर्षों पूर्व एक शेर को खोज रहे थे जब मैंने पहली बार एक सिंदूरी रंग के चमगादड़ को देखा। ये सुंदर चमगादड़ उस समय बहुत बड़ी तितलियों की तरह लगते हैं, जब वे एक आड़ से दूसरी आड़ तक उड़ कर जाते हैं। जहां तक मैं जानता हूँ, ये केवल घनी हाथीघास में ही मिलते हैं।

पंक्ति को रोक कर मैंने हाथियों का मुंह पूरब की तरह मुड़वाया और एक लाइन में ही चलने को कहा। तब तक उस मैदान से आखिरी हाथी भी निकल गया, जिससे हमने अभी–अभी हांका करवाया था। तब मैंने दोबारा उनको रोका और उनका मुंह उत्तर की तरफ घुमवाया। अब हम हिमालय की तरफ मुंह किए खड़े थे और हमारे एकदम सामने आसमान में तीव्र प्रकाश से चमक रहा सफेद बादल था, जिसमें फरिश्ते यदि चाहते तो नृत्य कर सकते थे।

सत्रह हाथियों की लंबाई उस मैदान पर निर्भर करती है जिसमें हांका करवाया जा रहा है। जहां घास घनी थी, वहां मैंने पंक्ति को एक सौ गज़ तक छोटा कर दिया और जहां यह हल्की थी वहां पंक्ति

को उस लंबाई का दोगुना बढ़ा दिया। हमने उत्तर की ओर लगभग एक मील तक हांका करवाया होगा और तीस पक्षियों तथा एक बाघ को मारा था। एक उल्लू हाथियों की पंक्ति के सामने से उड़ा था। अनेक बंदूकें उठाई गई और तुरंत ही नीचे की गई जब यह पता चल पाया कि यह कौन सा पक्षी था। ये भूमिगत उल्लू जो पैंगोलिन तथा साही द्वारा छोड़ दिए गए बिलों में रहते हैं, एक तीतर के आकार से दोगुने होते हैं। इनके डैने सफेद दिखते हैं और वे सामान्य उल्लूओं से लंबी टांगों वाले होते हैं। जब उनको हाथियों की एक पंक्ति द्वारा उड़ा दिया जाता है तो वे कम ऊंचाई पर उड़ते हुए पचास से एक सौ गज़ तक जाते है और फिर बैठ जाते हैं। मुझे विश्वास है वे ऐसा शिकारियों की पंक्ति को अपने बिलों के पास से निकल जाने के लिए करते हैं, क्योंकि जब उनको दूसरी बार उड़ा दिया जाता है तो फिर भी उसी स्थान पर लौट आते है जहां से वे पहली बार उड़े थे। उस उल्लू ने जिसे हमने उड़ा दिया था, वैसा व्यवहार नहीं किया क्योंकि एक सीधी रेखा में पचास या साठ गज़ तक उड़ने के बाद इसने अचानक ही छोटे–छोटे वृत्तों में चक्कर काटते हुऐ ऊंचाई पर जाना आरंभ किया। इसका कारण कुछ ही पल बाद शीघ्र ही समझ में आ गया, जब एक पैरीग्रीन बाज (शिकारा) तेज गति से उड़ते हुए जंगल से बाहर बाईं तरफ निकला। अपने बिल की सुरक्षा में जाने में असमर्थ रहने पर वह उल्लू उस बाज के ऊपर रहने का अथक प्रयास कर रहा था और ज़ोर–ज़ोर से अपने डैनों को फड़फड़ा कर वह ऊपर ऊंचा उठता जा रहा था जबकि बाज अपने शिकार के ऊपर जाने के लिए अपने बहुत चौड़े फैलाये हुए पंखों से चक्कर काटते हुए कोशिश

कर रहा था। महावतों समेत सभी की आंखे अब इस रोमांचकारी उड़ान पर टिकी थी, अतः मैंने पंक्ति को रोक दिया।

ऐसे स्थान पर ऊंचाइयों का अनुमान लगाना कठिन होता है जहां पर तुलना करने के लिए कुछ भी नहीं हो। एक मोटे अनुमान से दोनों पक्षी एक हजार फुट की ऊंचाई तक पहुंच गए होंगे, जब उल्लू ने जो अभी भी वृत्तों में चक्कर लगा रहा था, सफेद बादल की तरफ सरकना आरंभ किया और कोई भी यह कल्पना कर सकता था कि फरिश्ते भी अपना नृत्य करना रोक कर उस उल्लू को उनके बादल में पहुंचने के लिए एक और अंतिम प्रयास करने को कहते होंगे। बाज भी इस युक्तिचालन को समझ गया था अतः वह भी हवा में अपने पंखों को फड़फड़ा कर धीरे–धीरे चक्कर लगाते हुए ऊपर उठ रहा था। क्या उल्लू बादल तक पहुंच जाएगा अथवा नहीं? बाज उसके निकट आता जा रहा था, अथवा उल्लू अपना संतुलन खो कर एक गोता मार कर अपने बिल तक पहुंचने का प्रयास तो नहीं करेगा? जिनको दूरबीनों की जरूरत थी उन्होंने दूरबीन निकाल ली थी। हाथियों की पंक्ति से आगे और पीछे से लोग उल्लू का उत्साहवर्धन कर रहे थे।

ओह, वह वहां नहीं पहुंच सकेगा।

हां, वह ऐसा कर सकता है, ऐसा कर सकता है।

अब केवल थोड़ी दूर ही और जाना है,

परंतु देखो–देखो बाज उस तक पहुंचने ही वाला है, और फिर अचानक ही बादलों की पृष्ठभूमि में केवल एक ही पक्षी दिखाई दिया। बहुत अच्छा किया, बहुत अच्छा किया। शाबाश। शाबाश। उल्लू ने ऐसा कर दिया था और जब टोप हिलाये जा रहे थे और तालियां बजाई जा रही थी, तो बाज एक लंबी भव्य नीची उड़ान भर कर उस सेमल के पेड़ पर वापस पहुंचा जहां से वह उड़ा था।

मनुष्यों की प्रतिक्रिया किसी विशेष घटना के प्रति अस्वाभाविक होती है। 54 पक्षी और चार जानवर उस दिन की प्रातः मारे गए थे

और बहुत सारे चूक भी गए थे, परंतु किसी को भी कोई संशय या दुख नहीं हुआ था और अब बंदूकची, दर्शक और महावत लोग निसंकोच होकर बहुत खुश हो रहे थे कि एक जमीनी उल्लू एक पैरीग्रीन बाज (शिकारा) के नाखूनों से बच निकला था।

मैदान के उत्तरी सिरे पर मैंने हाथियों की पंक्ति को दोबारा दक्षिण की तरह मोड़ा, और जलधारा के दाहिने किनारे के साथ–साथ हांका कराया। यहां गीली जमीन पर घास जली नहीं थी और घनी भी थी और सभी राइफलें तैयार थी क्योंकि उस क्षेत्र में बहुत पाड़े और बारहसिंहे थे तथा वहां एक अन्य बाघ को उठा देने की भी संभावना थी।

हम नदी के किनारे किनारे लगभग एक मील तक ही गए होंगे तथा वहां हमने पांच मोर, चार नर फलोरीकन मारे (मुर्गियों को छोड़ दिया गया था)। तीन चहा और एक बहुत अच्छे सींगों वाला पाड़ा भी मारा, तभी दुर्घटनावश (लिखने वाले फरिश्ते–अपनी नजर दूसरी ओर फेर लें) मेरे हाथी के हौदे में मेरे पीछे बैठे एक दर्शक की एक उच्च वेग वाली राइफल के धमाके से मेरे बाएं कान की अंदर की सतह और कान का पर्दा फट गया। मेरे लिये फरवरी का वह शेष दिन बहुत पीड़ादायक रहा। पूरी रात बिना सोए रहने के बाद मैंने इस आधार पर उनसे क्षमा मांगी कि मुझे एक अत्यंत आवश्यक कार्य पूरा करना है और उस सुबह, जब सारा शिविर सो रहा था, मैं अपने घर कालाढुंगी को जाने के लिए पच्चीस मील की पैदल यात्रा पर निकल पड़ा।

कालाढुंगी के डाक्टर ने, जो एक उत्सुक जवान युवक था और जिसने हाल ही में चिकित्सा की पढ़ाई पूर्ण की थी, मेरे इस भय की पुष्टि की कि मेरे कान का पर्दा क्षतिग्रस्त हो गया था। एक महीने बाद हम नैनीताल स्थित अपने ग्रीष्मकालीन घर में चले गए और रैमेजे अस्पताल में नैनीताल के सर्जन कर्नल बारबर के द्वारा मेरी जांच करने के बाद इस निदान की पुष्टि हुई। दिन व्यतीत होते गए और अब यह स्पष्ट हो रहा था कि मेरे सिर में फोड़ा बनना आरंभ हो गया

था। मेरी स्थिति देख कर मेरे साथ मेरी बहनें भी दुखी हो रही थी क्योंकि अस्पताल में इसका कोई उपचार नहीं होता अतः मैंने अपनी बहनों और कर्नल बारबर की इच्छा के विरूद्ध दूर जाने का निर्णय लिया।

मैंने इस दुर्घटना के बारे में सहानुभूति प्राप्त करने के उद्देश्य से नहीं बताया है बल्कि इसका मेरी 'तल्लादेश के नरभक्षी' की कहानी में अहम योगदान है जिसका अब मैं वर्णन करूंगा।

2

बिल बेन्स और हाम विवियन वर्ष 1929 में क्रमशः अल्मोड़ा और नैनीताल के डिप्टी कमिश्नर थे और दोनों ही नरभक्षियों से पीड़ित थे, पहला तो तल्लादेश के नरभक्षी शेर से तथा दूसरा चौगढ़ के नरभक्षी शेर से।

मैंने विवियन को वचन दिया था कि पहले मैं उसके शेर को मारने का प्रयत्न करूंगा, परंतु चूंकि यह बेन्स के शेर की अपेक्षा सर्दियों के महीनों में कम सक्रिय रहता था, अतः, मैंने विवियन की सहमति से निर्णय लिया कि मैं पहले तल्लादेश के नरभक्षी के पीछे जाऊंगा। इस शेर का पीछा करने से, मुझे आशा थी कि मैं अपने बुरे समय से उबर सकूँगा और मैं अपनी नई हालत से तालमेल बैठाने में भी समर्थ रहूँगा। अतः, मैं तल्लादेश को गया।

मेरी कहानी का संबंध तल्लादेश के शेर से है और मैंने इसे 'जगंल की कहानी' के लिखने तक इसलिए रोके रखा था, क्योंकि, 'जगंल लोर' या 'जीती जागती कहानी जंगल की' पुस्तक को बिना पढ़े कोई भी पाठक इस अध्याय में वर्णित कहानी पर विश्वास कर ही नहीं सकेगा। उसको इस बात पर कतई भी यकीन नहीं होगा कि, कैसे मैंने अपने बचपन और बाद की जिन्दगी में किसी जंगल में चुपचाप घूमने तथा एक राइफल को प्रयोग करने की कला में महारत हासिल कर ली थी। दूसरी बात यह भी थी कि मेरी कहानियों पर विश्वास

करने वाले, परन्तु उस समय कुमाऊँ से अनुपस्थित लोगों की धारणा पर भी प्रभाव पड़ सकता था, जबकी मेरे द्वारा पहले लिखी गई पुस्तकों की कहानियाँ यथावत स्वीकार कर ली गई थी। यदि कोई मेरी इस कहानी पर अविश्वास प्रकट करता तो यही एकमात्र ऐसी अन्तिम बात होती जिसकी मैं कभी भी अपने जीवन में इच्छा करता। मेरी तैयारियां शीघ्र ही पूरी कर ली गई थी और 4 अप्रैल को मैंने नैनीताल को छोड़ा। मेरे साथ में, छः गढ़वाली भी थे, जिनमें, माधोसिंह, रामसिंह, इलाही नाम का रसोइया और एक ब्राहमण गंगाराम था, जो छोटे–छोटे कार्य किया करता था और मेरे साथ जाने को बहुत उत्सुक था। काठगोदाम तक चौदह मील चलने के बाद, हमने शाम को रेलगाड़ी पकड़ी तथा बरेली और पीलीभीत होकर सफर करते हुए अगले दिन दोपहर को टनकपुर पहुंचे। वहां पर मुझे पेशकार मिला जिसने मुझे सूचना दी कि तल्लादेश के नरभक्षी ने पिछले दिन, एक लड़के को मार दिया है और बेन्स के आदेश पर दो जवान झोंटे चारे के तौर पर प्रयोग करने हेतु, मेरे लिए, चंपावत होते हुए तल्लादेश को भेज दिए गए थे। जब मेरे आदमियों ने खाना पका कर खा लिया था और मैंने डाकबंगले में नाश्ता कर लिया था, तब हम पूरी हिम्मत से चौबीस मील कालाढुंगा (कालाढुंगी अलग स्थान है, कालाढुंगा अलग स्थान है इसलिए भ्रम में न पड़ें) तक उसी रात में जाने का प्रयत्न करने के लिए चल पड़े।

सड़क के प्रथम बारह मील बरमदेव से पवित्र पूर्णागिरि पर्वत की तलहटी तक अधिकांशतया जंगल से ही गुजरते थे। पर्वत के आधार पर सड़क समाप्त होती थी तथा वहां से कालादुंगा को जाने को विकल्प के रूप में, दो मार्ग हैं। एक जो, ज्यादा लंबा है, पहाड़ के बाईं तरफ से सीधी खड़ी चढ़ाई से होकर पूर्णागिरि के मंदिर तक, और फिर पहाड़ के पार्श्व से नीचे कालादूंगा को जाता है। दूसरा रास्ता कुलियर द्वारा निर्मित ट्रामलाइन की सिधाई में, जाता है, जिसे उसने तब बनाया था, जब उसने दस लाख घनफुट साल की लकड़ी

निकाली थी, जिसके बारे में मैं पहले ही बता चुका हूँ। कुलियर की ट्रामलाइन, जहाँ पर चार मील तक शारदा नदी की संकरी घाटी से होकर जाती थी, बहुत पहले ही बाढ़ में बह चुकी है, परंतु उस मार्ग के कुछ भाग जिसे उसने पर्वत के समकोण वाले हिस्से को विस्फोटों को करके उड़ाया था, अभी भी शेष हैं। रास्ते के इस भाग में भारी बोझा ले जा रहे, मेरे गढ़वाली साथियों को बहुत कठिनाई हो रही थी, और जब हम संकरी घाटी में केवल आधी दूरी पर ही पहुंचे थे, तभी रात हो गई। रात विश्राम के लिए शिविर स्थापित करने हेतु सुविधाजनक स्थान का चयन करना आसान नहीं था। परंतु ऐसे अनेक स्थानों को अस्वीकार करने के बाद, जहां पर ऊपर से पत्थरों के गिरने का खतरा था, हमने अंततः एक संकरी कगार को खोज ही लिया जिसके ऊपर लटकती हुई चट्टानों की सुरक्षा थी। यहीं पर हमने रात बिताने का निर्णय लिया। जब मैंने अपना रात का खाना खा लिया तथा मेरे आदमी बह कर आई हुई लकड़ियों को नदी से इकठ्ठा करके आग जला कर खाना पका रहे थे तो मैं कपड़े उतार कर अपने बिस्तर पर लेट गया, जो कि एक वाशबेसिन तथा एक चालीस पौंड के टेंट को छोड़ कर मेरे शिविर का एकमात्र सामान था।

वह दिन गर्म था तथा टनकपुर में रेल से उतरने के बाद हम लगभग सोलह मील तय कर चुके थे। मैं भी थका था तथा रात के भोजन के बाद सिगरेट के कश का आनंद उठा रहा था, जब मैंने नदी के पार के पर्वत के ऊपर अचानक ही तीन रोशनियों को प्रकट होते देखा। नेपाल के वन प्रतिवर्ष जलाये जाते हैं, जलाने का कार्य अप्रैल में आरंभ किया जाता है। अब रोशनियों को देख कर मैंने निष्कर्ष निकाला कि संकरी घाटी में नीचे की तरफ बह रही हवा ने किसी सूखी लकड़ी में सुलग रहे कोयलों को भड़का कर अग्नि उत्पन्न कर दी थी। जब मैं सुस्ताता हुआ इन लपटों को देख रहा था, तभी उनसे थोड़ा सा ऊपर दो और लपटें प्रकट हो गई। शीघ्र ही इन दो नई लपटों में से बाईं तरफ वाली, पहाड़ से धीरे से नीचे आई और

पहले की तीन रोशनियों में से मध्य वाली में विलीन हो गई। मैंने अब जाना कि जिनको पहले मैंने आग समझा था वे आग नहीं बल्कि रोशनियां थी जो सभी दो फुट व्यास की तथा समान आकार की थी और वे बिना टिमटिमाए और बिना धुंए के लगातार जल रही थी। थोड़ी ही देर बाद कुछ और रोशनियां प्रकट हो गई, कुछ बाईं ओर तथा दूसरी पहाड़ के ऊपर तक, जिनके बारे में एक स्पष्टीकरण प्राप्त करना आवश्यक था। ऐसा लगा कि कोई राजा जो शिकार खेलने निकला होगा, संभवतः उसका कोई कीमती सामान खो गया होगा। अब उसने अपने आदमियों को लालटेनों के साथ उसे ढूंढ़ने के लिए भेजा होगा। यह सर्वसम्मति से एक अनूठा अनुमान था, परंतु उस बर्फ के पानी की नदी के पार बहुत सारी अद्धभुत घटनाएं होती रहती हैं।

मेरे आदमी भी उन प्रकाशों के बारें में उतना ही उत्सुक थे जितना कि मैं था, और क्योंकि हमारे नीचे बह रही नदी एक भी लहर के बिना बह रही थी और रात शांत थी। मैंने उनसे पूछा कि, क्या वे आवाज़ें या अन्य तरह की ध्वनियां सुन सकते हैं। नदी के पार की दूरी 150 गज़ थी, परंतु उन्होंने कहा कि वे कुछ भी नहीं सुन सकते थे। यह अटकलबाजी लगाने से कि दूसरी तरफ के पहाड़ पर क्या घट रहा था, कोई फायदा नहीं था और क्योंकि हम दिन भर के कठोर परिश्रम के बाद बहुत थके थे, अतः हमारे शिविर को निद्रा ने शीघ्र ही अपने आगोश में ले लिया। रात में एक बार हमारे ऊपर की खड़ी चट्टान से एक घुरल ने चेतावनीपूर्ण छींक मारी और थोड़ी देर बाद एक बाघ बोला।

हमारे सामने एक लंबा मार्ग और कठिन चढ़ाई थी इसलिए मैंने अपने आदमियों को सर्तक कर दिया था कि हम जल्दी चल पड़ेंगे। पूर्व दिशा से प्रकाश निकल ही रहा था जब मुझे एक प्याली गर्म चाय दी गई। शिविर को समेटने के लिए हंडिया और कढ़ाईयां ही संभालनी थी तथा शिविर शैय्या के पुरजे खोलना भर ही था और यह सारा कार्य तुरंत ही पूरा किया गया। जब मेरा खानसामा और मेरे गढ़वाली

आदमी एक सीधी पंक्ति में बकरी–पथ से नीचे घाटी में उतरे जिस पर कुलियर के दिनों में लोहे का एक पुल बना हुआ था, तब मैंने अपनी दृष्टि उस पहाड़ पर जमाई, जिस पर हमने रोशनियां देखी थी। सूर्य कुछ ही देर में उदित होने वाला था और दूर की वस्तुएं अब स्पष्ट देखी जा सकती थी। चोटी से पानी की सतह तक तथा पानी की सतह से चोटी तक मैने पहाड़ के प्रत्येक फुट का बारीकी से पहले अपनी आंखों से और फिर दूरबीन से निरीक्षण किया। किसी भी मनुष्य का वहां कोई चिह्न मैं नहीं देख सका था, अपने पहले वाले मत पर लौट कर कि क्या कोई लकड़ी सुलग रही थी और यह एक ही बार में नजर डालने पर सुनिश्चित हो गया था कि इस क्षेत्र की वनस्पतियां पिछले एक वर्ष से जलाई नहीं गई हैं। पहाड़ के शिखर से लेकर तलहटी तक समूचा भाग चट्टानी था, जिसमें कुछ बौने पेड़ तथा झाड़ियां उगी थी, जहां पर भी उनकी जड़ें किसी दरार अथवा छिद्र में अपनी पकड़ बना सकी थी। जिस स्थान पर रोशनियां प्रकट हुई थी, वह एक समकोण वाली चट्टान थी, जहां कोई भी मनुष्य जब तक कि उसे ऊपर से लटकाया न जाए, संभवतः नहीं जा सकता था।

नौ दिनों के बाद, जब पहाड़ी लोगों के प्रति मेरा अभियान सफल रहा था, मैं एक रात को कालाढुंगा में रूका। एक प्रकृति प्रेमी के

लिए अथवा एक उत्सुक मछली पकड़ने वाले के लिए कुमाऊं में कालाढुंगा से तुलना करने के लिए बहुत कम स्थान हीं होंगे। कुलियर के द्वारा निर्मित उस बंगले से, जिसे उसने तब बनाया था जब वह उस प्रकाष्ठ का विदोहन कर रहा था, जो नेपाल ने भारत को दिया था, जमीन, हल्की ढाल से नीचे शारदा नदी तक पैड़ियों की श्रृंखलाओं के रूप में जाती है। इन पैड़ियों पर बीते वर्षों में फसलें उगाई जाती थी, वहां अब घास की घनी वृद्धि हो गई है। यहां पर सांभर तथा चीतल प्रातःकाल और सांयकाल को चरते हुए देखे जा सकते हैं और बंगले के पीछे के सुन्दर जंगल में बाघ तथा शेर रहते हैं, और वन्यजीवों का संसार भी रहता है जिसमें मोर, जंगली मुर्गा तथा कलीज फीजेंट शामिल हैं। बंगले के नीचे के बड़े तालाबों तथा पानी की धारा में, शारदा नदी में सबसे बढ़िया मच्छी मारी की जा सकती है, चाहे वह किसी भी प्रकार की बंशी से की जाए।

अगली प्रातः तड़के ही हमने कालाढुंगा छोड़ दिया। गंगाराम ने तो पूर्णागिरि को जाने वाला पर्वतीय मार्ग पकड़ा और बाकी हम लोग छोटे रास्ते से शारदा की तंग घाटी से होकर गए। गंगाराम के अभियान का उद्देश्य जिसमें उसे दस मील ज्यादा पैदल चलना पड़ता, यह था कि वह हमारी तरफ से पवित्र पूर्णागिरि मंदिर को धन्यवाद देने हेतु प्रार्थना करने जाए। उसके मुझसे विदा लेने से पहले, मैंने उसे निर्देश दिए कि वह मंदिर में पूजा–अर्चना करने वाले पुजारियों से उन रोशनियों के बारे में, सारी जानकारी प्राप्त करे, जो हमने तल्लादेश को जाते हुए देखी थी। जब उस संध्या को वह टनकपुर में, मुझसे फिर आ मिला, तो उसने मुझे निम्नलिखित सूचना प्रदान की जो कि उसने पुजारियों से तथा अपने निरीक्षणों से प्राप्त की थी।

पूर्णागिरि के मंदिर तक पहुंचने के दो रास्ते हैं, जो कि माता भगवती देवी की पूजा–आराधना को समर्पित है और जहां प्रतिवर्ष हजारों श्रद्धालु आते हैं। एक रास्ता बरमदेव से और दूसरा कालादुंगा

से और ये दोनों पर्वत के उत्तरी मुख पर चोटी से थोड़ा नीचे एक स्थान पर मिल जाते हैं। इन दोनों मार्गों के संगम पर पूर्णागिरि के दो मंदिरों मे से एक कम मान्यता प्राप्त मंदिर स्थित है। सबसे परमपावन मंदिर बाईं ओर अधिक ऊंचाई पर है। इस पवित्र से पवित्रतम मंदिर तक एक संकरी दरार या भ्रंश से ही पहुंचा जा सकता है, जो कि लगभग समकोण पर खड़ी एक चट्टान से होकर ही जाती है। डरे हुए लोग, बच्चे और बूढ़े उस चट्टान पर पहाड़ी लोगों की पीठ पर बंधी हुई एक टोकरी पर बैठा कर ही ले जाए जाते हैं। केवल वे ही व्यक्ति, जिन पर देवी माता की अनुकंपा होती है, ऊपर के मंदिर तक पहुंच सकते हैं, जबकि दूसरे लोग अंधे हो जाते हैं और उनको अपनी पूजा–अर्चना नीचे के मंदिर में ही करनी पड़ती है।

ऊपर के मंदिर में पूजा (प्रार्थना) सूर्योदय के समय से आरंभ होती है तथा दोपहर में पूर्ण हो जाती है। इस अवधि के बाद किसी को भी नीचे के मंदिर से ऊपर नहीं जाने दिया जाता है। ऊपर वाली तथा बहुत पवित्र मंदिर के निकट सौ फुट ऊंची एक चट्टान का शिखर है, जिस पर चढ़ना देवी मां द्वारा प्रतिबंधित है। बहुत समय पहले एक साधु जो कि अपने साथियों से ज्यादा ही महत्वाकांक्षी था, उस चट्टान पर जा चढ़ा, इस उद्देश्य से कि वह देवी मां के समकक्ष हो जाएगा। अपनी आज्ञा की अवहेलना होने से क्रोधित देवी ने उस साधु को पहाड़ की चोटी से बर्फ की पानी वाली नदी के दूसरी ओर के पहाड़ पर फेंक दिया। यही वह साधु है, जिसे पूर्णागिरि से हमेशा के लिए खदेड़ दिया गया था और जो देवी मां की दीप जला कर पूजा करता है, जो उससे दो हजार फुट ऊपर स्थित हैं। ये रहस्यमयी रोशनियां किसी निश्चित समय में ही दिखती हैं। हमने उनको 5 अप्रैल को देखा था और केवल सौभाग्यशाली लोगों को ही दिखाई देती हैं। यह सौभाग्य मुझे और मेरे साथ के आदमियों को प्रदान किया गया था क्योंकि मैं उन पर्वतीय निवासियों की सहायता करने के लिए जा रहा था, जिन पर देवी माता अपनी कृपा दृष्टि रखती हैं।

संक्षेप में ये ही उन रोशनियों के बारे में वे सभी जानकारियां थी जो गंगाराम पूर्णागिरि से ले कर आया था और मुझे उस समय प्रदान की थी, जब हम टनकपुर में अपनी रेलगाड़ी की प्रतीक्षा कर रहे थे। कुछ सप्ताह बाद मेरे पास पूर्णागिरि के रावल (सर्वोच्च पुजारी) भेंट करने के लिए आ पहुंचे। वह मुझसे मेरे द्वारा स्थानीय समाचार–पत्र में पूर्णागिरि की रोशनियों के बारे में प्रकाशित समाचार के सिलसिले में बातचीत करने आए थे और मुझे इस बात की बधाई देने भी आए थे कि मैं ही एकमात्र यूरोपियन हूँ जिसको उन रोशनियों को देखने का सुअवसर प्राप्त हुआ था। अपने लेख में, मैंने रोशनियों के बारे में वही स्पष्टीकरण दिया था जो कि इन पन्नों में दिया गया है और मैंने आगे लिखा है कि यदि मेरे पाठक इस स्पष्टीकरण से सहमत नहीं हों और यदि अपने आप ही अन्य कोई प्राप्त करना चाहते हों तो उनको निम्नलिखित बिंदुओं को भी अपने दिमाग में रखना चाहिए,

रोशनियां एक साथ प्रकट नहीं हुई थी।

वे एक समान आकार की थी। (लगभग दो फुट व्यास की)

वे हवा से प्रभावित नहीं होती थी।

वे एक स्थान से दूसरे तक जाने में समर्थ थी।

सर्वोच्च पुजारी का सुनिश्चित मत था कि रोशनियां एक प्रतिष्ठित तथ्य थी जिसका कोई भी प्रतिवाद नहीं कर सकता था– इस पर मैं उनसे सहमत था क्योंकि मैंने उनको स्वयं देखा था– और यह भी कि जो व्याख्या मैंने उनके बारे में दी थी, उनसे अतिरिक्त किसी अन्य पर विचार किया ही नहीं जा सकता था।

अगले साल मैं शारदा नदी में, सर मालकम (अब लार्ड) हेली के साथ मछलियों का शिकार कर रहा था, जो उस समय संयुक्त प्रान्त के गवर्नर थे। सर मालकम ने मेरे लेख को देखा था और जब हम तंग घाटी के निकट पहुंचे, तो उन्होंने मुझसे ठीक–ठीक उस स्थान की तरफ इशारा करने को कहा, जहां मैंने रोशनियां देखीं थीं। हमारे साथ चार धीवर (मछुवारे) थे जो उन सारनियों (फूली हुई खालों) का

नेतृत्व कर रहे थे जिन पर हम शारदा नदी के प्रवाह के नीचे की तरफ तैर रहे थे और मछली मारने के एक स्थान से दूसरे तक जा रहे थे। ये लोग बीस आदमियों के उस दल के सदस्य थे जिनको एक ठेकेदार ने कुमाऊं तथा नेपाल के ऊंचाई पर स्थित वनों से चीड़ के शहतीरों को बरमदेव के बूम तक बहाने के कार्य को करने के लिए रखा हुआ था। यह एक लंबा, कठिन और बहुत जोखिम भरा कार्य था, जिसमें बहुत साहस और नदियों के बारे में संपूर्ण ज्ञान का होना तथा उनसे होने वाले खतरों की जानकारियों का भी होना आवश्यक था।

खड़ी चट्टान के उस हिस्से के नीचे, जिसे कुलियर ने विस्फोटों से उड़ाया था तथा जिसके नीचे मैंने और मेरे आदमियों ने तल्लादेश को जाते समय, एक रात गुजारी थी, एक रेतीला तट था। यहीं पर धीवरों ने मेरे निवेदन करने पर सारनियों को किनारे पर लगाया और हम तट पर आ गए। तब मैंने इशारा करके उस स्थान को बताया जहाँ मैंने रोशनियां देखी थी और उनकी हलचलों को भी देखा था। सर मालकम ने कहा कि शायद धीवर लोग इस बारे में कुछ जानकारियां दे सकते हों या इस विषय पर कुछ प्रकाश डाल सकें। अतः वे उनकी तरफ मुड़े उन्हें सही तरीका मालूम था कि जब कोई सूचना प्राप्त करनी हो तो एक हिंदुस्तानी से किस तरह बात की जाती है और क्योंकि वे उनकी भाषा भी अच्छी तरह बोल लेते थे, अतः उन्होंने निम्नलिखित जानकारियां हासिल कर ली। उनके घर कांगड़ा की घाटी में थे जहां उनके पास खेती की कुछ जमीन थी परंतु उससे उनकी गुजर बसर नहीं होती थी, इसीलिए वे ठाकुर दानसिंह बिष्ट के लिए शारदा नदी में शहतीरों को बहाने के कार्य से अपनी रोजी–रोटी कमाते थे। वे नीचे दूर बरमदेव तक नदी के प्रत्येक फुट को जानते थे, क्योंकि वे अनगिनत बार ऊपर नीचे जा चुके थे। वे इस विशेष घाटी से अच्छी तरह परिचित थे, क्योंकि इसमें पानी उल्टा बहता था, जिसमें शहतीर फंस जाते थे, जिनको वहां से बाहर

निकालने में उनको बहुत कठिनाईयां होती थी। उन्होंने नदी के इस भाग में कभी भी कोई असामान्य बात नहीं देखी थी चाहे वे रोशनियां हों अथवा कुछ और।

जब वे धीवंरों की तरफ से मुड़े तो मैंने सर मालकम से उनसे एक और प्रश्न पूछने को कहा। क्या कभी उन्होंने, इतने वर्षों में शारदा नदी में कार्य करने के दौरान, इस संकरी घाटी में रात गुज़ारी थी? इस प्रश्न के उत्तर में उनका जोरदार जवाब था– 'नहीं'। पुनः पूछने पर उन्होंने कहा कि केवल उन्होंने ही नहीं बल्कि उन्होंनें किसी और के बारे में भी नहीं सुना था कि कभी किसी ने उस घाटी में रात बिताई हो। इसका कारण उन्होंने बताया कि वह तंग घाटी भूत–प्रेतों की निवासस्थली थी।

हमसे दो हजार फुट ऊपर एक संकरी दरार थी, जो पीढ़ी–दर–पीढ़ी श्रद्धालुओं के चलने के कारण चिकनी बन गई थी तथा पचास फुट तक एक समकोण पर खड़ी चट्टान से हो कर जाती थी, जहां हाथ से पकड़ने के लिए कुछ भी नहीं था। पुजारियों के द्वारा तीर्थ यात्रियों की जान बचाने के लिए सावधानियां बरतने के बावजूद इस संकीर्ण दरार से गुजरते समय मरने वालों की संख्या उस समय तक बहुत ज्यादा होती थी जब तक कि मैसूर के महामहिम महाराजा ने कुछ वर्षों पूर्व उस चट्टान पर नीचे के मंदिर से ऊपर के मंदिर तक स्टील के एक रस्से को खींचकर लगाने के लिए धनराशि दान नहीं दे दी थी।

अतः, उस शिखर की तलहटी पर आत्माएं रहती होंगी, परंतु मैं नहीं सोचता हूँ कि वे अनिष्टकर (बुरी) होती होंगी।

3

अब मेरी कहानी की तरफ लौटते हैं।

गंगाराम, जो कुमाऊं के किसी भी आदमी की तरह तेज चाल से चल सकता है, मेरे साथ मेरा कैमरा लेकर चलने हेतु रूक गया था

और हमने रसोइए तथा छः गढ़वालियों को उस जगह से, दो मील दूर पकड़ लिया, जहां हमने रात बिताई थी। अगले छः घंटों तक हम लगातार, बिना रूके, कभी घने जंगलों से और कभी शारदा नदी के किनारे, के साथ चलते रहे। हमारा मार्ग हमें कालाढुंगा होकर पर्वत के आधार पर ले गया जिसके दूर की ओर हमारा गंतव्य– तल्लादेश के नरभक्षी की शिकारगाह थी। पर्वत के आधार पर, चार हजार फुट ऊंची चढ़ाई पर चढ़ने से पहले, हम दो घंटे के लिए दोपहर का भोजन पकाने और खाने के लिए रूके।

अपराह्न में, जब अप्रैल का गर्म सूर्य हमारी पीठों पर आग बरसा रहा था और हमें छाया देने के लिए एक भी पेड़ के बिना, हम अपने जीवन की सबसे तीखी खड़ी और थकाऊ चढ़ाई पर चल पड़े, जो

मैंने और मेरे आदमियों ने कभी नहीं चढ़ी थी। यह तथाकथित सड़क, एक कच्चा रास्ता ही था जो कि सीधे पर्वत के मुख की तरफ गया था, जिसमे ढाल को कम करने के लिए एक केशवाहिनी मोड़ तक नहीं था। बार–बार और अनेक विश्राम करने के बाद हम सूर्यास्त के समय एक छोटे गांव में पहुंचे जो शिखर से एक हजार फुट नीचे था। हमें चूका में सर्तक कर दिया गया था कि हम इस गांव से बच कर जाएं क्योंकि यह पर्वत के दक्षिणी पहलू में स्थित एकमात्र आबादी वाला स्थान था, इसलिए इसमें शेर नियमित रूप से आता है। तथापि, नरभक्षी हो अथवा न हो, हम इससे और दूर नहीं जा सकते थे, अतः हम रास्ते से कुछ सौ गज़ दूर स्थित छोटे गांव की तरफ गए। उस छोटे गांव के दो परिवार हमें देख कर बहुत प्रसन्न हुए और जब हमने विश्राम करने के बाद, अपना रात का भोजन कर लिया था और मेरे आदमियों को बंद किवाड़ों के पीछे रहने के लिए स्थान उपलब्ध करा दिया गया था, तो मैं अपनी शिविर शैय्या

पर एक राइफल और लालटेन लेकर एक पेड़ के नीचे लेट गया, जो एक छोटे पानी के सोते के ऊपर खड़ा था, जिससे दोनों परिवारों को पीने का पानी मिलता था।

उस रात अपने बिस्तर पर लेट कर मेरे पास स्थिति की समीक्षा करने के लिए पर्याप्त समय था। बिल बेन्स के द्वारा गांवों के मुखियों को निर्देश जारी कर दिए गए थे कि वे मेरे आगमन तक किसी भी मानव और दूसरे शिकार से छेड़छाड़ न करें। वह लड़का, जिसके बारे में टनकपुर के पेशकार ने मुझे बताया था, चार तारीख को मारा गया था और आज छठे दिन की रात थी। टनकपुर में रेलगाड़ी से उतरने के बाद से हमें इतना खाली समय नहीं मिला था कि हम बिना समय गंवाये शिकार के घटनास्थल तक जाने का प्रयत्न करते। मुझे मालूम था कि शेर ने हमारे आगमन से पहले ही अपने शिकार को पूरा खा लिया होगा और यदि उसे छेड़ा नहीं गया था तो संभवतः वह एक या दो दिन आसपास ही रहेगा। उस सुबह शिविर छोड़ते समय मुझे आशा थी कि हम समय रहते अपने गंतव्य तक पहुंच जाएंगे ताकि हम एक जवान झोंटें को बांध सकें, परंतु शारदा से ऊपर की चढ़ाई हमारे लिए बहुत कठिन रही थी। एक दिन की क्षति खेदजनक थी परंतु इससे कोई सहायता नहीं मिल सकती थी और मैं केवल आशा कर सकता था कि यदि शेर अपने शिकार के स्थल से दूर चला गया होगा तो वह बहुत दूर नहीं गया होगा। मेरी असुविधाओं में से एक, जिस पर मुझे संतोष करना था, यह थी कि मैं कुमाऊं के इस क्षेत्र के बारे में कुछ भी नहीं जानता था। शेर आठ वर्षों से सक्रिय था और उसने एक सौ पचास मानव हत्याएं की थी, अतः यह समझना तर्कसंगत था कि वह एक बहुत विस्तृत क्षेत्र में शिकार कर रहा था। यदि उससे एक बार संपर्क छूट जाता तो उससे दोबारा संपर्क स्थापित करने में अनेकों हफ़्ते लग जाते। फिर भी, इस बात की चिंता करना व्यर्थ था कि, शेर ने क्या किया था और वह आगे क्या करेगा, अतः मैं सो गया।

मुझे शीघ्र चल पड़ना था। वहां अभी भी काफी अंधेरा था। गंगाराम ने रात में बुझ गई लालटेन को जलाते हुए मुझे उठा दिया। जब नाश्ता तैयार किया जा रहा था मैं पानी के सोते में नहाया और नेपाल के पर्वतों के ऊपर से सूर्य उदय हो ही रहा था, तब अपनी 275 बोर की रिगबी माउजर राइफल को साफ करके तथा तेल डालने के बाद, मैंने उसकी मैंगजीन में पांच कारतूस डाले और मैं चलने को तैयार हो गया था। गांवों की आपसी संचार व्यवस्था को नरभक्षी द्वारा बाधित कर दिया गया था और क्योंकि उस छोटे गांव के दो आदमियों ने शेर के अंतिम शिकार के बारे में नहीं सुना था, इसीलिए वे हमें उस दिशा तथा उस दूरी के बारे में कोई भी सूचना देने में असमर्थ थे, जिसमें हमे जाना होता। यह न जानते हुए कि मेरे आदमी अपना अगला भोजन कब करेंगे, मैंने उनको इस समय भरपेट भोजन करने को कहा और जब वे तैयार हो जाएं तो एकदम पास–पास रहते हुए मेरे पीछे आएं और विश्राम करने की इच्छा होने पर खुले स्थानों का ही चुनाव करें।

जिस रास्ते के ऊपर चढ़ने में हमने पिछली शाम को बहुत परिश्रम किया था, उसमें पुनः पहुंचने पर मैं कुछ देर तक वहां के दृश्यों की प्रशंसा करने को ठहर गया। मेरे नीचे शारदा की घाटी अंधेरे में छिपी हुई थी और कोहरे की एक चादर ने वह स्थान दिखाया जहां पर नदी गिरिपीठ से निकल कर टनकपुर में प्रकट होती थी। टनकपुर से आगे आंखें नदी का पीछा एक चांदी की चमकती हुई पटरी के रूप में कर सकती थी जब तक कि वह क्षितिज की रेखा के पास विलुप्त न हो गई। चूका अंधकार में था और आंशिक रूप से कोहरे से ढका था, किंतु मैं थाक तक ऊपर जाने वाले रास्ते को देख सकता था, जिसके प्रत्येक फुट को मैं दस वर्ष बाद 'थाक के नरभक्षी' का शिकार करते समय जान सकता था। थाक का गांव, जिसको कई सौ वर्षों पूर्व कुमाऊं के चांद राजाओं ने पूर्णागिरि में सेवा करने वाले पुजारियों को दान कर दिया था, प्रातः काल के सूर्य के प्रकाश में

चमक रहा था तथा साथ में पूर्णागिरि का कलश भी चमक रहा था।

तब से 25 वर्ष आए और बीत गए हैं जब मैंने उन दृश्यों से नजर हटाई थी जिनको मैंने तल्लादेश की अपनी यात्रा के पूरा करने के अंतिम चरण में देखा था। वह एक लंबी अवधि थी जिसमें बहुत कुछ घट गया है, परंतु समय उन घटनाओं को मिटा नहीं देता है जो स्मृति की तख्ती पर गहरी अंकित हो जाती हैं और उन पांच दिनों की घटनाएं जिनको मैंने तल्लादेश के नरभक्षी शेर का शिकार करते समय बिताया था मेरी स्मृति में आज भी उसी प्रकार बहुत स्पष्ट और ताजी हैं, जैसे कि वे 25 वर्ष पूर्व थी।

पहाड़ के दूसरी तरफ पर जाकर मैंने देखा कि जिस रास्ते पर मैं था, वह पूरब से पश्चिम को जाते हुए एक छः फुट चौड़े अच्छे वनमार्ग से मिल गया था। यहां मेरा सामना एक दुविधा से हुआ क्योंकि वहां से कोई गांव नहीं दिखाई पड़ते थे और मुझे यह मालूम नहीं था कि किस दिशा में जाना है। अंततः, इस पूर्वानुमान के साथ कि पूरब को जाती हुई सड़क मुझे अपने मार्ग से शारदा से केवल दूर ही ले जाएगी, मैंने पहले इसी पर जाने का निर्णय लिया।

यदि मुझे कहीं भी पैदल चलने के लिए अपनी पसंद का समय तथा स्थान का चुनाव करने को कहा जाए तो मैं बिना किसी झिझक के हिमालय के उत्तरी मुख में स्थित एक घने जंगल में, अप्रैल के आरंभ की एक प्रातःकाल का चुनाव करूंगा। अप्रैल में संपूर्ण प्रकृति अपने चरम पर रहती हैं। पतझड़ी वृक्षों में हरे तथा तांबे की रंगत वाली पृथक–पृथक पत्तियां निकलती हैं। जल्दी खिले हुए वनफशा और बुरांश का स्थान देर से खिलने वाले प्राइमूला, निर्विशी और आर्किड लेते हैं और अनेक प्रकार के पक्षी, कस्तूरा, बैबलर (चरखी) गंगरा, राजालाल तथा अन्य पक्षी जो सर्दियों में प्रवसन कर पहाड़ों की तलहटी में आ जाते हैं, अब अपने–अपने घोसलों को बनाने वाली जगहों में वापस आ जाते हैं और मिलन की आस लिए एक दूसरे को अपनी–अपनी बोली में आकर्षित करते हैं। एक ऐसे जंगल में जिसमें

कोई खतरा नहीं हो बेफिक्री और आराम से चलते हुए केवल उन्हीं वस्तुओं और आवाज़ों को देखा तथा सुना जाता है जो मनभावन लगती हैं और बाकी सभी कम रूचिकर जगहें तथा आवाजों का मिश्रण पूरा आनंददायक हो जाता है, परंतु जब एक नरभक्षी से खतरा हो तो बेफिक्री का स्थान अत्यंत सर्तकता ले लेती है।

खतरा खेल के सभी रूपों में न केवल दिलचस्पी को जोड़ता है बल्कि वह क्षमताओं में वृद्धि भी करता है और उन सब बातों को केंद्र बिंदु में लाता है, जिनको एक जंगल में देखा और सुना जा सकता है। वह खतरा जिसे समझा गया है और आप जिसका सामना करने के लिए तैयार हैं, किसी भी तरह से आनन्द में रंग में भंग नहीं करता है। वनफशा की पंक्ति अपनी सुंदरता से कुछ भी नहीं खोती है यदि उसके ऊपर की चट्टानों के पीछे एक नरभक्षी ने आश्रय ले रखा हो और एक बांज के पेड़ की चोटी पर बैठी हुई सीबिया के गले की मधुरता भी कम नहीं हो पाती है, यदि एक हंसियाचोंच चरखी उसी पेड़ के नीचे से जंगल के निवासियों को खतरे की चेतावनी दे रहा हो।

भय बहुत सौभाग्यशालियों के लिए एक धरोहर की तरह नहीं होता होगा परंतु मैं उनमें से नहीं हूँ। वन्यजीवों के साथ जीवन भर की मित्रता के बावजूद मैं एक शेर के दांतों और नांखूनों से आज भी उतना भयभीत रहता हूँ जितना उस दिन था जब एक शेर ने मैगोग और मुझे उस जंगल में से खदेड़ दिया था जिसमें वह सोना चाहता था। परंतु उस भय का मुकाबला और उस पर नियंत्रण करने के लिए मेरे पास अब वह अनुभव था, जिसका मेरे पास उन आरंभिक दिनों में अभाव था। पहले मैं खतरे को अपने चारों ओर देखता था और प्रत्येक आवाज को सुनकर डर जाता था, परंतु अब मुझे ज्ञात रहता है कि खतरे को कहां देखना है और किस आवाज को नजरअंदाज करना है तथा किस पर विशेष ध्यान देना है। पहले जहां इस बात की अनिश्चितता होती थी कि मेरे द्वारा दागी गई एक गोली कहां

जाएगी। अब वहां इस बात की पक्की निश्चितता होती थी कि वह उसी दिशा में जाएगी जिधर मैं चाहता था। अनुभव विश्वास में वृद्धि करता है और इन दो महत्वपूर्ण गुणों के बिना नरभक्षी शेरों का पैदल तथा अकेले ही शिकार करना आत्महत्या करने के एक अरूचिकर तरीकों में से एक होता है।

जिस वनमार्ग पर उस प्रातःकाल को मैं चल रहा था, वह उस प्रदेश से होकर गुजरता था जिसमें एक नरभक्षी शेर सक्रिय था तथा इसे शेर द्वारा निरंतर प्रयोग किया जाता था जिसका पता इस पर खुरचने के चिह्नों को देखने से चलता था। परंतु यह नहीं पता चलता था कि इनको किस शेर ने बनाया था। इन निशानों के अतिरिक्त जिनमें कोई भी ताजा नहीं था वहां पर बाघ, सांभर, भालू, काकड़ और सुअरों के पदचिह्न भी पड़े थे। पक्षियों की भी वहां अनेक प्रजातियां थी और उन फूलों की भी जो पूर्णतया खिले हुए थे, जिनमें से सबसे सुंदर सफेद तितली आर्किड था। ये आर्किड वृष्टि की तरह लटकते रहते हैं तथा पेड़ की शाखाओं और तने को ढक लेते हैं, जिनमें उनकी जड़ें जुड़ी रहती हैं। मैंने सबसे कलात्मक घोसलों मे से एक को देखा है जो एक हिमालयी काले भालू द्वारा एक आर्किड वाले पेड़ पर बनाया गया था। एक बड़ा बांज का वृक्ष या तो बर्फ की वजह से अथवा एक तूफान में जमीन से लगभग चालीस फुट की ऊंचाई पर टूट गया था। जहां से पेड़ का हिस्सा टूट गया था। उस स्थान से आदमी की बांह के बराबर मोटी शाखाओं का एक गोल घेरा तने से समकोण पर उग आया था, यहां पर काई उग गई थी और इसी काई में तितली आर्किड ने जड़े पकड़ ली थी। यहीं पर आर्किड के मध्य में एक भालू ने शाखाओं को मोड़ कर तथा नीचे दबाकर टूटे हुए पेड़ के तने पर डेरा बनाया हुआ था। भालूओं द्वारा जिन पेड़ों को डेरा बनाने के लिए चुना जाता है, वे उस प्रकार के होते हैं जिनकी शाखाएं लचकदार हों और बिना टूटे झुक जाती हों। इन डेरों का पारिवारिक संबंधों से कोई भी लेना–देना नहीं होता है और मैंने उनको

दो हजार फुट की ऊंचाई से आठ हजार फुट की ऊंचाई तक देखा है। सर्दियों के महीनों में भालू ऊपर से निचली ऊंचाइयों में आलूबुखारा तथा शहद को खाने के लिए उतर आते हैं और ये डेरे चीटिंयों तथा मक्खियों से उनको सुरक्षा प्रदान करते हैं और ऊंचाई वाले स्थानों में वे भालू को निर्विघ्न रूप से धूप सेंकने में सहायता प्रदान करते हैं।

जब कोई एक सड़क दिलचस्पियों से भरपूर होती है तो इसकी लंबाई का पता ही नहीं चलता है। मैं, लगभग एक घंटे तक चलता रहा था, तभी जंगल खत्म हो गया और मैं एक घास के टीले पर आ पहुंचा जिसके नीचे एक गांव दिखाई दे रहा था। खुले मैदान से मेरा वहां तक आना, गांव वालों ने देख लिया था और जब मैं गांव में पहुंचा तो वहां पर मेरा स्वागत करने के लिए मानो पूरी आबादी ही इकठ्ठी हो गई थी। मुझे कभी बहुत आश्चर्य होता है कि विश्व के किसी भी भाग में क्या एक अजनबी का जिसके कार्य के उद्देश्य के बारे में कुछ भी मालूम न हो, एक दूर दराज में स्थित एक गांव में पहुंचने पर वैसी ही खातिरदारी तथा स्वागत किया जाता होगा जैसा कि संपूर्ण कुमाऊं के किसी भी गांव में पहुंचने पर किसी व्यक्ति का किया जाता है। मैं, उस गांव में पैदल अकेला ही पहुंचने वाला संभवतः प्रथम गोरा आदमी था, फिर भी जब मैं उस भीड़ के बीच में मुश्किल से पहुँचा ही था कि वहां मेरे लिए एक दरी बिछा दी गई और उसके ऊपर एक मोड़ा रख दिया गया था और मैं, उस पर बैठा ही था कि

मेरे हाथों में दूध से भरा कांसे का बर्तन थमा दिया गया था। जीवन भर पहाड़ी जनता के साथ रहने के कारण मैं, कुमांऊ में बोली जाने वाली विभिन्न बोलियों को समझ सकता हूँ तथा जो सबसे ज्यादा जरूरी है, उनकी प्रत्येक बात को सहज ही समझ लेता हूँ। क्योंकि मैं अपने हाथों में एक राइफल लेकर वहां पहुंचा था, यह सुनिश्चित था कि मैं, उन्हें नरभक्षी शेर से मुक्ति दिलाने के लिए ही आया था परंतु उन्हें जिस बात ने दुविधा में डाल दिया था वह यह थी कि मैं, उस सुबह इतनी जल्दी वहां पर पैदल कैसे पहुंच गया था जबकि वहां से सबसे निकटतम डाक बंगला तो तीस मील दूर स्थित था।

जब मैं दूध पी रहा था तो चारों तरफ सिगरेट वितरित की गई और जब मैंने उनके काफी प्रश्नों के उत्तर दे दिए थे तो फिर मैंने भी कुछ सवाल उनसे पूछे। उस गांव का नाम तमाली था और वह गांव वर्षों से नरभक्षी से परेशान था। कुछ ने बताया कि आठ सालों से तो कुछ ने कहा दस वर्षों से परंतु इससे तो सब सहमत थे कि नरभक्षी का अभ्युदय उसी साल हुआ था जब बछीसिंह ने लकड़ी फाड़ते समय अपने पैर का अंगूठा काट डाला था और दानसिंह द्वारा चालीस रुपए में खरीदा गया बैल पहाड़ से नीचे गिर कर मर गया था। नरभक्षी द्वारा तमाली में किया गया आखिरी मानव शिकार कुंदन की मां थी। वह पिछले महीने (मार्च) की बीस तारीख को उस समय मारी गई थी जब वह गांव के नीचे एक खेत में अन्य महिलाओं के साथ काम कर रही थी। यह किसी को भी पता न था कि शेर नर था अथवा मादा, परंतु सबको मालूम था कि वह एक बड़ा जानवर था जिसका डर इतना बड़ा था कि अब सीमा पर स्थित खेतों में खेती नहीं की जा रही थी और टनकपुर जाकर गांव के लिए खाने का सामान लाने के लिए कोई भी तैयार नहीं था। शेर तमाली से ज्यादा समय के लिए कभी भी अनुपस्थित नहीं रहता था और यदि मैं, उनके साथ रूका, जिसके लिए उन्होंने प्रार्थना भी की थी, तो मेरे पास उसे मारने के लिए तल्लादेश के किसी भी स्थान की अपेक्षा बेहतर मौके थे।

जो आप पर अपार विश्वास करते हों उनको नरभक्षी की दया पर छोड़ कर जाना बहुत आसान नहीं है। फिर भी उनको मेरा ऐसा करने का कारण समझ में आ गया और मैंने पचास या उससे अधिक इकठ्ठा लोगों को समझा दिया कि मैं मौका मिलते ही तमाली वापस लौटूंगा। फिर मैंने उनको अलविदा कहा और जिस गांव में अंतिम शिकार किया गया, उसे खोजने निकल पड़ा।

जहां से गांव जाने वाली पगडंडी वन मार्ग पर मिलती है मैने उस निशान को हटा दिया जो मैंने सड़क पर अपने आदमियों को यह बताने के लिए बना दिया था कि मैं पूर्व दिशा में गया हूं और यह सुनिश्चत करने के लिए कि उनसे कोई गलती न हो जाए, मैंने सड़क के पूर्व में सड़क बंद रखने का संकेत चिह्न रख दिया। ये जो दो चिह्न मैंने बनाए थे, उनको सारे कुमाऊं के लोग जानते हैं यद्यपि मैंने अपने आदमियों को यह नहीं बताया कि मैं, उनका प्रयोग करूंगा परंतु मुझे पता था कि वे समझ जाएंगे कि मैंने ये चिह्न उनके लिए ही बनाए हैं, और वे उनका मतलब समझ लेंगे। पहला संकेत चिह्न

तो एक छोटी टहनी को सड़क के मध्य में एक पत्थर या लकड़ी के टुकड़े से दबाकर रखने का होता है, जिसकी पत्तियां उस दिशा में इशारा करती हैं जिधर मैं अपने पीछे आने वाले आदमियों को भेजना चाहता था, जबकि दूसरा संकेत चिह्न दो शाखाओं को (**X**) के रूप में रख देना होता है।

पश्चिम की तरफ को जाने वाली सड़क लगभग सारी दूरी तक समतल थी और बांज के बड़े–बड़े वृक्षों के मध्य से होकर गुजरती थी, जो घुटनों तक ऊंची घास तथा फर्न में खड़े थे। जहां भी इस जंगल में खुले स्थान थे वहां से पूरब से पश्चिम तक हिमालय की बर्फ से ढकी पर्वतमाला का मनभावन दृश्य, दूर–दूर तक दिखाई देता था।

4

पश्चिम की तरफ कुछ मील जाने के बाद वनमार्ग उत्तर की ओर मुड़ा तथा एक घाटी के शीर्ष को पार करके गया। घाटी के नीचे की ओर चट्टान की तरफ साफ पानी की एक धारा बह रही थी, जिसका जन्म, एक घने बांज के वन में हुआ था, जो उस पहाड़ पर था, जो मेरे ऊपर मेरे बाईं ओर ऊंचा उठा हुआ था। पत्थरों के ऊपर पैर रखकर मैंने जलधारा को पार किया और एक हल्की चढ़ाई पर चलने के बाद मैं, एक खुले मैदान के विस्तार में निकल आया जिसके दूसरी ओर कुछ दूरी पर एक गांव स्थित था। कुछ लड़कियों ने, जो गांव से नीचे जलधारा की तरफ के रास्ते पर आ रही थी, खुले स्थान में आते ही मुझे देख लिया और वे बहुत ज़ोर से उत्तेजनापूर्ण स्वर में चिल्लाई कि साहिब आ गए हैं ! साहिब आ गए हैं ! उनकी आवाज़ें घर–घर पहुंच गई और इससे पहले कि मैं गांव में पहुंचता मुझे चारों ओर से पुरूषों, महिलाओं तथा बच्चों की एक उत्तेजित भीड़ ने घेर लिया था।

गांव के मुखिया से मुझे पता चला कि गांव का नाम तल्लाकोट था और मुझसे मिलने और जिले के सभी निवासियों को यह बताने के

लिए कि नैनीताल से एक साहिब नरभक्षी को मारने का प्रयत्न करने आ रहे हैं, चंपावत से एक पटवारी दो दिन पहले (5 अप्रैल) पहुंच गया था और पटवारी के आने के थोड़ी देर बाद ही नरभक्षी ने गांव की एक महिला को मार डाला था। अल्मोड़ा के डिप्टी कमिश्नर के आदेशों के अनुपालन में शव को छेड़ा नहीं गया था और अंत में यह भी कि, मेरे आगमन की प्रत्याशा में, उसी दिन सुबह एक दल शिकार को ढूंढने कि लिए बशर्ते कि उसमें कुछ शेष रहा हो, और मेरे लिए एक मचान बनाने के लिए भेज दिया गया था। जब मुखिया मुझे ये सूचनाएं दे रहा था, तभी तीस आदमियों का वह दल वापस लौटा।

इन आदमियों ने मुझे बताया कि उन्होंने उस स्थान की खोजबीन की थी जहां पर शेर ने महिला को खाया था, परंतु वे केवल उसके दांतों को ही प्राप्त करने में सफल हो सके थे, यहां तक कि उसके कपड़े भी गायब थे। जब मैंने पूछा कि शिकार कहां पर किया गया था, तब लगभग 17 वर्ष के एक बालक ने, जो उस दल के साथ गया था, कहा कि यदि मैं, उसके गांव के दूसरी तरफ चलूंगा तो वह इशारा करके उस स्थान को बता पाएगा जहां पर नरभक्षी ने उसकी मां को मारा था। लड़का आगे चलता गया और मेरे पीछे पुरूषों, महिलाओं तथा बच्चों की भीड़ आ रही थी। हम गांव से होकर एक अवतल पर्वत (घोड़े की काठी की तरह) पर पहुंचे जो कि पचास फुट लंबा और दो पहाड़ों को जोड़ता था। यह अवतल स्थान दो बड़ी घाटियों का शीर्ष स्थल था। एक तो बाईं या पश्चिम की तरफ थी तथा लध्यानदी में जा मिलती थी और दूसरी दाहिने तरफ एकदम सीधी खड़ी ढलान पर नीचे दस या पंद्रह मील दूर काली नदी तक जाती थी। अवतल स्थान पर रूक कर बालक ने मुड़कर दाहिनी ओर वाली घाटी की तरफ मुख किया। इस घाटी के बाईं हाथ या उत्तरी दिशा में छोटी घास उगी थी और यहां–वहां पर झाड़ियां भी थी और उसके दाहिने तरफ घनी झाड़–झंखाड़ और वृक्षों से आच्छादित एक जंगल था। घास वाली घाटी की तरफ आठ सौ से एक हजार गज़

दूर और हमसे एक हजार से पंद्रह सौ फुट नीचे, एक झाड़ी की तरफ इशारा करके बालक ने बताया कि उसकी मां, इसके निकट उस समय मारी गई थी जब वह कई महिलाओं के साथ घास काट रही थी। फिर घाटी में एक बांज के वृक्ष की ओर इशारा करके, जिसकी शाखाएं लंगूरों द्वारा तोड़ दी गई थी, उसने बताया कि उसी पेड़ के नीचे उन्होंने उसकी मां के अवशेष पाए थे। शेर के बारे में उसने कहा कि उसने और दल के किसी भी आदमी ने उसे देखा अथवा सुना नहीं था, परंतु जब वे पहाड़ से नीचे जा रहे थे तभी उन्होंने पहले एक घुरल और थोड़ी देर बाद एक लंगूर को बोलते हुए सुना था।

घुरल कभी–कभी मनुष्यों को देख कर बोलते हैं किंतु लंगूर नहीं, यद्यपि दोनों एक शेर को देख कर अवश्य ही बोलेंगे। क्या यह संभव था कि शेर ने हत्या करने के स्थान पर ही अपना डेरा डाल रखा हो और मनुष्यों के उस दल द्वारा छेड़े जाने पर वहां से हट गया हो, जिसे पहले घुरल ने और फिर लंगूर ने देख लिया था। जब मैं, इस बिंदु पर अनुमान लगा ही रहा था तथा अपने सामने दिखाई पड़ रहे संपूर्ण प्रदेश का अपने दिमाग में नक्शा बना रहा था, तभी पटवारी मुझ से आकर मिला जो उस समय अपना भोजन कर रहा था जब मैं गांव में पहुंचा था। उन दो जवान झोंटों के बारे में प्रश्न करने पर, जिनको मैने बेंस को भेजने को कहा था, पटवारी ने कहा कि वह उनको अपने साथ लेकर चंपावत से चला था तथा उसने, उनको तल्लाकोट से दस मील दूर स्थित एक गांव में छोड़ दिया था, जहां नरभक्षी ने 4 अप्रैल को सारे गांव के सामने ही एक लड़के को मार डाला था। क्योंकि उस स्थान पर नरभक्षी से निबटने के लिए कोई भी सक्षम व्यक्ति मौजूद न था, अतः शव को बरामद कर लिया गया था और जब घटनाक्रम के बारे में एक सूचना चंपावत भेज दी गई थी, जहां से वह तार द्वारा टनकपुर मुझे जानकारी देने हेतु प्रेषित कर दी गई थी, तब उसने लड़के के अवशेषों की अंत्येष्टि करने के आदेश दे दिए थे।

मेरे आदमी अभी तक उस छोटे गांव से नहीं लौटे थे जहां हमने रात व्यतीत की थी। अतः गांव के मुखिया को निर्देश देने के बाद कि मेरा तंबू पानी के सोते के निकट स्थित खुले मैदान में लगा दिया जाए। मैंने नीचे जाने का निर्णय लिया ताकि मैं उस जगह का निरीक्षण कर सकूं जहां शेर ने अपना शिकार किया था, और मेरा उद्देश्य यह भी था कि मैं यह देखूं कि नरभक्षी एक नर था या मादा थी और यदि मादा थी तो क्या उसके साथ शावक थे? जैसा कि मैं पहले भी बता चुका हूँ कि कुमाऊं का यह भाग मेरे लिए अनजान था और जब मैंने मुखिया से पूछा कि क्या वह घाटी में नीचे जाने का सबसे सरल रास्ता दिखा सकता है, तभी उस बालक ने जिसने मुझे इशारा करके बताया था कि उसकी मां को कहां पर मारा और खाया गया था, आगे कदम बढ़ाए और बहुत बड़ी उत्सुकता से कहा कि मैं आपके साथ आऊंगा साहिब ! और आपको मार्ग दिखाऊंगा।

उन लोगों का साहस, जो ऐसे क्षेत्र में रहते हैं जिसमें एक नरभक्षी का खतरा हो, और उनका विश्वास जिसे वे नितान्त अजनबियों पर करने को इच्छुक रहते हैं, हमेशा से ही मुझे आश्चर्यचकित करता रहा है। वह बालक जिसका नाम डूंगरसिंह था, साहस और विश्वास का एक दूसरा उदाहरण था। डूंगरसिंह वर्षों से एक नरभक्षी के साये में रह रहा था और केवल एक घंटे पहले उसने अपनी माता के दयनीय अवशेषों को देखा था, फिर भी अकेले और निहत्थे वह एक नितांत अजनबी के साथ उस क्षेत्र में जाना चाहता था, जहां पर उसे, घुरल तथा लंगूर की चेतावनी भरी बोली सुनने के कारण, विश्वास करने का प्रत्येक कारण था कि उसकी मां का हत्यारा वहीं भटक रहा है। यह सच है कि उसने कुछ ही समय पहले उस क्षेत्र का भ्रमण किया था, परंतु उस अवसर पर उसके साथ तीस मित्र भी थे जिनकी अधिक संख्या होने के कारण वह सुरक्षित था।

अवतल पर्वत से तीखी ढलान वाले पहाड़ पर नीचे जाने के लिए कोई रास्ता नहीं था अतः डूंगरसिंह मुझे वापस गांव से होकर वहां

ले गया जहां पर बकरियों के आने–जाने का मार्ग था। जैसे ही हम छितरी हुई झाड़ियों से होते हुऐ नीचे गए, मैंने उसको बताया कि मेरे सुनने की क्षमता दोषपूर्ण है और यदि वह मेरा ध्यान किसी विशेष वस्तु की ओर आकृष्ट करना चाहे तो वह रूक जाए और उसकी तरफ इशारा करे तथा यदि वह मुझसे बातचीत करना चाहे तो वह मेरे नज़दीक आए और मेरे दाहिने कान में फुसफुसाए। हम लगभग चार सौ गज़ दूर तक ही गए होंगे जब डूंगरसिंह रूका और उसने पीछे देखा। मुड़कर उसी दिशा में देखने के बाद मैंने देखा कि पटवारी एक आदमी के साथ जो उसकी छर्रे वाली बंदूक लिए हुए था, पहाड़ी से नीचे दौड़ा चला आ रहा था। यह सोचते हुए कि वे मेरे लिए अत्यंत आवश्यक सूचना लाए हैं मैंने उनके पहुंचने की प्रतीक्षा की। परन्तु यह जान कर मुझे निराशा हुई कि वह पटवारी मेरे साथ केवल अपनी बंदूक को ले जाने वाले आदमी को साथ लेकर चलना चाहता था। बहुत अनिच्छा से मैंने उसे ऐसा करने की अनुमति प्रदान की, क्योंकि वह और उसकी बंदूक को ले जाने वाला व्यक्ति भारी जूतों को पहनने के कारण किसी भी वन में बिना आवाज़ किए चलने में सक्षम नहीं लग रहे थे।

हम घने झाड़–झखांड़ के जंगल में लगभग चार सौ गज़ और गए होंगे जब हम कुछ वर्ग गज़ के एक साफ स्थान पर पहुंचे। यहां से घाटी में आने–जाने का रास्ता विभक्त होता था। इसकी एक शाखा तो बाईं तरफ एक गहरी घाटी में जाती थी, जबकि दूसरी पहाड़ की परिरेखा के साथ–साथ दाहिनी ओर जाती थी। वहीं पर डूंगरसिंह रूका और घाटी की तरफ इशारा करके फुसफुसाया कि उसी के नीचे वह स्थान था, जहां शेर ने उसकी मां को खाया था। मैं नहीं चाहता था कि जिस जमीन पर मैं पंजो के निशान देखने जाता, वह जूतों से अस्त व्यस्त हो जाए इसीलिए मैने डूंगरसिंह को खुले मैदान मे दोनो आदमियों के साथ ठहरने को कहा, जबकि मैं, अकेला ही नीचे घाटी में गया। जैसे ही मैंने बोलना बंद किया, डूंगरसिंह झटके से

घूमा तथा उसने पहाड़ के ऊपर देखा। जब मैने उसी दिशा में देखा तो पहाड़ की पीठ पर लोगों की एक भीड़ को खड़े देखा जहां मैं थोड़ी देर पूर्व खड़ा था। अपना एक हाथ हमारी तरफ फैलाकर चुप रहने का इशारा करते हुए तथा दूसरे को अपने कान से लगा कर डूंगरसिंह बहुत ध्यानपूर्वक सुन रहा था तथा कभी–कभी अपना सिर भी हिलाता था। फिर अंतिम बार सिर हिलाने के बाद, वह मेरी तरफ मुड़ा और फुसफुसाया कि उसका भाई, आपको यह बताने को कहता है कि हमारे नीचे के बंजर खेत में कोई लाल वस्तु धूप में पड़ी हुई है।

बंजर मैदान उसे कहते हैं, जिसमे खेती करना बंद कर दिया गया हो और हमारे नीचे ऐसे ही एक मैदान में कोई लाल वस्तु धूप में पड़ी हुई थी। यह भी हो सकता था कि वह लाल वस्तु एक सूखी श्येनपर्णांग हो या एक काकड़ या एक जवान सांभर, परंतु वह एक शेर भी हो सकता था। फिर भी मैं, ईश्वर द्वारा भेजे गए उस अवसर को गंवाने का खतरा नहीं उठाना चाहता था। अतः डूंगरसिंह को अपनी राइफल पकड़ाने के बाद मैंने पटवारी और उसके आदमी को अपने एक–एक हाथ से पकड़ा और उन्हें नजदीक में खड़े एक लोकाट के पेड़ के पास ले गया। पटवारी की बंदूक को खाली करने के बाद मैंने उसे एक झाड़ी के नीचे रख दिया, और दोनों आदमियों को पेड़ पर चढ़ने को कहा तथा मृत्यु की पीड़ा होने पर भी तब तक एकदम खामोश रहने को कहा, जब तक कि मैं उनको नीचे उतरने का आदेश नहीं देता। मैं नहीं समझता कि कोई भी दो आदमी इतनी प्रसन्नता से एक पेड़ पर कभी नहीं चढ़े होंगे तथा पेड़ पर जितना ऊंचा वह चढ़ सकते थे वे चढ़े और जिस तरह वे शाखाओं से चिपके हुए थे, उससे यह स्पष्ट था कि उनका नरभक्षी के शिकार के बारे में दृष्टिकोण प्रबल रूप से परिवर्तित हो गया था, जबसे वे गांव से मेरे पीछे आए थे।

दाहिनी तरफ का बकरी गमनपथ, एक सीढ़ीनुमा खेत से होकर गया, जो बहुत दिनों से जोता नहीं गया था और जिसमें अब जई की घनी घास उगी हुई थी। यह खेत एक सौ गज़ लंबा और मेरी तरफ के किनारे की ओर दस फुट चौड़ा और दूसरी तरफ तीस फुट चौड़ा था जहां यह एक टीले पर खत्म हो जाता था। पचास गज़ तक यह खेत सीधा था और फिर यह बाईं तरफ मुड़ता था। जब डूंगरसिंह ने मुझे इसे देखते हुए देखा तो उसने कहा कि दूसरे किनारे से हम उस बंजर खेत को देखने में समर्थ होंगे, जिसमें उसके भाई ने लाल वस्तु को देखा था। झुक कर और खेत के अंदरूनी किनारे के साथ–साथ हम, आगे की तरफ रेंगते हुए गए, जब तक कि हम दूर के सिरे तक न पहुंच गए। यहां पर हम लेट गए और अपने हाथों तथा घुटनों के बल रेंगते हुए खेत के किनारे तक गए, घास को अलग किया और नीचे झांका।

हमारे नीचे एक छोटी घाटी थी, जिसके दूसरी तरफ एक खड़ी चढ़ाई वाली घास की ढलान थी, जिसके हमसे दूर वाले किनारे पर बांज के छोटे–छोटे घने पौधे खड़े थे। पौधों के ऊपर एक गहरी घाटी थी जिसमें नरभक्षी ने डूंगरसिंह की मां को खाया था। घास की ढलान लगभग तीस गज़ चौड़ी थी और इसके नीचे एक खड़ी चट्टान थी, जिसके आधार पर उगे पेड़ों को देखकर अनुमान लगाया जा सकता था कि वह अस्सी से सौ फुट ऊंची होगी। ढ़लान के निकट वाले छोर पर एक सीढ़ीनुमा खेत था, जो सौ गज़ लंबा तथा दस फुट चौड़ा था। वह खेत हमसे एक सीधी रेखा में था, जिसमें हमारी तरफ पन्ने की तरह हरी छोटी घास का एक टुकड़ा था शेष भाग को एक सुगंधित घनी घास ने ढक कर रखा था, जो चार से पांच फुट तक ऊंची होती है और जिसकी पत्तियां क्राईजेन्थीमम की तरह होती हैं जो नीचे की तरफ सफेद होती हैं। सूर्य के चमकीले प्रकाश में घास के टुकड़े पर एक दूसरे से दस फुट की दूरी पर दो शेर लेटे हुए थे।

नजदीक के शेर की पीठ हमारी ओर थी और उसके पैर पहाड़ की तरफ थे, जबकि दूर वाले का पेट हमारी तरफ था और उसकी पूंछ पहाड़ की ओर थी। दोनों गहरी नींद में सोए थे। निकट के शेर पर एक बेहतर निशाना लगाया जा सकता था, परंतु मुझे डर था कि गोली की सनसनाहट सुनकर, दूर वाला शेर सीधे पहाड़ से नीचे घनी आड़ में भाग जाएगा, जिस दिशा में उसका सिर था। यदि मैं दूर वाले पर पहले गोली दाग दूंगा तो गोली की सनसनाहट, जिसे राइफल की आवाज के भ्रम में नहीं पड़ना चाहिए, या तो पहले शेर को पहाड़ के ऊपर दौड़ा देगी जहां पर कम आड़ थी अथवा उसे मेरी ओर खदेड़ देगी। अतः, मैंने पहले दूर वाले को मारने का निर्णय लिया। दूरी लगभग एक सौ बीस गज़ रही होगी तथा गोली चलाने का कोण उतना खड़ा न था कि गोली को उठने दिया जाता। यह एक ऐसा तथ्य है जिसे हिमालय में नीचे गोली दागते समय सदैव दिमाग में रखना चाहिए। अपने हाथ के पीछे के हिस्से को खेत के किनारे पर टिकाने के बाद, जिससे गददा बन जाए तथा राइफल को स्थिर रखते हुए मैंने उस स्थान पर, जहां मैंने सोचा जानवर का दिल होगा, सावधानी से निशाना साधा और हल्के से घोड़ा दबाया। उस शेर ने एक भी मांसपेशी न हिलाई परंतु दूसरा विद्युत गति से ऊपर उठा और एक ही छलांग में एक पांच फुट ऊंचे जमीन के तट पर पहुंचा जो खेत को एक पानी के नाले से अलग करता था। वहां पर दूसरा शेर रूका, उसकी बगल मेरी तरफ थी और वह अपने दाहिने कंधे के पीछे अपने साथी को देख रहा था। मेरी गोली लगने पर वह पिछले पैरों पर खड़ा हुआ और पीछे की ओर पानी के नाले में गिर पड़ा और आंखों से ओझल हो गया।

मेरी दूसरी गोली चलने के बाद मैंने सुगंधित घास मे एक हलचल देखी जो वहां से शुरू हुई थी जहां पर मृत शेर पड़ा था। एक बड़ा जानवर पूरी गति से खेत में भाग रहा था। उसी स्थान के निकट से भागने के कारण जहां पर दो शेर लेटे हुए थे, यह तीसरा जानवर

एक अन्य शेर ही हो सकता था। मैंने जानवर को नहीं देखा, परंतु मैं उसके भागने को घास के हटने के कारण देख सकता था, जिसकी पत्तियों की निचली साइड सफेद थी। दृष्टिका को दो सौ गज़ पर रखने के बाद, मैंने जानवर के बाहर प्रकट होने की प्रतीक्षा की। थोड़ी देर में एक शेर घास के ढलान पर भागते हुए दिखा। मैंने अब ध्यान दिया कि जिस ढलान पर शेर था, वह दाहिनी ओर मुड़ता था, उसी तरह जैसे वह खेत बाईं ओर मुड़ता था जिस पर मैं लेटा था, क्योंकि शेर पहाड़ की परिरेखा के समानान्तर जा रहा था, इसीलिए ढलान के इस मोड़ ने मुझे शेर की बगल में गोली दागने का मौका दे दिया।

मैंने जानवरों को गोली लगते ही गिरते हुए देखा है और मैंने उनको लड़खड़ा कर उठते हुए भी देखा है, परंतु मैंने किसी भी जानवर को इस तरह गिर कर मरा हुआ जैसा पहले कभी भी नहीं देखा था, जैसा कि इस शेर को देखा था। कुछ पलों तक वह स्थिर रहा और फिर उसने लुढ़कना आरंभ किया। उसके पैर आगे–आगे थे, जैसे–जैसे वह नीचे गिरता गया, उसकी गति तेज होती गई। उसके एकदम नीचे और खड़ी चट्टान से कुछ फुट ऊपर एक आठ से दस इंच मोटा बांज का छोटा पेड़ था। शेर इसी छोटे पेड़ से पेट के बल जा टकराया और रूक गया। उसका सिर और अगली टांगे एक तरफ तथा पिछली टांगे और पूंछ दूसरी ओर लटक रहे थे। राइफल को अपने कंधों पर रखे और घोड़े पर उंगली रखे हुए मैंने इंतजार किया परंतु शेर में थोड़ा सा भी कंपन नहीं दिखा। अपने पैरों पर खड़ा होकर मैंने पटवारी को पास बुलाया जिसने लोकाट के पेड़ पर की अपनी सीट से उस सारे घटनाक्रम का शानदार दृश्य देखा था।

डूंगरसिंह जो मेरी बगल में लेटा था और रूक–रूक कर सांस ले रहा था, अब उत्तेजना से नृत्य कर रहा था और जिस तरह वह शेरों, और फिर अवतल पर्वत पर खड़ी भीड़ पर ऊपर नजर डाल रहा था, मैं जानता था कि वह उस कहानी के बारे में सोच रहा था, जिसे वह उस रात और आगामी अनेक रातों को सुनाने वाला था।

जब मैंने दो शेरों को सोते देखा था, तब मैंने निष्कर्ष निकाला था कि नरभक्षी के साथ उसका जोड़ा भी था, परंतु बाद में जब मेरी तीसरी गोली ने एक और शेर को उठा दिया था, तब मुझे पता चला कि मेरा सामना एक शेरनी और उसके दो शावकों से था। तीनों में से कौन मां थी और कौन शावक थे? यह कहना संभव नहीं था, क्योंकि तीनों एक ही आकार के दिखाई पड़े थे, जब मैंने उनको अपनी राइफल की दृष्टिका से देखा था परंतु उन तीनों में से एक 'तल्लादेश का नरभक्षी' था, उसके बारे में कोई प्रश्न ही नहीं था, क्योंकि पहाड़ में शेर दुर्लभ होते हैं और ये तीनों शेर उसी स्थान के आसपास ही मारे गए थे जहां पर हाल ही में एक मनुष्य को मार कर खाया गया था। शावक अपनी माता के पाप कर्मों के कारण ही मारे गए थे। निःसंदेह उन्होंने मनुष्य के मांस का भक्षण किया था जो उनकी मां उनके लिए बचपन से ही उपलब्ध कराती थी, परंतु इसका कदापि यह मतलब नहीं होता था कि अपनी मां की छत्रछाया से अलग होने के बाद वे भी अपने आप में नरभक्षी बन गए होते, क्योंकि 'कुमाऊं के नरभक्षी' के प्रकाशित होने के बाद से जो कुछ भी कहा गया था, उसके बावजूद मैं अभी भी अपने इस मत पर कायम हूँ कि नरभक्षी शेरों के शावक, कुमाऊं के उस भाग में, जिसके बारे में मैं अब लिख रहा हूँ, नरभक्षी नहीं बनते हैं, महज़ इसी कारण से कि जब वे बच्चे थे तो उन्होनें मानव मांस को खाया था।

खेत के किनारे पर अपने पैरों को नीचे लटकाये हुए और राइफल को अपने घुटनों पर रखे, मैंने अपने साथियों को सिगरेटें प्रदान की और उनको कहा कि मैं सिगरेट पीने के बाद नीचे जाऊंगा और वर्षा

के पानी के नाले में गिरे हुए शेर को देखूंगा। इसमें कोई संशय न था कि मैं शेर को मुर्दा पाऊंगा, फिर भी कुछ मिनटों तक प्रतीक्षा करने से कोई नुकसान नहीं हेाता, परंतु इससे मुझे अपने भाग्य के चमत्कारिक रूप से मेरे प्रति अनुकूल रहने पर आनंदित होने के लिए थोड़ा वक्त मिल जाता। अपने तल्लादेश आगमन के एक घंटे के अंदर ही मैंने उस नरभक्षी से अप्रत्याशित रूप से संपर्क स्थापित कर लिया था, जिसने कई सौ वर्गमील के क्षेत्र को आठ वर्षों तक आंतकित कर दिया था और कुछ ही पलों के अंतराल में नरभक्षी एवं उसके दो शावकों को मार दिया था। वह अति आनंद जिसे सभी शिकारी, तब महसूस करते हैं जब वे एक भारी राइफल को उस वक्त स्थिर रखते हैं जब उनके शरीर के रक्त की प्रत्येक बूंद उत्तेजना से धड़कती हो और उसके साथ यह सुख तथा शांति भी जुड़ी हो कि वहां पर एक घायल जानवर का पीछा करने की कोई आवश्यकता नहीं है, एक मुसीबत, जिसका सामना शेरों का पैदल शिकार करने पर करना पड़ता ही है।

मेरे आदमी मेरे सौभाग्य को नियति से नहीं जोड़ेगे। असफलताओं की संभावनाओं को टालने के लिए उन्होंने नैनीताल के मंदिर में बूढ़े पुजारी से परामर्श किया था और उसने हमारी तल्लादेश की यात्रा को आरंभ करने के लिए एक शुभ दिन चुना था, और जब हम चले थे, अपशकुन नहीं थे। मेरी सफलता को अच्छे भाग्य से नहीं जोड़ना चाहिए, इसलिए कि यदि मैं शेरों को मारने में विफल रहता तो क्या मेरी असफलता को बुरे भाग्य से जोड़ा जाता, क्योंकि चाहे कितना ही अच्छा निशाना लगा कर के गोली चलाई जाती, वह उस जानवर का कुछ भी नहीं बिगाड़ सकती थी जिसका मरने का समय अभी नहीं आया हो। जिनके साथ मैं शिकार खेलते समय सम्बंधित रहता हूँ, उन लोगों के अंधविश्वास सदैव से ही मेरे लिए कौतूहल का विषय रहे हैं। मैं स्वयं शुक्रवार को एक यात्रा करने का अनिच्छुक रहता हूँ, और मैं एक पहाड़ी व्यक्ति की यात्रा आरंभ करने की इस गहरी

अनिच्छा पर नहीं हसूँगा कि मंगल या बुद्धवार को उत्तर दिशा की, दक्षिण की बृहस्पतिवार को, पूरब की सोमवार या शनिवार को और पश्चिम की रविवार या शुक्रवार को यात्रा आरंभ नहीं करनी चाहिए। जो लोग किसी के साथ एक जोखिम भरे अभियान पर साथ जाते हैं उनको यात्रा आरंभ करने के दिन का चुनाव करने की अनुमति देना एक साधारण बात है किंतु यह सारा अंतर तब पड़ता है जब अपने साथ प्रसन्नचित्त और संतुष्ट साथियों को रखा जाए अथवा उन साथियों को, जो किसी भी आने वाले खतरे के अहसास से सदा उत्पीड़ित रहते हैं।

खेत के किनारे पर बैठे हुए हम चारों ने जब सिगरेटें समाप्त कर ही ली थी, तब मैंने ध्यान दिया कि जो शेर बांज के छोटे पेड़ पर टिका हुआ था, वह अब हिलने लगा था। जानवर के शरीर का खून प्रत्यक्ष रूप से उसके आगे के हिस्से में एकत्रित हो गया था, जिससे वह सिरा, पूंछ के सिरे की अपेक्षा भारी हो गया था और वह अब सिर की तरफ से धीरे–धीरे नीचे निकल रहा था। एक बार जब वह छोटे पेड़ से बाहर आया तो शेर घास की ढलान से फिसलने लगा और नीचे खड़ी चट्टान के सिरे से गिर कर गायब हो गया। जैसे ही वह आसमान से गिरा मैंने राइफल उठा कर गोली चलाई। मैंने वह गोली उस क्षण के चरम पर चलाई थी, जोकि मुझे उस आनंद की अनुभूति कराता कि मैं अपने तल्लादेश के अभियान में सफल रहा हूं, और इसलिए भी, मैं यह मानते हुए शर्मिंदा हूं जो कि यह प्रदर्शन करने के लिए भी था कि वहां पर ऐसा कुछ भी नहीं था, चाहे वह आसमान से गिरता हुआ एक शेर ही हो, जिसे मैं उस विशेष दिन, निशाना नहीं बना सकता था। शेर के वृक्षों की चोटियों से गायब होने के एक क्षण बाद ही वहां शाखाओं के टूटने की आवाज आई, जिसके बाद धीमी और धम्म से गिरने की आवाज आई, मैंने गिरते हुए शेर को निशाना लगाया था या नहीं? इससे कोई अंतर नहीं पड़ता परंतु जिस बात से फर्क पड़ता वह ये थी कि, गांव के निवासियों को उसे उठाने

के लिए अब दूर तक जाना होगा, बजाय उसके यदि शेर ढलान पर ही पड़ा रहता।

मेरी सिगरेट समाप्त हो गई थी, मैंने अपने साथियों को स्थिर बैठने को कहा जब तक कि मैं नीचे जाकर बारिश के पानी की नाली में पड़े शेर को देख आता हूँ। पहाड़ बहुत तीखी ढाल वाला था और मैं लगभग पचास फुट ही उतरा होऊंगा, तभी डूंगरसिंह बहुत उत्तेजित आवाज में चिल्लाया – देखो साहिब शेर वहां जा रहा है। मेरा ध्यान नीचे की तरफ के शेर पर था अतः मैं बैठ गया और अपनी राइफल को उठा कर उस आक्रमण का सामना करने को तैयार हो गया, जो मैं समझा था कि होने ही वाला है। मेरी तैयारियों को देख कर बालक चिल्लाया, यहां नहीं, परंतु साहिब वहां। अपने सामने की रक्षा करने के दबाव से मुक्त होकर, मैंने अपना सिर मोड़ा, तथा डूंगरसिंह पर दृष्टि डाली और देखा कि वह मुख्य घाटी के पार पहाड़ की निचली ढलान की तरफ इंगित कर रहा था, जिस पर उसकी मां मारी गई थी। पहले तो मैं कुछ नहीं देख सका और फिर मेरी नजर शेर पर पड़ी जो उस धार की तरफ ऊपर को तिरछा चला जा रहा था, जो मुख्य पर्वत से निकलती थी। शेर बहुत लंगड़ा रहा था और एक बार में केवल तीन या चार कदम ही ले सकता था और इसके दाहिने कंधे पर खून का एक बड़ा धब्बा था। खून के धब्बे से मालूम हुआ कि यह वहीं शेर था जो पेड़ों से होकर नीचे गिरा था, क्योंकि वह शेर जो वर्षा के पानी के नाले में गिरा था, उसके बाएं कंधे पर गोली मारी गई थी।

जहां मैं बैठा था, उसके निकट ही पहाड़ पर चीड़ का एक पतला छोटा पेड़ था। तीन सौ गज़ की दूरी पर दृष्टिका की पत्ती को उठाने के बाद मैंने छोटे पेड़ को अपने बाएं हाथ से कस कर पकड़ा और राइफल को अपनी कलाई पर टिकाने के बाद सावधानीपूर्वक निशाना साधा और बिना जल्दबाजी किए, गोली दागी। दूरी चार सौ गज़ की थी, तथा शेर मुझसे थोड़ी ही ज्यादा ऊंचाई पर था, अतः दृष्टिका को

पूरे रेंज में रखने के बाद, मैंने तब तक प्रतीक्षा कि जब वह स्थिर खड़ा हुआ और फिर धीरे से घोड़ा दबाया। गोली ने उस दूरी को तय करने में अविश्वसनीय रूप से लंबा समय लिया। फिर मैंने थोड़ी धूल को उड़ते देखा और उसी पल शेर ने आगे को झोंका खाया और फिर अपनी धीमी चाल से चलना जारी रखा। मैंने, राइफल की दृष्टिका को थोड़ा ज्यादा दूरी तक खड़ा कर दिया था। इसलिए गोली थोड़ा सा ऊपर से निकल गई। मेरे पास अब ठीक–ठीक दूरी थी और शेर को मारने के लिए केवल मुझे एक और कारतूस की आवश्यकता थी, वह एक कारतूस जिसे मैंने मूर्खतावश तब जाया किया था जब शेर हवा में नीचे गिर रहा था। अपने हाथों में खाली राइफल को लिये मैंने शेर को धीरे–धीरे और कष्टपूर्वक टीले पर चढ़ते देखा, वह कुछ पल तक झिझका और फिर दृष्टि से ओझल हो गया।

वे शिकारी जिन्होंने कभी हिमालय में शिकार नहीं खेला है। मेरी बुद्धिमानी पर सवाल उठायेंगे कि क्यों मैं अपने साथ एक हल्की 275 बोर की राइफल और सिर्फ 5 कारतूस लेकर ही चला था। ऐसा करने के लिए मेरे पास निम्नलिखित कारण थे;

(क) राइफल वही थी जिसे मैं बीस वर्षों के ज्यादा समय से प्रयोग कर रहा था तथा जिससे मैं सुपरिचित था।

(ख) यह ले जाने में हल्की, विशुद्ध तथा तीन सौ गज़ के निशाने के लिए बनाई गई थी।

(ग) मुझे कर्नल बारबर ने सलाह दी थी कि मैं भारी राइफल को इस्तेमाल करने से बचूं और एक हल्की राइफल से भी आवश्यकता से ज्यादा फायर न करूं।

जहां तक गोली–बारूद की बात रही, तो मैं उस सुबह, शेरों को मारने के लिए नहीं निकला था, बल्कि उस गांव का पता करने गया था जहां अंतिम मानव का शिकार किया गया था और यदि समय रहता तो मैं एक जवान कटड़े को जिंदा चारे के रूप में बांधता। जैसा कि बाद में घटित हुआ, हल्की राइफल तथा पांच गोलियों से मेरा प्रयोजन सिद्ध हो गया होता, यदि मैंने वह निर्णायक गोली बेकार नहीं कर दी होती।

मेरे आदमी गांव में समय से पहुंचने के बाद अवतल पर्वत पर खड़ी भीड़ में शामिल हो गए थे तथा उन्होंने सारी घटनाओं को होते हुए देखा था। वे जानते थे कि मेरी राइफल की मैगज़ीन में पांच राउंड गोलियां ही सारा गोली–बारूद मेरे पास था और मेरे द्वारा पांचवी गोली चलाने के बाद जब उन्होंने घायल शेर को धार के ऊपर से ओझल होते देखा तो माधोसिंह नये कारतूसों की पूर्ति लेकर पहाड़ी से नीचे बहुत तेजी से दौड़ता हुआ आया।

हरी घास के टुकड़े पर पड़ा शेर और बारिश के पानी की नाली में गिरा शेर, दोनों को मैंने उसी स्थान पर मरे पड़े देखा, जहां वे गिरे थे, और दोनों लगभग पूर्व व्यस्क हो चुके थे और जो घायल होकर बच निकला था स्पष्टतया उनकी मां "तल्लादेश की नरभक्षी" थी। माधोसिंह तथा डूंगरसिंह को शावकों को ऊपर गांव में ले जाने के लिए आवश्यक व्यवस्था करने को कह कर मैं, घायल शेरनी से संपर्क स्थापित करने के लिए निकल पड़ा। झाड़ियों की जिस परत पर वह पेड़ों से टकराते हुए नीचे गिरी थी, वहां से मैं खून के हल्के खोज–चिह्नों का पीछा करता हुआ उस स्थान तक गया जहां पर वह उस समय खड़ी थी, जब मैंने उस पर अंतिम गोली दागी थी। यहां मैंने कुछ कटे बालों को पाया जो मेरी गोली ने उसकी पीठ से उड़ा दिए थे और थोड़ा अतिरिक्त खून, जो उसके घाव से तब बहा था जब उसने मेरी गोली की अपने ऊपर की जमीन पर टकराने की आवाज़ को सुना था और वह आगे को झोंका खाकर गिरी थी। इस

स्थान से धार तक अनियमित खून की बूंदे दिखाई दे रही थी और मेंड़ के ऊपर छोटी कड़ी घास में मैंने खोज चिह्नों को खो दिया। नजदीक ही घनी झाड़ियों का सौ फुट चौड़ा एक टुकड़ा था जो एक सीधी खड़ी चढ़ाई वाले पहाड़ के बगल तक तीन सौ गज़ तक फैला था और मुझे संदेह था कि शेरनी ने इसी झाड़ी में आश्रय ले रखा था। परंतु क्योंकि अब रात तेजी से घिरती जा रही थी और सही निशाना लगाने के लिए पर्याप्त प्रकाश भी नहीं था, अतः मैंने गांव को लौटने तथा झाड़ी की खोज अगले दिन करने के लिए छोड़ दिया।

5

अगली सुबह शावकों की खाल निकालने और उनकी खालों को खूंटियों के बीच में फैलाने के बाद उन छः इंची कीलों से ठोकने में बीत गई जो मैं, नैनीताल से अपने साथ लाया था। जब मैं, इस कार्य को अंजाम दे रहा था, तब कम से कम एक सौ गिद्ध उस मैदान के किनारे पर खड़े वृक्षों में बैठ गए जिसमें मेरा तंबू गाड़ा गया था। ये पक्षी ही थे जिन्होंने नरभक्षी के शिकार के खोए हुए कपड़ों के बारे में प्रकाश डाला था, क्योंकि शावकों ने खून से सने कपड़ों को चीर कर चीथड़े करके निगल डाला था।

जब मैं, शावकों की खाल निकाल रखा था, गांव के लोग मेरे चारों ओर बैठ गए और मैंने उनसे कहा कि मैं चाहता था कि वे मेरे साथी गढ़वालियों की सहायता उस घास के टुकड़े का हांका करने में करें, जिसमें मेरे विचार से शेरनी ने शरण ली हुई थी। वे ऐसा सहर्ष करने को तैयार हो गए। दोपहर के करीब हम चल पड़े, आदमी गांव से होकर और पहाड़ी के अवतल प्रदेश की लंबाई में चल कर आड़ के ऊपर पहाड़ की चोटी पर पहुंचे जबकि मैं, बकरी के गमनपथ पर नीचे घाटी में गया और उस धार तक पहुंचा जिसके ऊपर मैंने गत पिछली शाम को शेरनी का पीछा किया था। झाड़ी के निचले सिरे पर एक छोटे मकान के बराबर एक विशाल शिलाखंड था।

शिलाखंड के ऊपर चढ़कर जहां से मैं, पहाड़ की चोटी पर खड़े आदमियों को दिखाई दे रहा था, मैंने अपने टोप को हिला कर हांका आरंभ करने का संकेत किया। किसी के भी घायल होने के खतरे को टालने के लिए मैंने आदमियों को पहाड़ी की चोटी पर ही रहने का निर्देश दिया था, फिर उनको हाथों से ज़ोर–ज़ोर से तालियां बजाने तथा चिल्लाने, चट्टानों को नीचे उन झाड़ियों पर लुढ़काने को कहा था, जिसके बारे में पहले ही आपको बता चुका हूँ। एक काकड़ और कुछ कलीज फीजेंट, झाड़ियों से बाहर निकले, परंतु अन्य कुछ भी नहीं। जब चट्टानें उस झाड़ी के खंड के प्रत्येक फुट पर गिर चुकी तो मैंने अपने टोप को दोबारा हिला कर हांक समाप्त करने और गांव को लौटने का संकेत दिया।

जब आदमी चले गए फिर मैंने झाड़ी में शेरनी की खोजबीन की, हालांकि मुझे उम्मीद नहीं थी कि यहां वह होगी। जब मैंने उसे पिछली शाम को पहाड़ के ऊपर जाते देखा था तो मैं देख सकता था कि वह एक बड़े कष्टदायक घाव से पीड़ित थी और जब मैंने उस स्थान पर खून का निरीक्षण किया जहां उसने आगे की ओर झोंका खाया था तभी मुझे पता चला कि घाव अंदरूनी न होकर बाहरी सतह पर ही था। तब क्यों, शेरनी मेरी गोली लगने पर ऐसे– गिर पड़ी थी जैसे उसे लकवा मार गया हो और वह बांज के छोटे पेड़ पर जीवन के कोई भी लक्षण लिए हुए बिना दस से पंद्रह मिनट तक लटकी पड़ी थी। इन सवालों का जवाब मै उस समय नहीं दे सका था और

न ही मुझसे अब भी कोई संतोषजनक उत्तर बन पड़ता है। बाद में, मैंने देखा कि मेरी निकिल के खोल वाली कोमल नोक की गोली उसकी कदुंक–खल्लिका संधि में मजबूती से जम गई थी। यदि

एक अत्यंत तेज गति वाली गोली की उड़ान एक हड्डी की टक्कर से रूक जाती है, तो उसके कारण जानवर पर लगने वाला आघात बहुत यथेष्ट होता है। लेकिन शेर एक भारी जानवर है, जिसमें प्रचंड प्रतिरोधी क्षमता है और फिर एक हल्की 275 बोर की गोली एक ऐसे जानवर को चित्त कर उसे बेहोश कर देगी, यह मेरी समझ से परे है।

धार पर लौटने पर, मैं खड़ा रहा और मैंने उसका सर्वेक्षण किया। ऐसा प्रतीत हुआ कि वह धार कई मील लंबी थी तथा दो घाटियों को विभाजित करती थी। बाईं तरफ की घाटी घास का खुला प्रदेश था। उसके ऊपरी हिस्से में झाड़ियों का क्षेत्र था और दाहिनी तरफ की जो घाटी थी, उसी के ऊपरी सिरे पर शेरों ने महिला को खाया था। उसके दाहिनी तरफ घने वृक्षों तथा झाड़–झंखाड़ का वन था और बाईं तरफ स्लेट के पत्थरों वाली एक सीधी खड़ी ढलान थी जो बाईं तरफ एक चट्टान की चोटी पर खत्म होती थी।

मैं धार की एक चट्टान पर एक सिगरेट पीने के लिए बैठ गया और मैंने पिछली शाम के सारे घटनाक्रमों पर पुनर्विचार किया और मैं निम्नलिखित निष्कर्षों पर पहुंचाः

(क) जब शेरनी मेरी गोली लगने पर गिरी और जब वह पेड़ों से टकराते हुए नीचे गिरी, तब वह मूर्छित थी।

(ख) उसके गिरने पर वृक्षों और घास की शैय्या ने गद्दे की तरह उसे सम्हाल लिया था, जिससे वह होश में आ गई परंतु अभी तंद्रा में थी।

(ग) इसी तंद्रा की स्थिति में वह केवल अपनी नाक की सीध में ही चलती गई थी और पहाड़ तक आने पर वह उस पर चढ़ गई थी, बिना यह जाने कि वह कहां जा रही है।

वह प्रश्न जो अब मेरे सामने था, वह यह था कि शेरनी किस दिशा में और कितनी दूर तक गई थी। पहाड़ के नीचे एक घायल

टांग के साथ उतरना, पहाड़ के ऊपर जाने की अपेक्षा, बहुत कष्टपूर्ण होता है और जैसे ही शेरनी अपनी तंद्रा की स्थिति से उबर जाएगी, वह पहाड़ के नीचे जाना बंद कर देगी और अपने घाव का उपचार करने के लिए किसी आड़ में शरण लेगी। आड़ तक पहुंचने के लिए उसे धार को पार करना पड़ता, अतः यह स्पष्ट था कि यह देखने का प्रयत्न किया जाए कि क्या उसने ऐसा किया था। एक कोमल तलवे वाले जानवर ने कई मील लंबी एक धार को पार किया है, यह देखने जाने का कार्य निराशाजनक हो सकता था, यदि मेंड़ पर एक पैनी–धार न होती। चोटी की लंबाई के साथ जंगली जानवरों का गमनपथ था, जो कि एक आदर्श स्थान था, जहां पर सारे जानवरों के गुजरने के निशान देखे जा सकते थे, जिन्होंने इसे प्रयोग किया था। पगडंडी के बाईं तरफ एक घास की ढलान थी और दांयी तरफ एक सीधा खड़ा स्लेटी पत्थरों का शैल मलवा था जो एक लम्बवत खड़ी खाई में खत्म होता था, जिसके नीचे घाटी थी।

अपना धूम्रपान खत्म करने के बाद मैं पशुगमन पथ पर चला, जिस पर मैंने घुरल, सिराव, सांभर, लंगूर, साही और एक नर बाघ के पगचिह्न देखे। मैं जितना दूर गया, उतना ही निराश होता गया, मुझे मालूम था कि यदि मैंने शेरनी के पंजे के निशान इस रास्ते पर नहीं पाए तो इस बात की कम ही संभावना थी कि मैं उसे फिर कभी देख पाऊंगा। मैं धार के साथ–साथ एक मील तक ही गया होऊंगा कि दो घुरल घबराकर एक घसीयल ढलान पर नीचे बाईं तरफ भाग गए, जहां मैंने शेरनी के पदचिह्न और खून का एक सूखा धब्बा देखा। बिल्कुल स्पष्ट था कि पिछली शाम मेरी दृष्टि से धार के ऊपर ओझल हो जाने के बाद, शेरनी सीधे नीचे घास के ढलान पर गई थी। जब वह अपनी तंद्रा की स्थिति से उबर गई तो वह पहाड़ की परिरेखा के साथ–साथ चलती गई, जिससे वह वन्य पशुगमन मार्ग पर आ गई। आधे मील तक मैं, उसके पदचिह्नों का अनुसरण करता रहा, जहां स्लेटी पत्थरों के मलवे के कारण यह मलवा पंद्रह गज़ तक

संकरा हो गया था। यहां से शेरनी ने शैल मलवे से नीचे जाने का प्रयत्न किया, स्पष्टतया उसका इरादा घाटी के पार स्थित जंगल में शरण लेने का था। लेकिन या तो उसकी घायल टांग ने उसको धोखा दे दिया अथवा उस पर मूर्छा छा गई। मुझे इसकी जानकारी नहीं है। लेकिन आगे गिरने और सिर के बल कुछ गज़ तक लुढ़कने के बाद वह मुड़ी तथा अपने पैरों को बहुत फैला कर एक भीषण परंतु व्यर्थ प्रयास करते हुए उसने जमीन को नाखूनों से नोचा ताकि वह एकदम गहरे गर्त में नीचे घाटी में गिरने से बच जाए। मैं घुरल की तरह सच्चे कदम वाला हूँ परंतु वह पत्थरों का मलवा मेरे लिए पार करना बहुत कठिन था, अतः मैं उस मार्ग पर कुछ सौ गज़ तक बढ़ता गया, जहां मैं पहाड़ की एक दरार पर पहुंचा। इसी दरार से मैं नीचे घाटी में उतरा।

जैसे ही मैं, तीस गज़ चौड़ी घाटी में पहुंचा, मैंने देखा कि स्लेटी पत्थरों के मलवे के नीचे की सीधी खडी चट्टान, साठ से अस्सी फुट ऊंची थी। कोई भी जानवर, मैं, आश्वस्त था कि उतनी दूरी से चट्टानों पर गिरने के बाद वह जीवित नहीं रह सकता था। जहां शेरनी गिरी थी, उस स्थान के निकट पहुंचने पर मैं, एक बड़े जानवर के नीचे के हिस्सों को देखकर अत्यंत प्रसन्न हुआ, परंतु मेरी खुशी कुछ क्षणों तक ही सीमित रही क्योंकि मैंने पाया कि वह जानवर शेरनी नहीं बल्कि एक सिराव था। सिराव स्पष्टतया उस खड़ी चट्टान के शिखर के निकट एक संकरी कगार पर लेटा हुआ सो रहा होगा तथा अपने ऊपर शेरनी के चलने की ध्वनि सुन कर अथवा उसकी गंध के बाद उसने अपना होश खो दिया होगा और नीचे कूद गया होगा और सीधी खड़ी चट्टान के आधार पर स्थित चट्टान पर गिर कर, गर्दन टूटने के कारण वह मर गया था। जहां सिराव गिरा था, उसके निकट ही कच्ची रेत का एक टुकड़ा था। इसी पर शेरनी बिना कोई चोट खाये गिरी थी, सिवाय इसके कि उसके कंधे का घाव खुल गया था। मरे हुए सिराव की अनदेखी करके जिसके एक गज़ निकट

से वह गुजरी थी शेरनी ने अपने पीछे रक्त के बहुत स्पष्ट चिह्न छोड़ते हुए खड्ड को पार किया। खड्ड का दाहिनी ओर का किनारा केवल कुछ ही फुट ऊंचा था, और शेरनी ने इस पर अनेक बार चढ़ने का प्रयत्न किया था, परंतु असफल रही। अब मुझे मालूम था कि मैं, उसे पहली ही आड़ के टुकड़े में पा लूंगा जहां वह पहुंची होगी, परंतु भाग्य मेरे साथ नहीं था। क्योंकि कुछ समय से सिर के ऊपर घने बादल उमड़ने शुरू हो गए थे और इससे पहले कि मैं उस स्थान को देखता जहां शेरनी ने खड्ड को छोड़ा था, एक तेज बारिश आई जिससे रक्त के निशान धुल गए। शाम अब बहुत निकट ही थी और मुझे एक लंबा और कठिन रास्ता तय करना था, अतः मैं मुड़ा और शिविर को लौट गया।

सभी खेलों में भाग्य एक मुख्य भूमिका अदा करता है और शेरनी ने अभी तक उसका पूरा लाभ प्राप्त किया था। प्रथम, अपने शावकों के साथ खुले में लेटने के बजाय, जहां मैं, उसकी पहचान करने में सफल रहता कि वह क्या थी, वह घनी आड़ में मेरी नजरों से दूर

लेटी थी। फिर, मेरी गोली की उड़ान उसकी हडडी से टकरा कर रूक गई थी जिसके कारण उसे प्राणघातक घाव नहीं लगा था। बाद में शेरनी दो बार खड़ी चट्टान से नीचे गिर पड़ी थी, जहां पर वह निःसंदेह ही मर जाती यदि एक बार उसका गिरना शाखाओं और घास की शैय्या के गद्दे पर न होता और दूसरी बार रेत के एक कोमल टुकड़े पर, और अंत में जब मैं उसके केवल सौ गज़ दूर था तभी बारिश आ गई थी जिसने खून के सारे धब्बे धो डाले थे। तथापि मुझे भी भाग्य का थोड़ा सहारा मिला था क्योंकि मेरा यह भय सही साबित नहीं हुआ कि शेरनी घास के ढलानों में नीचे दूर चली जाएगी जहां मैं उससे संपर्क नहीं कर पाऊंगा जब कि अब मुझे मालूम था कि उसे कहां ढूंढ़ना है।

6

अगली सुबह मैं अपने छ गढ़वाली साथियों के साथ घाटी में लौटा। सारे कुमाऊं में सिराव का मांस बहुत स्वादिष्ट माना जाता है और वह जानवर जिसकी गर्दन टूट गई थी पूरी जवानी में था तथा जो मेरे आदमियों को पर्याप्त मांस का राशन उपलब्ध करा सकता था। आदमियों को सिराव की खाल को निकालने के लिए छोड़ कर, मैं उस स्थान पर गया जहां से मैं, पिछली शाम को वापस लौटा था। यहां मैंने पाया कि दो गहरी और संकरी घाटियां पहाड़ के ऊपर उसके मुख के दाहिनी तरफ जाती हैं। क्योंकि यह संभव था कि शेरनी इनमें से किसी एक में चली गई होगी, अतः मैंने पहले सबसे निकट वाली घाटी में कोशिश की, जब मैं, कुछ सौ गज़ दूर ही गया होऊँगा, कि मैंने देखा कि इसकी दीवारें किसी भी शेर के चढ़ने के लिए बहुत ही सीधी खड़ी थी और वहां खत्म होती थी, जहां मानसून की बारिश के दिनों में एक तीस फुट ऊंचा झरना बन जाता होगा। अपने शुरूआती स्थान पर लौटने के बाद, मैंने अपने आदमियों को, जो मुख्य घाटी में लगभग पचास फुट दूर ऊपर थे, आग जलाने के

लिए आवाज़ दी ताकि वह मेरे लिए चाय बनाने के लिए एक केतली पानी गर्म करें। मैं फिर दूसरी घाटी का निरीक्षण करने गया और जैसे ही मैंने ऐसा किया, मैंने एक आम वन्य पशुगमन पथ देखा जो पहाड़ के ऊपर बाईं तरफ से नीचे आता था। इसी मार्ग पर मैंने शेरनी के पगचिह्न देखे, जो कि पिछली शाम की बारिश से आंशिक रूप से धुल गए थे। जहां मैं खड़ा था, उसके निकट ही एक बड़ी शिला थी। इसी शिला के निकट जाने पर मैंने देखा कि उसके दूसरे किनारे पर एक छोटा गड्ढा था। इस गड्ढे की सूखी पत्तियां एक दम सपाट हो गई थी और उन पर खून के बड़े–बड़े थक्के पड़े थे। घाटी में गिरने के बाद (जो 40 घंटे पूर्व हुआ होगा) शेरनी इस स्थान पर आई थी और मेरे द्वारा अपने आदमियों को चाय बनाने के लिए केतली में पानी उबालने को कहने के लिए दी गई आवाज़ को सुन कर ही वहां से हटी थी।

स्वभावों में अंतर होने के कारण यह भविष्यवाणी करना संभव नहीं है कि एक घायल शेर क्या करेगा जब एक मनुष्य पैदल चलकर उसके निकट आयेगा और न ही यह समय–सीमा तय करना संभव है कि किस अवधि तक एक घायल शेर खतरनाक माना जा सकता है, अर्थात् जो छेड़े जाने पर एकदम आक्रमण कर देगा। मैंने एक शेर को देखा है जिसके पिछले पैर की गदैली में भागते समय एक इंच लंबा घाव हो गया था और उसने घायल होने के पांच मिनट बाद एक सौ गज़ की दूरी से पूरी शक्ति लगा कर आक्रमण कर दिया था और मैंने एक ऐसे शेर को भी देखा है, जो जबड़े पर लगे अत्यंत ही पीड़ादायक घाव की कई घंटों से देखभाल कर रहा था और जिसने बिना आक्रमण करने का प्रयास किए, एक आदमी को अपने से कुछ ही फुट निकट आने की अनुमति दी थी। जहां तक एक नरभक्षी शेर का संबंध है, स्थिति थोड़ी जटिल होती है क्योंकि यह पता न होने पर कि क्या घायल जानवर निकट जाने पर आक्रमण कर देगा और यदि घाव अंदरूनी न हो तो वहां यह संभावना भी होती है कि वह

खाना जुटाने हेतु भी आक्रमण कर सकता है। शेर उस समय को छोड़ कर जब वे घायल हो गए हो अथवा जब नरभक्षी हों, कुल मिला कर बहुत अच्छे स्वभाव के होते हैं। यदि ऐसा न होता तो, हजारों लोगों के लिए शेरों से भरपूर जंगलों में कार्य करना संभव नहीं हो पाता जैसा कि वे करते है, और न हीं मेरे जैसे लोगों के लिए वर्षो तक जंगलों में बिना कोई क्षति पंहुचे हुए पैदल घूमना संभव होता। यदा–कदा एक शेर उसके शावकों के बहुत निकट जाने पर अथवा एक शिकार के पास जाने पर जिसकी वह सुरक्षा कर रहा हो, वह आपत्ति प्रकट करता है। यह विरोध निश्चित रूप से एक गुर्राहट के रूप में होगा और यदि यह गुर्राहट प्रभावी सिद्ध नहीं हुई तो इसके बाद धीरे–धीरे आक्रमण होंगे, जिसके साथ डरावनी गर्जना भी की जाएगी। यदि ऐसी चेतावनियों की अनदेखी कर दी जाती है तो किसी भी लगाई गई चोट या घाव का सारा दोष घुसपैठ करने वाले का ही होगा। मेरा निम्नलिखित अनुभव, जो मुझे कुछ वर्ष पूर्व हुआ था मेरी इस धारण का एक अच्छा उदाहरण है कि शेर भले स्वभाव के होते हैं। मेरी बहन मैगी और मैं, कालाढुंगी के अपने घर से तीन मील दूर बोर नदी में मछली मार रहे थे। मैंने दो छोटी महासीर मछलियां पकड़ ली थी और एक शिला पर बैठ कर धूमपान कर रहा था, जब ज्योफ होपकिंस जो बाद में उत्तर प्रदेश के वन संरक्षक बने, अपने हाथी पर वहां आ पहुंचे। वह अपने मित्रों की प्रतीक्षा कर रहे थे तथा मांस उपलब्ध न होने पर वह एक 240 बोर की छोटी राइफल को लेकर एक काकड़ या एक मोर को मारने निकल पड़े थे। मैंने उतनी मछलियां पकड़ ली थी जितनी हमें चाहिए थी, अतः हम जेफ की इस सलाह से सहमत हो गए कि हमे उसके साथ चल कर, उस शिकार को ढूंढने में उसकी सहायता करनी चाहिए जिसे वह देख रहा था। हाथियों पर सवार होकर हमने नदी को पार किया और मैंने महावत को जंगल के एक हिस्से में चलने को कहा, जहां काकड़ और मोर मिल सकते थे। हम छोटी घास और आलूबुखारा के जंगल से गुजर

रहे थे कि मेरी नजर एक पेड़ के नीचे मरे पड़े एक चीतल पर पड़ी। हाथी को रोक कर मैं जमीन पर फिसला और यह देखने गया कि चीतल को किसने मारा था। वह एक बूढ़ी मादा चीतल थी जिसे मरे हुए चौबीस घंटे हो गए थे किन्तु मुझे उसके शरीर पर घाव का कोई निशान नहीं मिला। अतः मैंने निष्कर्ष निकाला कि वह सर्पदंश से मरी थी। जैसे ही मैं हाथी पर पुनः पहुंचने को मुड़ा मैंने एक पत्ती पर ताजा खून की बूंद देखी। खून की बूंद के आकार ने दर्शाया कि जिस जानवर से यह निकली थी वह मृत चीतल से दूर जा रहा था। उस दिशा में थोड़ा आगे देखने पर जिधर खून के छीटें जाते हुए बता रहे थे कि वह जानवर कहां गया होगा मैंने खून का एक बड़ा धब्बा देखा। इस ताजे खून के चिह्न को देखने से परेशान होकर मैं यह देखने निकल पड़ा कि यह किधर जा रहे थे और हाथी को अपने पीछे आने का इशारा किया। छोटी घास के ऊपर साठ या सत्तर गज़ तक जाने के बाद ये निशान पांच फुट ऊंची घनी झाड़ियों की एक पंक्ति की ओर गए। झाड़ियों के पास वहां तक जाने के बाद जहां पर चिह्न खत्म हो गए थे, मैंने अपने दोनों हाथ फैलाए, क्योंकि मैं अपनी बंशी को हाथी पर छोड़ आया था, इसीलिए मैंनें दोनों हाथों से झाड़ियों को फैलाया और वहां मेरे फैले हुए हाथों के नीचे एक झांक (नर चीतल) पड़ा था, जिसके नए सींग आ रखे थे और मेरी तरफ मुख करके लेटे हुए एक शेर झांक को खा रहा था। जैसे ही मैंने झाड़ियों को विभक्त किया शेर ने ऊपर देखा तथा उसके चेहरे पर ऐसे भाव थे जो शब्दों की तरह स्पष्ट थे–अच्छा बेटा तुम्हारी शामत आ गई है। जो बिल्कुल वही था जो मैं अपने को कहने वाला था। सौभाग्यवश मैं, इतना आश्चर्यचकित था कि मैं पूर्णतया स्थिर खड़ा रहा– संभवतः इसलिए भी कि मेरे दिल ने घड़कना बंद कर दिया था। शेर ने सीधे मेरे चेहरे पर एक पल को देखा जो मेरे इतना निकट था कि वह एक पंजा आगे बढ़ा कर मेरे सिर पर वार कर सकता था, फिर वह उठा, घूमा और अपने पीछे की झाड़ियों में एक शानदार छलांग लगा

कर एक भव्य हलचल के साथ चला गया। शेर ने झांक को आलूबुखारा की झाड़ियों में हमारे आगमन से थोड़ा पहले ही मारा था और उसे आड़ में ले जाते समय, वह खून के चिह्न छोड़ते हुए मृत चीतली के बाद से गुजरा, जिसका पीछा मैंने किया था। हाथी पर बैठे तीन व्यक्तियों ने शेर को तब ही देखा जब वह छलांग लगा रहा था जब महावत भयातुर होकर चिल्लाया– खबरदार साहिब! शेर है। वह मुझे बता रहा था कि यह एक शेर था और मैं सर्तक रहूं।

अपने आदमियों के पास आ कर मैंने चाय की एक प्याली पी, जबकि उन्होंने सिराव को अपनी सुविधानुसार ले जाने के लिए टुकड़ों में काटा और फिर उनके साथ गड्ढ़े तक गया जहां मैंने खून के थक्के देखे थे। सभी छः आदमी मेरे साथ शिकार पर अनेक अवसरों पर बाहर गए थे और खून की मात्रा को देखकर उनका मत था कि शेरनी के शरीर पर ऐसा घाव है जो कुछ घंटों बाद प्राणघातक सिद्ध होगा। इस बात पर हम सहमत नहीं थे क्योंकि मुझे मालूम था कि घाव बाहरी सतह पर था, जिससे शेरनी कुछ समय बाद स्वस्थ हो जाएगी और जितनी देर तक वह जीवित रहेगी, उतनी देर तक उससे संपर्क करना कठिन हो जाएगा।

यदि आप एक गहरी तथा संकरी घाटी की कल्पना कर सकते हैं जो एक सीधी खड़ी चढ़ाई वाले पहाड़ के मुख तक गई हो, जिधर जमीन दाहिनी तरफ घाटी की तरफ ढलवा होती जाती हो और जो घने जंगलों से युक्त परंतु झाड़ियों से रहित हो और घाटी के बाईं ओर का मैदान पहाड़ के ऊपर की तरफ ढलवा होकर जाता हो और जो रिंगाल (पतला बांस), झाड़ी और सभी प्रकार के झाड़–जंगल से आच्छादित हो, तो आपको उस प्रदेश का कुछ अनुमान हो जाएगा जिसमें मैंने और मेरे आदमियों ने उस दिन के शेष भाग में शेरनी को खोजने का खूब प्रयास किया था।

मेरी योजना यह थी कि मेरे आदमी घाटी के दाईं ओर ऊपर को जाएं और सबसे ऊंचे वृक्षों पर चढ़ कर मुझ पर नजर रखे रहे और

यदि वे मेरा ध्यान आकर्षित करना चाहें तो सीटी बजाएं। पहाड़ी लोग कुछ बालकों की भांति दांतों के बीच से सीटी बजाने में प्रवीण होते हैं। उनको शेरनी की तरफ से कोई खतरा नहीं रहेगा क्योंकि उनकी तरफ कोई झाड़–झंखाड़ नहीं था और वे सभी पेड़ों पर चढ़ने में माहिर थे। शेरनी के पगचिह्नों से पता चला कि जब उसने शिला के पास स्थित गड्ढे का आश्रय छोड़ा था, तो वह घाटी के बाईं तरफ से पहाड़ के ऊपर गई थी। इसी पहाड़ पर अब मैंने उसका पीछा करना आरंभ किया।

मैंने कहीं पर इस बात पर जोर दिया है कि जंगल का ज्ञान एक ऐसा विज्ञान नहीं है जिसे किताबों को पढ़ कर सीखा जा सके परंतु इसे एक बार में थोड़ा–थोड़ा करके ही आत्मसात किया जा सकता है और सीखने की प्रक्रिया अनिश्चितकाल तक जारी रह सकती है। यही बात पगचिह्नों का अनुसरण करने पर लागू होती है। पगचिह्नों के पीछा करने के अनगिनत तरीके हो सकते हैं, जो किसी भी क्रीड़ा के सबसे अच्छे रूपों में से एक है और कभी–कभी तो यह बहुत रोमांचकारी भी हो जाती है। ट्रेकिंग (खोजने के) के सामान्यतः दो सर्वमान्य तरीके हैं। पहले में उस गमनपथ का पीछा करना जिस पर खून पड़ा हो और दूसरे उस खोज चिह्न का पीछा करना जिनमें रक्त न हो। इन दोनों तरीकों के अलावा मैंने अनेक अवसरों पर घायल जानवरों को मक्खियों के भिनभिनाने की आवाज का पीछा करके और मांसभक्षी पक्षियों का पीछा करके भी खोज निकाला है। दो सामान्य रूप से मान्य तरीकों में से खून की लकीर का पीछा करते हुए किसी घायल जानवर को खोजने का विश्वसनीय तरीका है। परंतु घावों से हमेशा ही खून नहीं निकलता हैं। अतः घायल जानवरों को कभी–कभी उनके पगचिह्नों से ढूंढा जाता है अथवा उनके जाने के मार्ग पर दबी हुई झाड़ियों को देखकर भी किया जाता है। खोजने का कार्य, कठिन अथवा आसान है, यह भूमि के स्वरूप पर निर्भर करता है, और इस तथ्य पर भी कि जिस पशु का पीछा किया जा

रहा है वह कोमल गद्‌दार पैर वाला अथवा खुर वाला है। जब शेरनी ने गड्ढ़े को छोड़ा था उस समय मैं, अपने आदमियों को बुला रहा था। उसके घावों से खून रिसना बंद हो गया था और घाव के पक जाने के कारण उसमें से जो थोड़ा द्रव्य रिस रहा था वह खोज करने के लिए पर्याप्त नहीं था। अतः मुझे उसको खोजने का प्रयत्न उसके पगचिह्नों तथा वनस्पतियों के हटने के निशानों द्वारा ही करना पड़ा था। इस जमीन पर जहां मैं अब खड़ा था, ऐसा करना कठिन नहीं था परंतु पीछा धीरे–धीरे ही करना होगा क्योंकि समय शेरनी के साथ था। समय की दूरी जितनी अधिक होगी उसके घावों के ठीक हो जाने के अवसर बेहतर होते जाएंगे और उसे पाने के मेरे मौके कम होते जाएंगे क्योंकि पिछले कुछ दिनों का तनाव मुझ पर अब हावी होने लगा था।

पहले कुछ सौ गज़ों तक खोजी चिह्न घुटने तक ऊंची झाड़ियों से गुजरे थे। यहां खोजना सरल था–क्योंकि शेरनी लगभग एक सीधी रेखा में चल रही थी। झाड़ियों के ऊपर रिंगाल (पहाड़ी बांस) का एक घना झुरमुट था। मुझे पूरा भरोसा था कि शेरनी इसी झुरमुट में लेटी होगी। परंतु जब तक वह आक्रमण नहीं करती मेरे पास उसे निशाना बनाने के कम ही अवसर थे क्योंकि बांसों के बीच से बिना आवाज किए जाना असंभव था, जब मैं झुरमुट में आधी दूरी तक ही गया था, तभी एक काकड़ ने बोलना आरंभ कर दिया। शेरनी चल पड़ी थी परंतु सीधे पहाड़ पर ऊंचे जाने की बजाय वह बाईं तरफ खुले मैदान की तरफ बाहर चली गई थी, क्योंकि काकड़ स्थिर खड़े हुए भौंक़ रहा था। अपने कदमों को पीछे खींच कर मैं बाईं तरफ गया, परंतु उस दिशा में मुझे खुली जगह नहीं दिखाई दी और न हीं मुझे ऐसा लगा कि मैं काकड़ के निकट जा रहा हूं। काकड़ ने थोड़ी ही देर बाद बोलना बंद कर दिया, और अनेक कलीज फीजेन्टस ने कटकटाना आरंभ कर दिया। शेरनी अभी भी चल रही थी परंतु अपना सिर मोड़ने पर मुझे यह पता नहीं चला कि आवाज़ कहां से आ रही है।

सभी सुनी गई आवाज़ों की एकदम सही–सही दिशा तथा दूरी का अनुमान लगाना एक जंगल का ज्ञान है जिसे मैंने एक अति कुशल कला में परिवर्तित कर दिया है जिस पर मुझे बहुत गर्व है और अब पहली बार मैंने एक झटके के साथ यह महसूस किया कि मेरे साथ हुई दुर्घटना ने मुझे इस कला से वंचित कर दिया था और मैं सुरक्षा के लिए अपने कानों पर अब और ज्यादा निर्भर नहीं रह सकूंगा और मैं जंगली जानवरों की उन बोलियों को सुनने का भी आनंद नहीं उठा सकूंगा, जिनको समझने में मुझे अनेक वर्ष लग गए थे। यदि मेरा दूसरा कान भी बिल्कुल ठीक–ठाक होता तो उससे भी कोई अंतर नहीं पड़ता परंतु दुर्भाग्यवश उसका पर्दा भी कुछ वर्षों पूर्व एक बंदूक दुर्घटना में क्षतिग्रस्त हो गया था। अब इस बारे में इस समय कुछ भी नहीं किया जा सकता था। हालांकि मैं असमर्थ था फिर भी मैं, इस अवस्था में पहुंचने के बाद भी यह मानने को कतई तैयार नहीं था, कि किसी भी शेर को चाहे व नरभक्षी हो या सामान्य, मुझसे अच्छी स्थिति में था, हालांकि हम एक दूसरे की जिंदगी के लिए उन परिस्थितियों में संघर्ष कर रहे थे, जो किसी के भी अनुकूल नहीं थी।

श्येनपर्णांगं के पास लौट कर मैंने अपनी आंखों की सहायता से ही शेरनी को खोजने का प्रयास किया। उस वन में वन्यजीवों की भरमार थी और मैंने बार–बार सांभर, काकड़ तथा लंगूरों की चेतावनीपूर्ण बोलियों को सुना था तथा एक से ज्यादा बार मैंने फीजेन्टस, नीलकंठों और सफेद टोपी वाली कस्तूरों को शेरनी पर कटकटाते हुए सुना। मैंने इन आवाजों की तरफ कोई ध्यान न दिया, जिनको सामान्य स्थिति में बहुत उत्सुकता से सुनने की कोशिश करता, फिर मैंने शेरनी को बारीकी से ढूंढ़ना आरंभ किया। शेरनी बार–बार रूकती हुई पहाड़ के ऊपर जा रही थी, कई बार तो वह एक सीधी रेखा में चल रही थी, और कभी आड़े–तिरछे चलते हुए आगे बढ़ रही थी। पहाड़ के ऊपर छोटी कड़ी घास का एक सौ गज़ चौड़ा स्थान था। इस खुले मैदान के ऊपर छोटी घनी झाड़–झंखाड़

के दो खंड थे, जिनमें एक संकरी गली ऊपर पहाड़ के शिखर तक जाती थी। इस छोटी कड़ी घास में मैंने पगचिह्नों को खो दिया। शेरनी को मालूम था कि उसका बहुत निकट से पीछा किया जा रहा था, इसलिए वह अपने को जितना कम संभव हो सके उतना ही प्रदर्शित करेगी। मेरे बाएं तरफ का झाड़–झंखाड़ का टुकड़ा दूसरे टुकड़े से तीस गज़ ज्यादा निकट था, अतः मैंने पहले इसी में जाने का निर्णय लिया। जब मैं झाड़ के एक या दो गज़ निकट तक पहुंचा तो मैंने किसी भारी जानवर के वज़न के नीचे एक टहनी को चटखते हुए सुना। इस अवसर पर मुझे पक्का यकीन था कि वह ध्वनि बाईं तरफ से आई थी, अतः मै मुड़ा और उस झाड़–झंखाड़ की तरफ गया, जिधर से आवाज़ आती हुई प्रतीत हुई थी। उस दिन मैंने यह दूसरी भूल की थी– पहली तो तब की थी, जब मैंने पानी उबालने के लिए अपने आदमियों को पुकारा था– क्योंकि मेरे आदमियों ने बाद में बताया कि मैंने खुले मैदान का टुकड़ा शेरनी की ऐड़ियों के पीछे–पीछे ही पार किया था और जब मैं मुड़ा और बाईं तरफ चला तो वह संभवतः झाड़ियों के अंदर एक खुली जगह में लेट कर मेरी प्रतीक्षा कर रही थी।

बाईं ओर की झाड़–झंखाड़ में शेरनी का कोई भी चिह्न न मिलने पर मैं खुले मैदान में वापस लौटा तथा अपने आदमियों की सीटियों को सुन कर मैंने उसी दिशा में देखा। वे मेरे दाहिनी तरफ लगभग कुछ सौ गज़ दूर एक पेड़ की चोटी तक चढ़े हुए थे, और जब मैंने अपना हाथ उठा कर, उनको इशारा किया कि मैंने उनको देख लिया था, तो उन्होंने इशारा करके मुझे और ऊपर जाने को और फिर नीचे

और नीचे की तरफ जाने को कहा। वे मुझे बता देना चाहते थे कि शेरनी पहाड़ की चोटी पर चढ़ गई थी, फिर वह नीचे दूर जा रही थी। मैं उस संकरी गली

से होकर बहुत तेजी से गया और चोटी पर पहुंच कर पहाड़ में एक खुली जगह को देखा जहां पर की घास हाल ही में जलाई गई थी, तथा राख में, जो गत शाम की बारिश के कारण अभी भी गीली थी, मैंने शेरनी के पंजे के निशान देखे। वहां से पहाड़ हलकी ढाल पर एक जलधारा तक जाता था, जिसे मैंने तल्लादेश में अपने आगमन के दिन बहुत मीलों ऊपर पार किया था। वहां पर लेटने और अपनी प्यास बुझाने के बाद शेरनी ने उसे पार किया था, और फिर ऊपर एक घने जंगल में चली गई थी। अब देर होती जा रही थी, अतः मैंने अपने कदमों को वापस पीछे खींचा तथा पहाड़ की चोटी पर होते हुए अपने आदमियों को मुझसे आ मिलने को कहा।

उस बड़ी शिला से, जहां से मैंने शेरनी के पगचिह्नों का अनुसरण किया था, और जलधारा तक जहां मैंने उनको छोड़ा था, मैंने कुल चार मील की दूरी ही तय की होगी जिसे तय करने में मुझे सात घंटे का समय लगा था। यद्यपि उस दिन का अंत असफलता में हुआ था, परंतु वह बहुत रोमांचकारी रूप से दिलचस्प रहा था। केवल मेरे लिए ही नहीं, जो एक घायल शेरनी का, उसके पंजों से बचते हुए पीछा कर रहा था, बल्कि मेरे आदमियों के लिए भी जिन्होंने ऊंचे पेड़ों पर चढ़ कर शेरनी और मुझे दोंनों को ही पूरे समय तक अपनी नजर में रखा था और यह एक लंबा दिन भी रहा था क्योंकि हम तड़के ही निकल पड़े थे और जब हम शिविर में वापस पहुंचे, तब रात के 8 बज चुके थे।

7

अगली प्रातःकाल जब मेरे आदमी अपना भोजन कर रहे थे, तब मैंने खालों की देखभाल शुरू की और उनको नये स्थान पर फैला कर उनमें खूटियां गाड़ कर कसा और फिर लकड़ी की राख तथा फिटकरी के चूर्ण से गीले स्थान पर घिसाई करी। शेर की खाल को बहुत देखभाल की आवश्यकता होती है क्योंकि यदि वसा का एक भी कण

रह गया और ओंठ, कान तथा पंजों का सही तरीके से रखरखाव नहीं किया जाए तो बाल गिरने शुरू हो जाते हैं और खाल बर्बाद हो जाती है। दोपहर से थोड़ा पहले मैं चलने को तैयार था। मैंने दो व्यक्तियों को शिविर में सिराव की खाल की देख–रेख के लिए छोड़ा और चार आदमियों को साथ लेकर फिर हम उस स्थान के लिए निकल पड़े जहां मैंने पिछली शाम को शेरनी का पीछा करना छोड़ा था।

वह घाटी जिसमें से होकर नदी बहती थी अपेक्षाकृत चौड़ी तथा सपाट थी और पश्चिम से पूर्व की ओर जाती थी। घाटी के बाईं तरफ वह पहाड़ था जहां पिछले दिन मैंने शेरनी का पीछा किया था और दाहिनी ओर वह पहाड़ था जिसके साथ–साथ टनकपुर को जाने वाली सड़क जाती थी। नरभक्षी के आने से पहले इन दोनों पहाड़ों के मध्य में स्थित घाटी में तल्लाकोट के मवेशियों द्वारा विस्तृत चराई की जाती थी, जिसके कारण वहां की जमीन आड़े–तिरछे रास्तों की भूलभुलैया बन गई थी और बारिश के पानी से कटाव के कारण बन गई नालियों से पूर्ण थी। घाटी के चारों ओर विभिन्न आकारों के छितरे हुए खुले मैदान थे जो घनी झाड़ियां और पेड़ों के जंगलों से घिरे हुए थे। ऐसे अच्छे मैदान में सांभर, काकड़ तथा भालू का शिकार किया जा सकता था, जिनके पगचिह्न पशुगमन पथ पर देखे जा सकते थे परंतु वह ऐसी जगह न थी जिसका कोई शिकारी एक नरभक्षी शेर का शिकार करने के लिए चुनाव करता। बाईं तरफ के पहाड़ के नीचे घाटी का एक विशाल दृश्य दिखाई देता था। अतः मैंने पहाड़ी के शिखर के समानांतर दो सौ गज़ों के अंतराल पर अपने आदमियों को पेड़ों पर चढ़ा दिया जिससे कि वे इधर–उधर नजर डालते रहें और यदि आवश्यकता पड़ी तो तुरंत मेरी सहायता के लिए आ जाएं। फिर मैं उस स्थान पर पहुंचा जहां मैंने पिछली शाम शेरनी का पीछा करना छोड़ा था।

मैंने शेरनी को 7 अप्रैल को घायल किया था और आज 10 तारीख थी। एक सामान्य नियम के अनुसार एक शेर घायल होने के 24 घंटे

बाद खतरनाक नहीं समझा जाता है, अर्थात् जो देखते ही तुरंत ही हमला कर दे। एक घाव की प्रकृति पर तथा घायल जानवर की मनोदशा पर भी बहुत कुछ निर्भर करता है। मांस की ऊपरी सतह पर एक हल्का घाव लगने के चौबीस घंटों के पश्चात एक शेर सामान्यतः पास जाने पर दूर हट जाता है। लेकिन एक ऐसा शेर, जिसे बहुत गहरा अंदरूनी घाव लगा हो, बहुत दिनों तक खतरनाक बना रह सकता है। मुझे शेरनी पर लगे घाव की प्रकृति के बारे में कुछ मालूम नहीं था और क्योंकि उसने मुझ पर पिछले दिन आक्रमण करने का कोई प्रयास नहीं किया था, इससे मुझे विश्वास हुआ कि मैं अब इस तथ्य को अनदेखा कर सकता था कि वह घायल थी और उसे केवल एक नरभक्षी ही समझता और वह भी एक बहुत भूखी नरभक्षी क्योंकि उसने उस महिला को मारने के बाद से कुछ भी नहीं खाया था, जिसे उसने अपने शावकों के साथ बांटा था।

जहां शेरनी ने जलस्रोत को पार किया था वहां वर्षा के पानी से बनी तीन फुट चौड़ी और दो फुट गहरी नाली थी जिसके दोनों तरफ घनी झाड़–झंखाड़ थी। शेरनी इसी नाली में ऊपर गई थी, उसके पगचिह्नों का पीछा करते हुए मैं एक पशुगमन पथ पर पहुंचा, यहां उसने नाली को छोड़ दिया था और इसी रास्ते पर चलती गई थी। तीन सौ गज़ आगे घने पत्ते वाला एक वृक्ष था, इसी पेड़ के नीचे शेरनी सारी रात लेटी रही थी। उसके घाव ने उसे बहुत पीड़ा दी होगी, क्योंकि वह करवटें बदलती रही थी परंतु जिन पत्तियों पर वह लेटी हुई थी, उन पर न तो रक्त और न ही उसके घाव से निकल रहा कोई द्रव्य पड़ा था। इस स्थान से मैंने उसके ताज़े पंजों के निशानों का पीछा करना आरंभ किया। मैं बहुत सावधानी बरतता हुआ चल रहा था, जिससे कि मैं उसके द्वारा लगाई गई घात में फंस न जाऊं। शाम तक मैंने उसका पीछा मवेशियों के गमन मार्ग, पानी के नालों और वन्यपशुओं के गमनपथ पर कई मीलों तक किया, परंतु मुझे उसकी पूंछ का सिरा तक भी दिखाई न दिया। शाम के समय

मैंने अपने आदमियों को एकत्रित किया और जब हम शिविर को लौटे तो उन्होंने मुझे बताया कि शेरनी के जंगल से गुज़रने की हलचलों को वे लोग जानवरों और पक्षियों की चेतावनीपूर्ण बोलियों को सुन कर जान रहे थे किंतु उन्होंने भी उसे देखा नहीं था।

बिना घायल हुए नरभक्षी शेरों का शिकार करते समय सबसे ज्यादा खतरा तब रहता है जब आप हवा की दिशा में चल रहे हो, तब आप पर हमला पीछे से होगा तथा दोनों बगलों से कम खतरा रहेगा। जब हवा पीछे से बह रही हो तो खतरा दोनों बगलों से होगा, और यदि हवा दाहिनी तरफ से बह रही हो तो खतरा बाईं तरफ तथा पीछे से होगा। इसी प्रकार हवा यदि बाईं ओर से बह रही हो तो खतरा दाहिनी तरफ और पीछे से रहेगा। इन सभी दशाओं में मेरे अनुभव के अनुसार एक बिना घायल हुआ शेर सामने से आक्रमण नहीं करेगा। चाहे वे नरभक्षी हो अथवा नहीं हो? वे सामने से सीधा हमला करने से कतराते हैं। सामान्य स्थितियों में नरभक्षी शेर अपने आक्रमण की सीमा को उतनी दूरी तक रखते है जितना वह कूद सकते हैं और इसी कारण उनसे एक घायल शेर की अपेक्षा बहुत कठिनाई से निबटना पड़ता है। लेकिन एक घायल शेर तो दूर से ही हमला बोल देगा जो कि दस से बीस गज़ तक का हो सकता है और कभी–कभी तो सौ गज़ की दूरी से भी किया जा सकता है। इसका मतलब यह है कि बिना घायल हुए शेर से कुछ ही पलों में निबटना पड़ता है जबकि घायल शेर आपको राइफल उठा कर अपने पर निशाना लगाने का अवसर देगा। दोनों ही स्थिति में शीघ्रता से गोली दागनी पड़ती है जिसके साथ एक सच्ची प्रार्थना भी होती है कि एक या दो आउंस का शीशा कुछ सौ पाउंड की मांसपेशियों तथा हड्डियों को रोक देगा।

जिस शेरनी का मैं शिकार कर रहा था उसके बारे में मुझे मालूम था कि उसका घाव उसे उछलने से रोकेगा तथा यदि मैं उसकी पहुंच से दूर रहा तो मैं अपेक्षाकृत सुरक्षित रहूंगा। इस बात की संभावना

को भी ध्यान में रखना होगा कि क्या वह चार दिन पहले लगे घाव से उबर गई होगी। जब मैंने उसे अंतिम बार देखा था, इसलिए जब मैं 11 तारीख की प्रातःकाल अकेले ही उसके खोज चिह्नों को वहां से खोजने निकला, जहां मैंने उन्हें शाम को छोड़ा था तो मैंने दृढ़ निश्चय किया था कि मैं किसी भी चट्टान या शिला, झाड़ी, पेड़ या ऐसी दूसरी वस्तुओं से एकदम दूर रहूंगा, जिनके पीछे शेरनी मेरी प्रतीक्षा करते हुए लेटी रह सकती थी।

वह पिछली शाम को टनकपुर की सड़क की तरफ जा रही थी। मैंने फिर वह जगह ढूंढ़ ली जहां उसने रात व्यतीत की थी, इस बार वह सूखी घास की कोमल शैय्या पर लेटी थी और इस बिंदु से मैंने उसके ताजे पंजा के निशानों का पीछा करना आरंभ किया। क्योंकि घनी झाड़ियों से होकर बिना आवाज किए जाना संभव नहीं था, इसलिए वह पानी के नालों, शिकार पथ पर ही चल रही थी। अब यह सुस्पष्ट था कि वह लक्ष्यहीन नहीं जा रही थी, बल्कि किसी शिकार को खोज रही थी, जिसे वह मार कर खा सके। कुछ ही देर बाद पानी के इन्हीं नालों में से एक में शेरनी ने कुछ हफ्तों के एक काकड़ को पाया और मार दिया। वह उस छोटे हिरन पर तब पहुंची जब वह रेत की शैय्या पर लेट कर धूप में सो रहा था और उसके खुरों को छोड़ कर समूचा खा गई थी। मै उससे एक या दो मिनट पीछे ही चल रहा था और मुझे यह भी पता था कि उस थोड़े भोजन ने उसी क्षुधा को और भी ज्यादा भड़का दिया होगा। अतः मैंने अपनी सावधानियों को दुगना कर दिया। अनेक स्थानों पर पानी के नाले और शिकार पथ, जिस पर शेरनी जा रही थी, मुड़ रहे थे और घूम कर घनी झाड़ियों और चट्टानों से होकर जा रहे थे। यदि मेरा स्वास्थ्य ठीक होता तो मैं उसकी एड़ियों का पीछा करके संभवतः उस तक पहुंच भी जाता, परंतु दुर्भाग्यवश मैं सामान्य से बहुत खराब स्थिति में था। मेरे सिर, चेहरे और गर्दन की सूजन अब इस हद तक बढ़ चुकी थी कि मैं अब अपना सिर ऊपर तथा नीचे, तथा एक ओर से

दूसरी ओर को नहीं हिला सकता था और मेरी बाईं आंख अब बंद थी। फिर भी मेरी दाहिनी आंख अच्छी थी तथा मैं अभी भी थोड़ा सुन सकता था।

उस पूरे दिन भर मैंने शेरनी का उसे देखे बिना पीछा किया और मुझे विश्वास था कि उसने भी मुझे नहीं देखा था। जिन जगहों पर वह पानी के नालों में वन्यजीव गमनपथ पर मवेशियों के मार्ग पर, घनी झाड़ियों से होकर गई थी, वहां मैं उनका चक्कर लगा कर उसके पगचिह्नों को दूसरी तरफ से पकड़ता था। यह न जानते हुए कि वह भूमि मेरे लिए बहुत असुविधाजनक थी, क्योंकि इस कारण मुझे और ज्यादा मीलों तक पैदल चलना पड़ रहा था, जिसकी वहां जरूरत नहीं थी। लेकिन इससे मुझे शेरनी की चालों को समझने और उस पर घात लगाने में भी परेशानी हो रही थी। अंततः मैंने उस दिन उसका पीछा बंद करने का निर्णय लिया। तब शेरनी घाटी में ऊपर गांव की दिशा में जा रही थी।

शिविर में पहुंच कर मुझे स्पष्ट अनुभव हुआ कि वह बुरा समय जिसके बारे में मैंने पूर्वानुमान लगा लिया था तथा जिसका मुझे डर था, अब निकट आ गया था। बड़े फोड़े में विद्युत तरंगों की तरह आघात हो रहे थे तथा हथौड़ो की मार की तरह के आघातों की तीव्रता में वृद्धि हो रही थी। रात भर सो नहीं पाने से और केवल दूध पीने ने मुझे डरपोक बना दिया था और मैं अपने बिस्तर पर बैठकर दर्द से छटपटाते हुए और किसी बात के घटने का इंतजार करते हुए, जिसके बारे में मुझे पता न था, एक और लंबी रात बिताने के विचार को सह नहीं सका।

मैं, तल्लादेश में पहाड़ के निवासियों को उस आंतक से मुक्ति दिलाने आया था जिसने उनको भयभीत कर दिया था। मैंने अभी तक जो भी किया था वह उनकी मुसीबतों में वृद्धि करने वाला था क्योंकि अपना प्राकृतिक आहार प्राप्त करने से असमर्थ रहने पर शेरनी ने आठ वर्षों में केवल एक सौ पचास आदमियों का शिकार किया था, अब

यदि उसका घाव ठीक न हुआ तो वह अपना अधिकांश भोजन अपना सबसे आसान शिकार मनुष्यों को मार कर ही प्राप्त कर पाएगी। इसीलिए शेरनी और मेरे मध्य में एक बात का फैसला करना जरूरी हो गया था और वह रात ही उसे पूरा करने का अच्छा मौका थी।

मैंने अपने आदमियों को एक प्याली चाय बनाने को कहा जो कि आमतौर पर दूध से ही बनाई जाती है और जो मेरा रात का भोजन भी थी जिसे मैंने चांदनी में ही खड़े होकर पिया। फिर अपने आठ आदमियों को एक साथ बुलाकर मैंने उनको निर्देश दिए कि वे मेरी इस गांव में कल शाम तक प्रतीक्षा करें और यदि मैं तब तक नहीं लौटा तो वे मेरा सारा सामान बांध कर अगली प्रातःकाल शीघ्र ही नैनीताल की यात्रा पर रवाना हो जाएं। इतना कहने के बाद मैंने बिस्तर से अपनी राइफल उठाई और नीचे घाटी की तरफ चल पड़ा। मेरे आदमी जो मेरे साथ अनेक वर्षों से थे, उनमें से किसी ने भी एक भी शब्द नहीं पूछा कि मै किधर जा रहा हूं और न ही मुझे रोकने का भी प्रयत्न किया। वे केवल एक समूह में ही खड़े होकर मुझे दूर जाते हुए देख रहे थे। जो चमक मैनें उनके गालों पर देखी थी वह शायद केवल मेरी कल्पना ही रही होगी अथवा वह चंद्रमा का एक प्रतिबिंब भी हो सकती थी। जब मैंने पीछे देखा तो एक भी आदमी अपनी जगह से हिला नहीं था। वे उसी तरह एक समूह में खड़े थे जैसा कि मैंने उनको छोड़ा था।

8

मेरी सबसे अधिक सुखद स्मृतियों में वे दिन हैं, जब मैं एक बालक था। चांदनी रातों में हम दस या बारह लोग सर्दियों के महीनों में जंगल के रास्तों पर घूमा करते थे और घर लौटने पर चाय और

नाश्ता करते थे। हम इसलिए घूमते थे कि हमारे अंदर से वे सब डर दूर हो जाएं जो किसी मनुष्य को एक जंगल में आतंकित करते हैं। इसके अलावा इससे हम रात में जंगल में सुनाई देने वाली आवाज़ों से भी परिचित हो गए। बाद में वर्षों के इस अनुभव से मेरे विश्वास और ज्ञान में वृद्धि हुई। अतः, जब मैंने 11 अप्रैल की रात को चांद के चमकते तेज प्रकाश में तल्लादेश की नरभक्षी शेरनी से आर–पार की लड़ाई लड़ने के लिए अपना शिविर छोड़ा था, तो उस समय मुझ में ऐसी कोई हीनभावना नहीं थी कि मेरा शेरनी की तलाश करने जाना एक आत्मघाती कदम माना जाएगा।

जब से मैंने होश संभाला है। मैं, तबसे ही शेरों में दिलचस्पी ले रहा हूँ। जहां शेर बड़ी संख्या में मिलते थे उस क्षेत्र में अपना अधिकांश जीवन व्यतीत करने के कारण मुझे उन्हें देखने का पर्याप्त समय मिला था। जब मैं बहुत छोटा था तो मेरी महत्वकांक्षा केवल एक शेर को देखने की थी। बाद में मेरी महत्वाकांक्षा एक शेर को मारने की हुई। मैंने इस महत्वाकांक्षा को सेना की एक पुरानी राइफल से पूरा किया। मैंने यह राइफल एक समुद्री नाविक से पचास रूपयों में खरीदी थी। मुझे लगा कि संभवतः उसने उसे कहीं से चुराया था और बाद में एक शिकार खेलने की राइफल में परिवर्तित कर दिया था। इसके पश्चात् आज तक मेरी महत्वाकांक्षा एक शेर का फोटो खीचनें की थी। समय के साथ–साथ, मेरी ये तीनों उच्चाकांक्षाएं पूर्ण हो गई थी। शेरों की फोटो को खींचने के कारण ही मैं, उनके बारे में उतना जान सका था, जितना कि मैं आज जानता हूँ। सरकार द्वारा मुझे वनों में भ्रमण करने की स्वतंत्रता प्रदान की गई है। इस मेहरबानी की मैं बहुत सराहना करता हूँ जो भारत में एक अन्य शिकारी को भी प्राप्त है। इसी मेहरबानी के कारण मैं शेरों से भरपूर जंगलों में बगैर किसी रोक–टोक और अड़चन के जा सकता था। शेंरों को कई दिनों तक या कई हफ्तों तक देखते हुए तथा एक अवसर पर तो साढ़े चार महीनों तक लगातार देख कर मैं उनकी

आदतों विशेषकर उनके द्वारा अपने शिकार का पीछा करने और मार डालने के तरीकों का अध्ययन करता था। एक शेर दूर से दौड़ कर अपने शिकार को नहीं मारता है, बल्कि वह घात लगाकर प्रतीक्षा करता है अथवा उसका पीछा करता है। किसी भी दशा में वह अपने शिकार को केवल अकेली छलांग में या कुछ दूर दौड़ कर और फिर एक छलांग लगा कर ही दबोचता है। इसलिए यदि कोई जानवर देखकर, गंध सूंघकर और सुनकर किसी शेर की मारक सीमा से दूर रहता है या अपना पीछा किए जाने से बच जाता है और उस खतरे को समझने पर तुरंत ही सक्रिय हो जाता है तो उसके पास दीर्घ जीवन जीने का एक तर्कसंगत मौका रहता है। सभ्यता ने मनुष्यों को जानवरों की तरह सूंघने और सुनने की प्रबल शक्ति से वंचित कर दिया है और जब एक मानव नरभक्षी शेर द्वारा डराया जाता है तो अपनी सुरक्षा के लिए उसे पूर्णतया अपने कानों पर ही आश्रित रहना पड़ता है। जब बेचेनी और बहुत तेज पीड़ा ने मुझे उस रात को चल पड़ने के लिए विवश कर दिया था तो मैं इस बात से ही अक्षम था कि मेरी एक ही आंख की दृष्टि ठीक है। परंतु इस अक्षमता से निबटने के लिए मेरे पास वर्षों का संचित किया हुआ 'जंगल का ज्ञान' था कि यदि मैं, शेरनी से दूरी बनाए रखने में सफल रहा तो वह मुझे कोई क्षति नहीं पहुंचा सकती थी, जबकि मैं उसे एक दूरी से मार सकता था। इसीलिए मैंने अपने आदमियों को निर्देश दिए थे कि यदि मैं, कल शाम तक वापस नहीं लौटा तो वे नैनीताल लौट जाएं। ऐसा मैंने इसलिए नहीं किया था कि मैंने सोचा था कि मैं शेरनी से निबट नहीं सकता था, परंतु वहां इस बात की संभावना भी थी कि मैं बेहोश हो जाता और अपनी रक्षा करने में असफल रहता।

जिन स्थानों में आप जा चुके हैं, उन स्थानों का विस्तृत मानसिक नक्शा बनाने से आपको यह लाभ होता है कि किसी एक नियत स्थान तक वापस पहुंचने में कोई परेशानी नहीं होती है। अपने शिकार के पगचिह्नों को वहां से पकड़ने के बाद जहां मैंने उन्हें छोड़ा था, मैंने

फिर से पीछा करना आरंभ किया। अब वह किसी वन्यपशु गमनमार्ग और मवेशियों के आने–जाने के रास्ते पर ही संभव हो सकता था, जिस पर शेरनी मेरे सौभाग्य से चल रही थी। सांभर और काकड़ अब खुले स्थानों में आ गए थे। कुछ चरने के लिए तो कुछ सुरक्षा की दृष्टि से यहां आ गए थे। यद्यपि मैं उनकी चेतावनीपूर्ण बोलियों का ठीक–ठीक अनुमान नहीं लगा सकता था परंतु मुझे यह पता चल रहा था कि शेरनी कब चलती थी और मुझे उस दिशा का मोटा अनुमान लग जाता था, जिधर वह जा रही थी। एक घने जंगल से होकर जा रहे संकरे पशुगमन पथ पर मैंने शेरनी के पगचिह्नों को छोड़ा और छितरी हुई झाड़ियों का घूम कर चक्कर लगा कर मैंने उनको दूसरी तरफ खोजने का प्रयत्न किया। वह रास्ता उससे ज्यादा लंबा था, जितना मैने अनुमान लगाया था। फिर मैं छोटी–छोटी घास वाले एक खुले मैदान में पहुंच गया, जिसमें कहीं कहीं पर बांज के वृक्ष थे। यहां मैं एक पेड़ की छाया में रूक गया। थोड़ी देर में पेड़ के ऊपर शाखाओं के हिलने से मैं समझ गया कि इस पर लंगूरों का एक समूह बैठा हुआ है, क्योंकि मैं उस दिन 18 घंटों में बहुत ज्यादा चल चुका था और यहां पर मेरे विश्राम करने के लिए एक सुरक्षित स्थान था, क्योंकि लंगूर खतरे की चेतावनी दे देते। अतः अपनी पीठ को पेड़ से टिका कर बैठने के बाद तथा उस आड़ की तरफ मुंह करके जिसका चक्कर काट कर मैं वहां पहुंचा था, मैंने आधे घंटे तक विश्राम किया होगा। इसी बीच एक बूढ़े लंगूर ने अपनी चेतावनीपूर्ण बोली दी। शेरनी खुली जगह में आ गई थी और एक बूंढ़े लंगूर ने उसे देख लिया था। मैंने भी कुछ समय बाद शेरनी को उस समय देख लिया जब वह लेटने ही जा रही थी।

वह आड़ से दस गज़ दूर और मेरे दाएं ओर सौ गज़ दूर थी और वह मेरी तरफ बगल करके लेट गई, और बोली दे रहे लंगूर को अपना सिर घुमा कर देखने लगी।

मुझे रात में निशाना लगाने का बहुत अभ्यास है, क्योंकि सर्दियों के महीनों में कालाढुंगी में अपने आसामियों के साथ मैं उनकी फसलों की सुरक्षा नुकसान पहुंचाने वाले सुअरों और हिरनों से करने के लिए उनको भगाने में उनकी सहायता करता था। मैं, एक स्पष्ट चांदनी रात में सौ गज़ की दूरी से एक जानवर को निशाना बना सकता हूँ। उन लोगों की तरह जिन्होंने स्वयं निशानेबाजी सीखी है, मैं निशाना साधते समय अपनी दोनों आंखे खुली रखता हूँ, जिससे मुझे अपने लक्ष्य को एक आंख से देखने और दूसरी से राइफल की दृष्टिका को लक्ष्य की सीध में लाने में सहायता मिलती है। किसी अन्य समय में, मैंने शेरनी के खड़े होने की प्रतीक्षा की होती और फिर उसे गोली का निशाना बनाया होता, परंतु दुर्भाग्यवश मेरी बाईं आंख अब बंद हो गई थी और एक आंख से सौ गज़ की दूरी तक निशाना लगाने में खतरा था। पिछली दो रातों में शेरनी एक ही स्थान पर लेटी रही थी और संभवतः रात भर सोती रही थी और इस समय भी ऐसा ही करेगी। इस समय वह सिर उठा कर अपने पेट के बल लेटी थी। यदि वह अपनी बगल में ही लेट जाती और सो जाती तो मै या तो मवेशियों के गमन पथ पर लौटता, जिस पर मैंने उसके पगचिह्नों को देख कर आड़ तक उनका पीछा किया था और उसके पास दस गज़ की दूरी तक पहुंच जाता अथवा मैं, रेंगते हुए खुले मैदान से ही उसके निकट जाता ताकि मैं उस पर गोली चला सकूं। फिर भी मैं, इस वक्त कुछ भी नहीं कर सकता था, और केवल स्थिर बैठ कर चुपचाप उसका अगला कदम क्या होगा, यह देखता रहा। बहुत देर तक संभवतः आधे घंटे तक शेरनी एक ही स्थिति में लेटी रही, यदा–कदा वह अपना सिर दोनों तरफ हिलाती थी, जबकि बूढ़ा लंगूर नींद भरी आवाज में चेतावनी भरी बोली देता रहा। अंततः वह अपने पैरों पर खड़ी हुई तथा बहुत धीरे–धीरे और बहुत कष्टपूर्ण तरीके से उसने मेरे दाहिने तरफ दूर जाना आरंभ किया। जिस दिशा में वह जा रही थी उसकी सीधी रेखा में एक दस से पंद्रह फुट गहरा और

बीस से पच्चीस फुट चौड़ा खड्ड था, जिसे मैंने इस स्थान पर आते समय पार किया था। जब शेरनी ने हमारे मध्य की दूरी को एक सौ पचास गज़ तक बढ़ा लिया और उसके द्वारा मुझे देखे जाने का अवसर कम हो गया तो मैंने उसका पीछा करना आरंभ किया। पेड़ से पेड़ तक जाते हुए, और उससे ज्यादा तेज चलते हुए मैंने उसकी बढ़त को पचास गज़ तक कम कर दिया, जब तक वह खड्ड के किनारे तक पहुंच गई। अब वह मेरे निशाने के भीतर थी, किन्तु वह अन्धेरे में खड़ी थी और उसकी पूंछ का हिस्सा गोली लगाने हेतु बहुत छोटा लक्ष्य था। काफी लंबे समय तक वह एक ही स्थान पर खड़ी रही और फिर खड्ड को पार करने का निर्णय लेकर बहुत धीरे उस तरफ गई।

जैसे ही शेरनी नजर से ओझल हुई, मैं झुक गया और खामोश कदमों से आगे को दौड़ा। अपने सिर को नीचे झुकाना और दौड़ना, मेरे लिए बहुत मूर्खतापूर्ण कदम साबित हुआ क्योंकि मैं केवल कुछ ही गज़ दौड़ा था कि मुझे चक्कर आ गया। मेरे निकट बांज के दो नये पेड़ थे जिनकी शाखाएं आपस में गुंथी हुई थी। अपनी राइफल को नीचे लिटा कर मैं उन वृक्षों पर दस–बारह फुट तक चढ़ा, जहां पर मुझे बैठने के लिए, पैर रखने के लिए तथा आराम करने के लिए छोटी–छोटी शाखाएं मिल गई और फिर अपने दोनों हाथों को आपस में फंसा कर मैंने उन्हें अपने सामने की शाखाओं पर रखा और उन पर अपना सिर टिका दिया। ठीक उसी पल फोड़ा मेरी नाक और मेरे बाएं कान में से होकर फट गया, सौभाग्यवश मेरे मस्तिष्क में नहीं, जिसका मुझे डर था।

बड़ी पीड़ा झेल चुके किसी व्यक्ति ने ठीक ही कहा था कि 'एक भंयकर दर्द से निजात पाने और उस पीड़ा से छुटकारा पाने से ज्यादा कोई खुशी नहीं होती है।' आधी रात के आस–पास ही मुझे आराम महसूस हुआ और जब पूरब से सूर्य का प्रकाश निकल ही रहा था तब मैंने अपने हाथों से अपना सिर ऊपर उठाया। घंटों तक पतली

शाखाओं पर बैठे रहने से मेरी टांगों में आ गई ऐंठन से ही मेरी नींद खुल गई थी और थोड़ी देर तक तो मुझे समझ में नहीं आया कि मैं कहां था और मुझे क्या हुआ था? लेकिन वास्तविकता का पता लगने में देर नहीं लगी। मेरे सिर, चेहरे तथा गर्दन की बड़ी सूजन चली गई थी उसके साथ दर्द भी खत्म हो गया था। मैं अब अपना सिर अपनी इच्छानुसार घुमा सकता था तथा मेरी बाईं आंख खुली थी और मैं बिना किसी कष्ट के भोजन निगल भी सकता था। मैंने शेरनी को मारने का एक अवसर गंवा दिया था, परंतु मेरे लिए सबसे अच्छी बात यह थी कि मैं अपने बुरे वक्त से उबर चुका था और चाहे शेरनी कहीं भी और कितनी दूर गई थी मैं अब उसका पीछा करूंगा और शीघ्र ही या थोड़ी देर से मुझे एक और मौका तो निश्चित रूप से मिलेगा ही।

मैंने जब शेरनी को अंतिम बार देखा था, तब वह गांव की ओर बढ़ रही थी। नये पेड़ों से नीचे आने पर जिन पर मैं बहुत कठिनाई से चढ़ा था, मैंने अपनी राइफल को उठाया और उसी दिशा की ओर चल पड़ा। जलधारा के पास पहुंच कर मैं रुका और अपने शरीर को तथा अपने कपड़ों को अच्छी तरह से धोया और साफ किया। मेरे आदमियों ने वह रात गांव में व्यतीत नहीं की थी, जैसा मैंने उनसे कहा था। परंतु वे मेरे तम्बू के निकट आग जला कर उसके चारों ओर रात भर बैठे रहे और उन्होंने मेरे आने की प्रत्याशा में केतली में गर्म पानी तैयार रखा हुआ था। मेरे कपड़ों से पानी टपक रहा था जब मैं उनकी तरफ गया तो मुझे आते देख कर वे आश्चर्यमिश्रित खुशी से खड़े रह गए। उन्होंने चिल्ला कर कहा कि साहिब! साहिब! आप वापस आ गए हैं और आप अब स्वस्थ हैं। मैंने कहा, हां, मैं वापस लौट आया हूँ, और मैं अब अच्छा हूँ। जब एक भारतीय अपनी

स्वामीभक्ति प्रकट करता है तो वह उसे बिना कोई कीमत लिए दिल खोल कर प्रकट करता है। जब हम तल्लाकोट पहुंचे थे, मुखिया ने दो कमरे मेरे आदमियों के लिए उपलब्ध करा दिए थे क्योंकि बंद दरवाजों के अंदर के सिवाय कहीं भी सोना जोखिम भरा था। मेरी इस बुरी रात में, खतरे से पूर्णतः अवगत होते हुए भी मेरे आदमी खुले में बैठे रहे थे कि क्या पता मुझे उनकी सहायता की आवश्यकता आ पड़े और यदि मैं लौटता तो मेरे लिए चाय बनाने के लिए खौलते हुए पानी की केतली आग में रखी रहती थी। मुझे याद नहीं है कि मैंने चाय पी थी या नहीं, परंतु लोगों द्वारा स्वेच्छा से अपने हाथों से मेरे जूते उतारना और बिस्तर पर लेटने के बाद मेरे ऊपर एक कंबल को ओढ़ाना तो मुझे याद है।

कई घंटे तक शांतिपूर्वक नींद सो लेने के बाद मुझे एक स्वप्न आया। मुझे लगा कि कोई मुझे तेजी से बुला रहा है और दूसरा कोई भी उसी तेजी से कह रहा था कि मुझे परेशान नहीं करना चाहिए। यह सपना तब तक बार–बार कुछ परिवर्तित रूप में आता रहा, जब तक नींद के झोंके में वे शब्द सुनाई न दिए और वास्तविकता न बन गए। तुम्हें चाहिए कि तुम उन्हें तुरंत जगा दो अन्यथा वे बहुत क्रोधित होंगे। फिर उत्तर देने की गंगाराम की आवाज आई कि हम उन्हें नहीं जगाएंगे क्योंकि वे बहुत थके हुए हैं। अतः मैंने आवाज देकर उसे बुलाया और कहा कि उस आदमी को अंदर भेज दो। एक मिनट में ही मेरा तंबू अत्यंत उत्तेजित पुरूषों और बालकों की एक भीड़ से भर गया जो उस समय मुझे यह बताने को उत्सुक थे कि नरभक्षी ने अभी–अभी गांव के दूसरी तरफ छः बकरियां मार डाली हैं। जूते पहनते हुए मैंने उस भीड़ के पीछे से डूंगरसिंह को बुलाया जो बालक मेरे साथ उस समय था जब मैंने शेरनी के शावकों को मारा था। मैंने उससे पूछा कि क्या उसे पता है कि बकरियां कहां मारी गई है और क्या वह मुझे वहां ले जा सकता है। उसने उत्सुकता से उत्तर दिया हां ! हां ! मैं आपको वहां ले जा सकता हूँ। ग्राम के मुखिया

से भीड़ को उसी स्थान पर रोके रखने को कह कर मैं अपनी 275 बोर की राइफल को साथ लेकर डूंगर सिंह के साथ गांव से होकर चल पड़ा।

सो जाने के कारण मैं पुनः तरोताजा हो गया था और अब मुझे अपने सिर को हिलने से बचाने के लिए अपने पैरों को हल्के से जमीन पर रखने की कोई आवश्यकता नहीं थी। अतः मैं अनेक हफ्तों में, पहली बार आराम से और बिना किसी असुविधा के चलने में समर्थ हो गया था।

9

जिस दिन मैं तल्लादेश पहुंचा था, डूंगरसिंह नाम का बालक, जो इस समय मेरे साथ था, मुझे गांव के बीच से होकर एक संकरे अवतल प्रदेश पर ले गया था। वहां से दोनों घाटियों का विस्तृत दृश्य दिखाई देता था। दाहिनी ओर की घाटी सीधी खड़ी ढलान से होकर काली नदी की दिशा में जाती थी। इसी घाटी के ऊपरी सिरे पर मैंने शेर शावकों को मारा और शेरनी को घायल किया था। बाईं तरफ की दूसरी घाटी कम खड़ी ढाल वाली थी और अवतल प्रदेश से बकरियों के आने–जाने का एक रास्ता इसमें नीचे जाता था। इसी घाटी में बकरियां मार डाली गई थी। इसी रास्ते पर अब लड़का नीचे की ओर दौड़ने लगा था जबकि मैं उसके पीछे दौड़ रहा था। घुमावदार खड़ी उतराई और उबड़–खाबड़ जमीन में पांच या छः सौ गज़ दूर जाने के बाद रास्ता एक छोटी नदी के पार जाता था और बाएं तट के साथ नीचे घाटी में जाता था। जहां पर रास्ता नदी के पार जाता था वहां अपेक्षाकृत खुले मैदान का एक टुकड़ा था जिसके बाएं से दाएं जाते हुए एक नीची चट्टानी धार थी। इसके दूसरी तरफ एक छोटा गड्ढा था और गड्ढे में तीन बकरियां मरी पड़ी थी।

पहाड़ से नीचे उतरते समय बालक ने मुझे बताया था कि दोपहर के समय बकरियों का एक बड़ा झुंड दस–पंद्रह लड़कों की देख–रेख

में उस गड्ढ़े में चर रहा था। तब एक शेर, जो उनके विचार से नरभक्षी थी, अचानक ही उनके बीच में प्रकट हो गया और उसने छः बकरियों को मार गिराया। शेर को देख कर लड़कों ने ज़ोर–ज़ोर से चिल्लाना आरंभ कर दिया। उनके साथ निकट ही जलाने की लकड़ी एकत्र कर रहे लोग भी सम्मिलित हो गए। उस सामान्य दुविधा की स्थिति में जब बकरियां इधर–उधर भाग रही थी और इंसान शोरगुल मचा रहे थे, शेर किसी की दृष्टि में आए बिना भाग गया, अतः किसी को भी पता न था कि वह किस दिशा में गया था। तीन बकरियों को उठा कर पुरूषों तथा बालकों ने मुझे सूचना देने के लिए गांव की तरफ दौड़ लगा दी, जबकि कमरटूटी तीन बकरियां गड्ढ़े में ही पड़ी रह गई।

इस बारे में कोई प्रश्न ही नहीं था कि बकरियों की हत्यारी घायल नरभक्षी ही थी क्योंकि जब मैंने उसे पिछली रात आखिरी बार देखा था तो वह सीधे गांव की दिशा में जा रही थी। जब मैं अपने शिविर में लौटा तो मेरे आदमियों ने मुझे बताया कि उससे एक घंटा पहले एक काकड़ जलधारा के निकट से बोला था जो उस स्थान से सौ गज़ दूर था जहां पर वे बैठे हुए थे और यह सोचते हुए कि शायद वह मुझे देख कर ही बोला था, उन लोगों ने आग जला दी थी। उन्होंने संयोग से ही ऐसा किया था। क्योंकि बाद में मैंने शेरनी के पगचिह्नों को आग के चारों तरह देखा था जहां का चक्कर लगा कर वह गांव से होकर चली गई थी। उसका उद्देश्य साफ–साफ एक मानव शिकार प्राप्त करना था अपने प्रयास में असफल रहने के बाद उसने गांव के निकट ही शरण ले रखी थी और भोजन प्राप्त करने का पहला मौका मिलते ही बकरियों को मार गिराया था। यह कार्य उसने कुछ सेकेंडों में ही कर दिया था जबकि वह एक बहुत पीड़ादायक घाव को झेल रही थी, जिसके कारण वह बुरी तरह से लंगड़ा कर चल रही थी।

क्योंकि मैं उस जगह से परिचित नहीं था, अतः मैंने डूंगरसिंह से पूछा कि उसके विचार से शेरनी किस दिशा में गई होगी। घाटी के नीचे की तरफ इशारा करके उसने कहा कि वह संभवत उसी दिशा में गई होगी जिसके थोड़ा आगे एक घना जंगल था। जब मैं उससे इस जंगल के बारे में सवाल कर रहा था इस आशय से कि मैं नीचे जाकर शेरनी को खोजूंगा, तभी एक कलीज फीजेंट ने कटकटाना आरंभ कर दिया। उस आवाज़ को सुनकर बालक पीछे घूमा और उसने पहाड़ के ऊपर देखा जिससे मुझे पता चल गया कि कलीज किस दिशा से बोल रहा था। हमारे बाईं ओर का पहाड़ सीधी खड़ी चढ़ाई पर जाता था जिस पर कुछ झाड़ियां और बौने पेड़ उगे थे। परंतु मुझे पता था कि शेरनी ने इस पर चढ़ने का प्रयत्न नहीं किया होगा और मुझे उस ओर देखते हुए देख कर डूंगरसिंह ने कहा फीजेन्ट पहाड़ पर नहीं बोल रहा था परंतु उसके पीछे स्थित एक घाटी में बोल रहा था। क्योंकि हम फीजेन्ट की दृष्टि में नहीं खड़े थे इसलिए वहां पर केवल एक ही वस्तु हो सकती थी, जिसने मुर्गे को डरा दिया था और वह शेरनी थी। डूंगरसिंह को बहुत तीव्र गति से गांव को वापस भाग जाने को कहने के बाद, मैंने उसके जाने के मार्ग को अपनी राइफल से कवर किया और जब मैंने यह समझा कि वह खतरे से बाहर हो गया था, तब मैं अपने आस–पास बैठने के लिए सुविधाजनक स्थान देखने में लग गया।

घाटी के इस हिस्से में चीड़ के विशाल पेड़ ही थे और जिनमें तीस या चालीस फुट तक कोई भी शाखा नहीं थी, इसलिए उन पर चढ़ना असंभव था। अतः आवश्यकतावश मुझे जमीन पर ही बैठना पड़ेगा। दिन में तो सब ठीक–ठाक रहेगा, परंतु यदि शेरनी ने रात होने तक आने में विलंब किया और बकरे की जगह मनुष्य के मांस का चुनाव किया तो मुझे चंद्रमा के उदय होने से पहले के अंधकार में एक या दो घंटे व्यतीत करने के लिए प्रबल भाग्य का ही सहारा लेना होगा।

जो नीची चट्टान बाएं से दाएं को जा रही थी और जिसके निकट ही गड्ढ़ा था। वहां पर एक बड़ी सपाट शिला थी। इसके निकट ही एक और छोटी शिला थी। इस छोटी शिला पर बैठ कर मैंने देखा कि मैं, बड़ी शिला के पीछे छिपा रह सकता था और केवल मेरा सिर ही उस दिशा से दिखाई पड़ता जिधर से मैंने शेरनी के आने की उम्मीद की थी। अतः मैंने यहीं पर बैठने का निश्चय किया। मेरे सामने एक चालीस गज़ चौड़ा बड़ा गड्ढ़ा था जिसके दूर की तरफ एक बीस फुट ऊंचा तट था। इस तट के ऊपर एक दस से बीस फुट चौड़ा दाहिनी तरफ ढलवा होता हुए सपाट मैदान का एक टुकड़ा था। इसके ऊपर पहाड़ एकदम खड़ी चढ़ाई वाला था। गड्ढ़े में मरी हुई बकरियों में से एक की पीठ की खाल को शेरनी ने चीर डाला था।

कलीज मुर्गे ने अब कटकटाना बंद कर दिया था और मैंने अंदाजा लगाया कि क्या वह तब बोला था जब शेरनी घाटी में ऊपर जा रही थी और लड़का और मैं वहां पहुंचे थे अथवा वह शेरनी को वापस आते हुए देख कर ही बोला होगा। एक दशा में मुझे लंबा इंतजार करना पड़ेगा जबकि दूसरी स्थिति में थोड़ी देर तक। मैंने अपना स्थान दो बजे अपराह्न में ग्रहण कर लिया था और आधे घंटे बाद नीले हिमालयी नीलकंठों का एक जोड़ा घाटी के ऊपर आया। ये सुंदर पक्षी रामगंगरा और छोटे पक्षियों के घोंसला बनाने के सीजन में बहुत नुकसान करते हैं तथा इन्हें जगंल में किसी भी मृत वस्तु को ढूढंने में महारत हासिल है। मैंने पक्षियों को देखने से बहुत पहले ही सुन लिया था क्योंकि वे बहुत बोलने वाले होते हैं। बकरियों पर निगाह पड़ते ही उन्होंने बोलना बंद कर दिया और बहुत सावधानी से निकट आए। कई बार झूठी चेतावनी भरी आवाजें देने के बाद वे चिरी हुई पीठ वाली बकरी पर

बैठ गए और उसे खाना शुरू कर दिया। कुछ समय से एक गिद्धराज आकाश में चक्कर लगा रहा था और अब नीलकंठों को बकरियों पर बैठा देख कर वह नीचे हवा में तैरता हुआ आया और एक पंख की तरह हलके से चीड़ की एक सूखी शाखा पर बैठ गया। इन गिद्धराजों की छाती के पंख सफेद, काले डैने और सिर तथा टांगे लाल होती हैं और ये जंगल में किसी मृत पशु को सबसे पहले खोज लेते हैं। अन्य गिद्धों से आकार में छोटा होने के कारण उनको खाना खाने की मेज़ पर सर्वप्रथम ही पहुंचना पड़ता है क्योंकि जब दूसरे गिद्ध आएंगे तो उनको पीछे हटना पड़ेगा।

मैंने गिद्ध के आगमन का स्वागत किया क्योंकि वह मुझे उस सूचना को प्रदान करेगा जिसकी मेरे पास कमी थी। चीड़ के पेड़ से अपने ऊंचे स्थान से वह चारों तरफ दूर–दूर तक देख सकता था और यदि वह नीचे आकर नीलकंठो के पास बैठ जाता तो इसका अर्थ होता कि शेरनी चली गई थी, जबकि यदि वह अपने स्थान पर ही रहा तो इसका मतलब होता कि शेरनी आस–पास ही लेटी हुई होगी। अगले आधे घंटे तक इस दृश्य में कोई परिवर्तन नहीं हुआ–नीलकंठ खाते रहे और गिद्ध सूखी टहनी पर बैठा रहा और फिर सूर्य बारिश के घने बादलों के पीछे छिप गया। थोड़ी देर बाद कलीज मुर्गें ने फिर से कटकटाना आरंभ कर दिया और नीलकंठ घाटी में नीचे की ओर चीखते हुए उड़ गए। शेरनी आ रही थी वह उससे बहुत पहले ही आ रही थी जैसा मैंने सोचा था। यहां पर उसे मारने के लिए मेरे पास एक अवसर था जिसे मैंने पिछली रात चक्कर आने के बाद गवां दिया था।

पहाड़ के कंधे पर उगी हुई कुछ हल्की झाड़ियां घाटी की तरफ मेरे दृष्टिपथ में बाधा डाल रही थी और इन्हीं झाड़ियों में से मैंने शेरनी को निकलते हुए देखा। वह बहुत धीमी गति से सपाट मैदान के ऊपर बीस फुट ऊंचे तट के साथ–साथ आ रही थी और सीधे मेरी तरफ देख रही थी। केवल मेरा सिर ही बाहर दिखाई पड़ता था और मैंने

अपना कोमल टोप अपनी आंखों तक झुका रखा था और यदि मैंने कोई हलचल न की तो वह मुझे देख नहीं पाएगी। अतः राइफल को शिला पर टिका कर मैं पूर्णतः स्थिर बैठा रहा। तब शेरनी मेरे विपरीत दिशा में आकर बैठ गई। उसके और मेरे बीच में चीड़ के विशाल पेड़ का तना आ गया था। मैं, पेड़ के एक तरफ उसका सिर और दूसरी ओर उसके धड़ का भाग और पूंछ को देख सकता था। वहां पर वह कई मिनटों तक अपने घाव से आकर्षित होकर आई मक्खियों को उड़ाती रही, जो उसे परेशान कर रही थी।

10

आठ वर्ष पहले जब शेरनी अपेक्षाकृत एक जवान जानवर थी, तभी वह एक साही के साथ हुई मुठभेड़ में गम्भीर रूप से घायल हो गई थी। जिस समय उसे यह घाव लगा होगा तब उसके साथ शावक रहे होंगे और कुछ समय तक अपना पेट भरने और अपने शावकों का पालन–पोषण करने के लिए अपने प्राकृतिक शिकार को प्राप्त करने में असमर्थ होने के कारण उसने मनुष्यों को मारना आरंभ कर दिया था। उसने ऐसा करते समय प्रकृति के नियमों के विपरीत कोई भी अपराध नहीं किया था। वह एक मांसभोजी पशु थी और मांस चाहे मनुष्य का हो अथवा जानवर का, उसका एकमात्र आहार था, जिसे वह अपना सकती थी। परिस्थितियों के दबाव में आकर एक जानवर और एक मनुष्य भी ऐसा भोजन खा लेगा जिसे वह सामान्य स्थितियों में खाने से परहेज करेगा। इस तथ्य के आधार पर कि शेरनी ने अपने संपूर्ण नरभक्षी जीवन में केवल एक सौ पचास आदमी मारे थे, जिनका औसत एक साल में बीस से कम आता था। मैं, यह सोचने के लिए विवश था कि वह आसानी से उपलब्ध हो जाने वाले इस भोजन को तभी चुनती थी जब उसके साथ शावक होते थे और घाव लगने के कारण वह अपना तथा अपने शावकों की उदरपूर्ति के लिए अपना पर्याप्त प्राकृतिक भोजन प्राप्त करने में असमर्थ रहती थी।

तल्लादेश के लोग शेरनी के द्वारा दिए गए दारूण कष्ट से बहुत ज्यादा पीड़ित हो चुके थे और उसी का हिसाब–किताब वह अब घायल तथा पीड़ित होकर चुकता कर रही थी। उसको कष्टों से मुक्ति दिलाने के लिए मैंने इस समय अनेकों बार अपनी राइफल की दृष्टिकाएं उसके सिर की सीध में रखी थी, परंतु घने बादलों के कारण प्रकाश इतना पर्याप्त नहीं था कि मैं उसे साठ गज़ की अपेक्षाकृत छोटी दूरी से निशाना बना लेता।

अंततः शेरनी खड़ी हुई, तीन कदम आगे बढ़ी और फिर मेरी तरफ बगल करके बकरियों की तरफ नीचे देखते हुए खड़ी रही। अपनी कुहनियों को सपाट चट्टान पर टिकाकर मैंने सावधानी से उस स्थान पर निशाना साधा जहां मैंने सोचा शेरनी का दिल होगा, और घोड़ा दबाया और उसके दूर वाले पहाड़ पर धूल को उड़ते हुए देखा। उस धूल को देख कर मेरे मस्तिष्क में यह विचार कौंधा कि मै न केवल उसके दिल को बल्कि उसके पूरे शरीर को ही चूक गया था। लेकिन मेरे सावधानी से लिए गए निशाने के कारण यह संभव नहीं था। निःसंदेह जो वास्तव में हुआ था, वह यह था कि मेरी गोली बिना किसी अवरोध के उसके शरीर के आर–पार निकल गई थी। मेरी गोली लगने पर शेरनी आगे को उछली और एक बहुत डरे हुए परंतु बिना घायल हुए जानवर की तरह सपाट मैदान में, दौड़ी और जब तक मैं उस पर दूसरी गोली चलाता वह नजर से ओझल हो चुकी थी।

मैं अपने आप से बहुत कुपित हुआ कि मैं, शेरनी को उस समय क्यों नहीं मार सका था जब उसने मुझे इतना बढ़िया निशाना लगाने का मौका प्रदान किया था। मुझे पक्का विश्वास था कि अब वह मुझसे बच कर नहीं जा पाएंगी। उस शिला से नीचे कूदने के पश्चात मैं, गड्ढे के साथ–साथ तेजी से दौड़ कर उसके ऊपर बीस फुट किनारे पर चढ़ गया फिर उसके ऊपर के सपाट मैदान में भागा और फिर मैं, उस स्थान तक आया, जहां से शेरनी ओझल हो गई थी। यहां

मैंने देखा कि आगे एक चालीस फुट गहरी ढांग थी, जो स्लेटी पत्थरों के ऊबड़–खाबड़ चट्टानों से होकर जाती थी। इसी के नीचे शेरनी बड़ी–बड़ी छलांगें मार कर चली गई थी। इस भय से कि मेरे टखनों में मोच न आ जाए मैं अपनी एड़ियों के बल बैठ गया और नीचे बर्फगाड़ी की तरह फिसल कर गया। उन चट्टानों के नीचे एक अच्छी तरह प्रयुक्त पगडंडी थी। मुझे पूरा विश्वास था कि शेरनी इसके साथ–साथ गई होगी। हालांकि वह सतह इतनी सख्त थी कि उस पर पगचिह्न नहीं दिखाई दे रहे थे। रास्ते के दाहिनी ओर चट्टानों से भरपूर जमीन पर एक जलधारा थी जिसे मैंने तथा डूंगरसिंह ने दूर ऊपर से पार किया था और इसके बगल में एक बहुत तीखी चढ़ाई वाला घास का पहाड़ था। रास्ते के बाईं तरफ एक पहाडी़ थी जिसमें चीड़ के कुछ पेड़ उगे हुए थे। कुछ दूरी तक रास्ता सीधा था। जब मैं इसके साथ–साथ पचास साठ गज़ तक दौड़ा होगा, तभी मैंने एक घुरल को अपनी चेतावनीपूर्ण छींक मारते हुए सुना। वहां केवल एक ही ऐसी जगह हो सकती थी जहां घुरल खड़ा हो सकता था और वह मेरी दाहिनी तरफ के घास के पहाड़ पर ही था। यह सोचते हुए कि संभवतः शेरनी पानी के सोते को पार करके इसी पहाड़ पर ऊपर चली गई होगी। मैंने उसे देखने के लिए अपना सिर ऊपर उठाया। जैसे ही मैने ऐसा किया, मुझे लगा कि मैंने आदमियों को चिल्लाते हुए सुना। पीछे घूम कर मैंने गांव की दिशा में देखा और पहाड़ की काठी (अवतल प्रदेश) पर अपने आदमियों को एक भीड़ के साथ खड़े देखा। उन्होंनें मुझे पीछे देखता हुआ पाकर मुझे सीधे रास्ते की तरफ और आगे ! और आगे ! जाने को चिल्ला कर जाने का इशारा किया– एक पल में ही मैं फिर दौड़ पड़ा और एक मोड़ पर घूमने के बाद मैंने पगडंडी पर ताजा खून देखा।

जानवरों की खाल ढीली होती है। जब स्थिर खड़े हुए एक जानवर के शरीर पर गोली लगती है तो वह तेज गति से दूर भागता है। तब उसकी खाल का छेद उसके मांस में बने छेद के अनुरूप

नहीं होता है। नतीजा यह होता है कि जब तक जानवर तेजी से दौड़ता रहेगा, तब तक थोड़ा सा भी खून नहीं निकलेगा। किंतु जब जानवर की रफ्तार कम हो जाती है और दोनों छिद्र पास–पास आ जाते हैं तो खून बहता है और जितना ही धीरे जानवर चलता है उतना ही ज्यादा खून बहता है। जब कहीं पर यह अनिश्चितता हो की जिस जानवर पर फायर किया गया हो उसे गोली लगी है अथवा नहीं तो उसका समाधान ठीक उस स्थान पर जाकर किया जा सकता है जहां पर गोली लगते समय वह जानवर खड़ा था। वहां कटे हुए बालों को भी देखें। यदि बाल वहां पड़े होगे तो उस जानवर को गोली लगी होगी और बालों की अनुपस्थिति इस बात का प्रमाण होगा कि आप उसे पूर्णतया चूक गए हैं।

मोड़ पार करने के बाद शेरनी ने चाल धीमी कर दी थी परंतु वह अभी भी दौड़ रही थी जैसा कि मैं खून के धब्बों से देख सकता था। उसको पकड़ने के लिए मैंने तेजी से दौड़ लगा दी। मैं ज्यादा दूर तक नहीं गया था, जब मैं अपने बाईं तरफ के पहाड़ के बाहर उभरे हुए एक पर्वत पर पहुंचा। यहां पर रास्ता एकदम न्यूनकोण पर मुड़ता था और अपने को रोक पाने में असमर्थ रहने पर और वहां पर मेरे लिए पकड़ने के लिए कुछ भी न मिलने से, मैं उस संकरे मार्ग के किनारे से नीचे खड़े–खड़े ही गिरने लगा। इसके दस पंद्रह फुट नीचे बुरांस का एक नया पेड़ था और उसके नीचे एक भयानक लग रही घाटी में सीधी ढांग जाती थी जहां पर पानी की धारा समकोण पर मुड़ती हुई पहाड़ के आधार को काटती हुई बह रही थी। जैसे ही मैं उस नये पेड़ के पास से गुज़रा मेरी एड़िया मिट्टी में घंस रही थी, मैंने उस पेड़ को

अपने दाहिने हाथ से नीचे की तरफ से पकड़ लिया। सौभाग्य से वह पेड़ जड़ से नहीं उखड़ा। हालांकि वह थोड़ा झुका परंतु टूटा नहीं। अपने को धीरे–धीरे उठाते हुए मैं ठोकर मारते हुए, कोमल मिट्‌टी में पैर रखने की जगह बनाने लगा, जहां पहाड़ में उस जगह घनी पर्णांग उगी हुई थी।

शेरनी के निकट जाने का एक मौका हाथ से निकल गया था। परंतु मेरे सामने पीछा करने के लिए बहुत स्पष्ट खून के धब्बे थे। अतः मेरे लिए वहां पर कोई जल्दीबाजी करने की आवश्यकता न थी। वह पगडंडी जो पहले उत्तर को गई थी अब अत्यंत तीखी चढ़ाई वाले एक घने जंगल से आच्छादित पहाड़ के पश्चिमी मुख की तरफ गई। जब मैं इस रास्ते पर दो सौ गज़ और आगे बढ़ा होगा तो मैं पहाड़ के बगल में एक खुले मैदान में पहुंच गया। मेरे विचार से दूरी की यही वह सीमा थी जहां तक शरीर में लगे घाव वाला एक शेर दौड़ कर जा सकता था। अतः मैं उस सपाट मैदान पर बहुत सावधानी से गया जहां पर घनी श्येनपर्णांग और छितरी हुई झाड़–झंखाड़ उगी हुई थी।

एक शेर जिसने अपने घाव का बदला लेने का पक्का इरादा कर लिया हो वह भारत के जंगलों में मिलने वाला सबसे खतरनाक जानवर है। शेरनी जिसे हाल में ही बहुत गहरी चोट लगी थी और जिसका गुस्सा उसने छः बकरियों को मार कर निकाला था और जब मैंने उस पर गोली चलाई थी तो जिस तरह से वह कूदते हुए तेजी से दौड़ कर भागी थी उससे स्पष्ट था कि पांच दिन पहले टांग पर लगा घाव उसके लिए कोई असुविधा का कारण नहीं बना था। मुझे पक्का विश्वास था कि जैसे ही उसे पता चलता कि मैं उसका पीछा कर रहा हूँ और जब वह यह सोचती कि मैं उसके कूदने की सीमा के अंदर हूं तो वह एकदम मुझ पर आक्रमण कर देगी, जिसे मुझे शायद एक गोली से ही निबटना पड़े। राइफल के बोल्ट को पीछे खींच कर मैंने कारतूस का बहुत सावधानी से निरीक्षण किया और जब मैं संतुष्ट हो गया था कि वह हाल ही में कलकत्ता की मैंटन

से खरीदे गए कारतूसों में से एक था तो मैंने इसे चेंबर में वापस रख दिया और घोड़े को खड़ा कर दिया।

वह रास्ता एक श्येनपर्णांग से हो कर गया था, जो कमर तक ऊंची थी। खून की धार इसी मार्ग से श्येनपर्णांग की तरफ गई थी तथा शेरनी इसी रास्ते पर, इसके बाईं या दाईं तरफ लेटी हुई हो सकती थी। अतः मैंने श्येनपर्णांग के पास फुट दर फुट एकदम सीधे देखते हुए निकट जाना शुरू किया। क्योंकि ऐसे अवसरों पर अपने सिर को घुमाना और मोड़ना बुद्धिमानी नहीं है अतः जब मैं श्येनपर्णांग से तीन गज़ की दूरी पर था तभी मैंने दाहिनी ओर रास्ते से एक गज़ दूर एक हलचल देखी। वह शेरनी थी जो मुझ पर कूदने की तैयारी कर रही थी। घायल तथा भूख से व्याकुल तो वह थी ही और अब वह अंतिम संघर्ष करने को भी तत्पर थी। लेकिन उसकी वह कूद कभी नहीं लग सकी, क्योंकि जैसे ही वह उठी, मेरी पहली गोली ने उसके पूरे शरीर को झकझोर कर रख दिया था और दूसरी गोली ने उसकी गर्दन तोड़ दी थी।

कई दिनों की पीड़ा तथा तनाव तथा खाली पेट से मेरे शरीर का प्रत्येक अंग अब कांप रहा था और मुझे उस स्थान तक पहुंचने में बहुत कठिनाई हुई, जहां पर रास्ता न्यूनकोण पर मुड़ता था और वहां सौभाग्यवश बांज का एक बीज अंकुरित होकर एक छोटा पौधा बन गया था, यदि वह पौधा वहां पर नहीं होता तो नीची चट्टानों पर गिर कर मेरी जीवनलीला समाप्त हो गई होती। गांव की संपूर्ण आबादी तथा मेरे आदमी पहाड़ के अवतल प्रदेश पर और उसके दोनों ओर इकठ्ठा हो गए थे। मैंने अपना टोप हिलाया ही था कि ज़ोरे–ज़ोर से चिल्लाते हुए आदमी और लड़के नीचे दौड़ते हुए आए। मेरे छः गढ़वाली साथी सबसे पहले वहां पहुंचे। बधाइयां दी गईं और शेरनी को एक खंबे से बांधा गया और कुमाऊं में सबसे उत्साही छः गढ़वाली विजय के रूप में तल्लादेश की नरभक्षी को गांव में ले गए। यहां पर शेरनी को फूस की शैय्या पर लिटा दिया गया, ताकि महिलाएं

तथा बच्चे उसे देख सकें। मैं अपने तंबू में कई हफ्ते बाद अच्छा खाना खाने गया। एक घंटे बाद लोगों की भीड़ से घिरे होकर मैंने शेरनी की खाल निकाली।

मेरी 275 बोर की कोमल नोक वाली निकल के खोल की फटने वाली गोली, जिसे मैंने 7 अप्रैल को चलाया था, शेरनी के दाहिने कंधे में कंदुक एवं खल्लिका संधि में जमकर फंस गई थी। दूसरी तथा तीसरी गोली उस पर तब चलाई गई थी जब वह हवा में गिर रही थी और पहाड़ पर चढ़ रही थी और दोनों ही उसे चूक गई थी। 12 अप्रैल को दागी गई चौथी गोली उसके शरीर के आर पार बिना किसी हड्डी से टकराये निकल गई थी तथा पांचवीं और छठी गोली ने उसको मार दिया था। उसकी दाहिनी अगली टांग और कंधे से मैंने साही के लगभग 20 कांटे निकाले जिनकी लंबाई दो से छः इंच तक थी। वे उसकी मांसपेशियों में मजबूती से जम गए थे और निःसंदेह शेरनी के नरभक्षी बनने का कारण थे। मैंने अगला दिन खाल को सुखाने में व्यतीत किया और तीन दिन बाद मैं अपने घर में सुरक्षित अपने बुरे समय को पीछे छोड़कर पहुंच गया था। बेंस ने बहुत कृपापूर्वक डूंगरसिंह और उसके भाई को बुलाया और अल्मोड़ा में एक सार्वजनिक समारोह में उन्हें मेरी सहायता करने के लिए मेरी तरफ से धन्यवाद दिया। नैनीताल लौटने के एक सप्ताह बाद सर मालकम हेली ने मुझे लाहौर के कान के सर्जन कर्नल डिक का पता दिया। उन्होंने अपने अस्पताल में तीन महीने तक मेरा इलाज किया। इससे मेरी सुनने की क्षमता काफी हद तक सुधर गई और मैं, पक्षियों की आवाजें और संगीत सुनने के लिए फिर से सक्षम हो गया हूं।

परिशिष्ट

"तल्लादेश के नरभक्षी" की कहानी जिसे मैंने 'जंगल की कहानी' के लिखने तक आपसे कहने के लिए रोके रखा था– अब कही जा चुकी है। मुझे मालूम है कि बहुत लोगों को यह कहानी अविश्वसनीय प्रतीत होगी और उनको कुछ हद तक सच्ची लगेगी जिन्होंने स्वयं शेरों का शिकार किया हो। मुझसे बेहतर कोई भी नहीं जानता है कि शेरों का पैदल शिकार करना एक लोकप्रिय खेल नहीं है और नरभक्षियों का शिकार करना तो कतई भी नहीं। मैं, यह भी जानता हूँ कि एक घायल शेर का पीछा करना एक ऐसा कार्य है जिसे कोई भी नहीं करना चाहता है। इससे सब भयभीत रहते हैं। फिर भी इन सभी बातों को जानते हुए मैंने नरभक्षी शेरों का न केवल दिन में बल्कि रात में भी पैदल शिकार करने और एक घायल शेर का पैदल पीछा करने का भी वर्णन किया है। अतः इसमें थोड़ा भी आश्चर्य नहीं होना चाहिए कि यदि मेरी कहानी कुछ लोगों को अविश्वसनीय लगे।

कुमाऊं में ऐसे कम ही स्थान हैं, जो एक पखवाड़े का अवकाश अल्मोड़ा जिले की पूर्वी सीमा पर स्थित स्थानों में बिताने से अधिक आनंददायक हो। हिमालय में पैदल भ्रमण करना एक लोकप्रिय

गतिविधि बनती जा रही है और मैं, एक खिलाड़ी को, युवा सैनिकों के दल के अथवा विधार्थियों को निम्नलिखित से ज्यादा आनंदपूर्ण पैदल भ्रमण पथ का सुझाव नहीं दे सकता हूँ। आप अपनी यात्रा टनकपुर से आरंभ करें। किंतु ऐसा करने से पहले वहां के पेशकार से तहसील का एक चपरासी मांगे, जो आपको वह स्थान दिखाएगा जहां पर एक हाथी और दो शेरों के बीच महाभंयकर संग्राम हुआ था। टनकपुर से बरमदेव होते हुए पूर्णागिरि को जाएं। वहां पर मंदिर में दर्शन करने के बाद मंदिर के सर्वोच्च पुजारी और अन्य पुजारियों से शारदा नदी के पार प्रकट होने वाली रोशनियों के बारे में जितनी भी जानकारियां प्राप्त कर सकें, प्राप्त कर लें। इसी से मिलते–जुलते आग के एक अन्य प्रकटीकरण के बारे में भी पूछें, जो पिंडारी हिमनद के आधार पर उस आग के बारे में है, जिसके पास एक बूढ़ा आदमी बैठ कर अपनी माला जपता रहता है और जिसे किसी–किसी मौसम में ही देखा जा सकता है।

पूर्णागिरी के पुजारियों द्वारा प्रयोग किया गया एक मार्ग आपको थाक के गांव में पहुंचा देगा। यह एक सुंदर स्थान पर स्थित है और जब आप विश्राम कर चुके होंगे। तब आप मुखिया और चारों तरफ बैठे हुए लोगों में से किसी एक से थाक और चूका के नरभक्षी शेरों के शिकार के बारे में उनकी कहानी सुनें। मुखिया का एक रिश्तेदार तिवाड़ी जो पहाड़ी ब्राहमण का एक अच्छा नमूना है, आपको वह स्थान दिखाएगा जहां उसका भाई मारा गया था और जिसके अवशेषों को खोजने में उसने मेरी सहायता की थी। इसके अलावा आम का वह वृक्ष भी दिखाएगा जिसकी जड़ों के नीचे पानी का एक सोता बहता है और चूका की ओर नीचे जाते हुए वह चट्टान भी दिखाएगा जहां मैंने 'थाक के नरभक्षी' को मारा था। यदि आपके पास समय है तो वह आपको पीपल का वह वृक्ष भी दिखाएगा, जिसके ऊपर बैठकर मैंने चूका के नरभक्षी को मारा था। चूका में कुंवर सिंह के बारे में पूछताछ करें और उससे दोनों शेरों के शिकार का किस्सा सुनें।

चूका से तल्लादेश तक जाने के लिए बहुत लंबी पैदल यात्रा करनी पड़ती है और यह उचित होगा कि यात्रा तड़के ही आरंभ की जाए। लध्या को इसके शारदा नदी के संगम के निकट से पार करने के बाद आप सेम पहुंच जाएंगे। सेम का मुखिया तब बालक ही था जब मैं उससे मिला था। वह आपको बताएगा कि नरभक्षी ने उसकी मां को कहां मारा था जब वह अपने घर के निकट घास काट रही थी। सेम को पीछे छोड़ कर और कठिन चढ़ाई तय करने के बाद आप एक छोटे गांव में पहुंच जाएंगे, जहां मैंने आम के पेड़ के नीचे एक रात व्यतीत की थी। धार के ऊपर जाने के बाद आप एक वनमार्ग में पहुंच जाएंगे। अब बाईं तरफ मुड़ें और मार्ग पर सीधे चलते रहें जब तक कि आप एक जलधारा तक न पहुंच जाएं। जलधारा को पार करें और घास के खुले मैदान में एक छोटे टुकड़े को पार करे जहां मेरा चालीस पौंड़ का तंबू लगाया गया था और अब आप अपनी मंजिल अर्थात् तल्लाकोट में पहुंच गए हैं।

तल्लाकोट का मालगुजार (जमीदार) डूंगरसिंह अब लगभग चालीस वर्ष की आयु का हो गया होगा। उसे मेरा सलाम बोलना और उससे पहाड़ के अवतल प्रदेश तक ले जाने का अनुरोध करना जहां से दोनों घाटियों का विस्तृत दृश्य दिखता है। पहले पूर्व की घाटी की तरह मुख कीजिए और फिर डूंगरसिंह से उस झाड़ी की ओर इशारा करने को कहें जहां उसकी माता मारी गई थी। फिर वह क्रमवार इशारा करके आपको बताएगा, बांज का वह पेड़, जिसके नीचे उसकी मां को खाया गया था और वह बंजर खेत जहां शेरनी के शावक मारे गए थे और अंत में वह घास का पहाड़ जहां घायल शेरनी गई थी। फिर पीछे मुड़ें तथा कुछ कदम चलें और पश्चिम की घाटी की तरफ देंखे। डूंगरसिंह अब उधर इशारा करके वह स्थान बताएगा जहां छः बकरियां मारी गई थी और जिस स्थान पर शेरनी उस समय खड़ी थी जब मेरी गोली उसके शरीर के आर–पार निकल गई थी। वह उस पगडंडी को भी बताएगा

जिस पर वह भागी थी और जिस पर दौड़कर मैंने उसका पीछा किया था।

किसी भी अन्य मारे गए शेर को इतनी बड़ी संख्या में दर्शकों ने पहले कभी भी नहीं देखा था, जितना कि तल्लादेश की नरभक्षी शेरनी को। उन महानुभावों में से कुछ अब जीवित नहीं होंगे। परंतु बहुत से अभी भी जीवित होंगे और वे मेरी उस यात्रा को अथवा उस एक हफ्ते की रोमांचकारी घटनाओं को नहीं भूले होंगे जो उन्होंने शेरनी के शिकार के दौरान देखी थी।

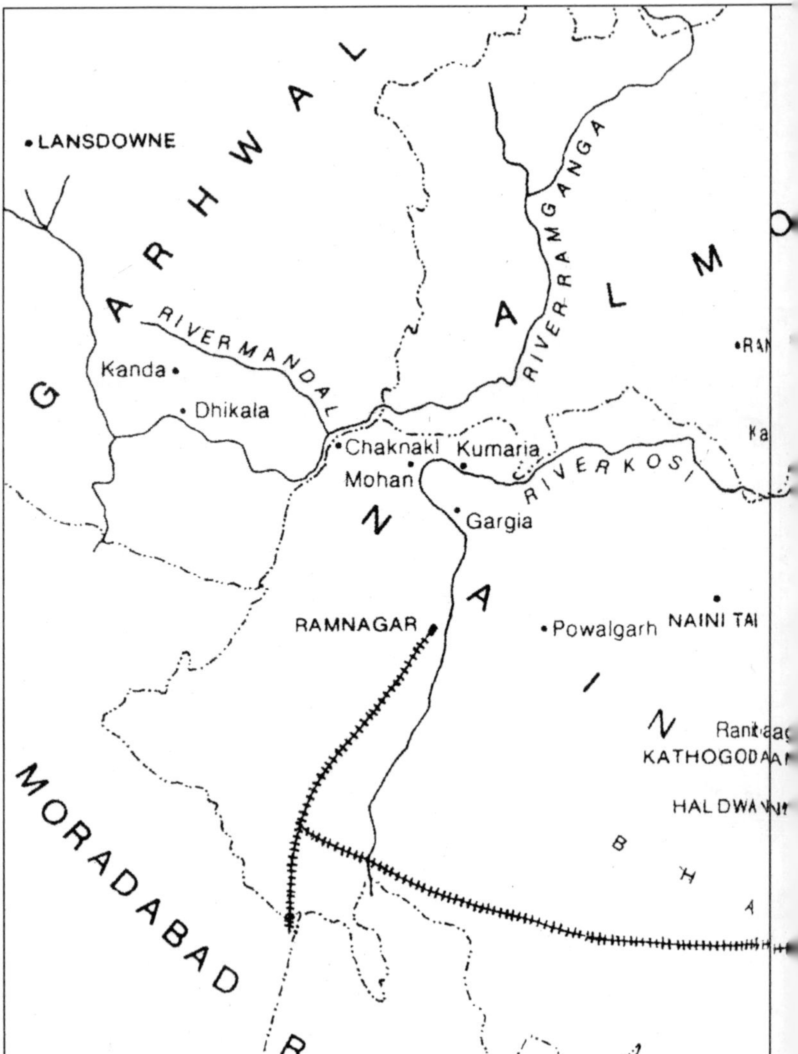

GARHWAL
LANSDOWNE
RIVER MANDAL
Kanda
Dhikala
Chaknakl
Mohan
Kumaria
RIVER KOSI
Gargia
RIVER RAMGANGA
ALMO
Ka
NAINI TAL
RAMNAGAR
Powalgarh
NAINI TAI
KATHOGODA
HALDWA
BHA
MORADABAD
RAMPUR STATE
DISTRICT BOUNDARY
RAILWAY
5 4 3 2 1 0 5 10 15
MILES
SCALE

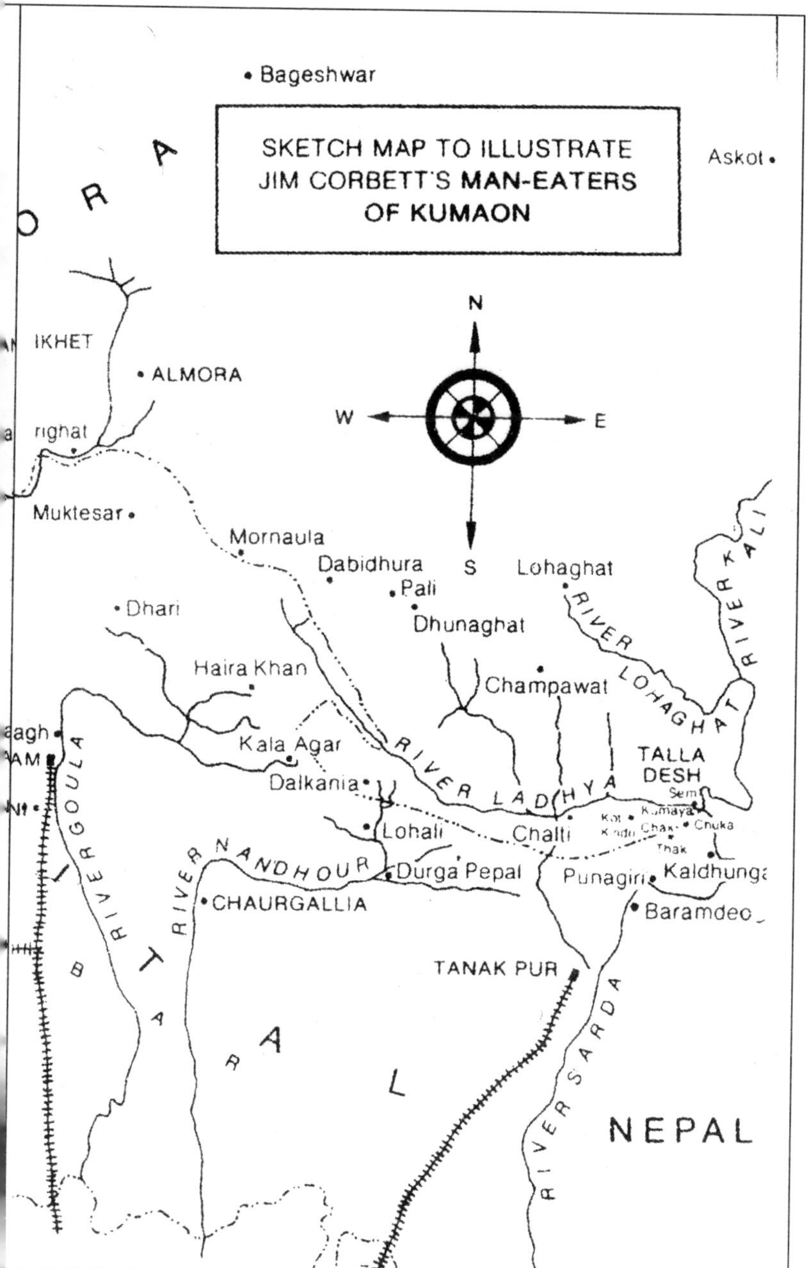
SKETCH MAP TO ILLUSTRATE JIM CORBETT'S MAN-EATERS OF KUMAON
Bageshwar
Askot
N
S
E
W
ALMORA
IKHET
Muktesar
Mornaula
Dabidhura
Pali
Dhunaghat
Lohaghat
Dhari
Haira Khan
Champawat
Kala Agar
Dalkania
Lohali
Chalti
Durga Pepal
CHAURGALLIA
Punagiri
Kaldhunga
Baramdeo
TALLA DESH
Chuka
Thak
TANAK PUR
RIVER KALI
RIVER LOHAGHAT
RIVER LADHYA
RIVER NANDHOUR
RIVER GOULA
RIVER SARDA
BHABAR
TARAI
NEPAL